架构师书库

.NET
整洁架构之道

Clean Architecture with .NET

[意] 迪诺·埃斯波西托（Dino Esposito）著

叶伟民 涂曙光 译

机械工业出版社
CHINA MACHINE PRESS

Authorized translation from the English language edition, entitled *Clean Architecture with .NET*, ISBN: 978-0-13-820328-3, by Dino Esposito, published by Pearson Education, Inc., Copyright © 2024 by Dino Esposito.

All rights reserved. No part of this book may be reproduced or transmitted in any form or by any means, electronic or mechanical, including photocopying, recording or by any information storage retrieval system, without permission from Pearson Education, Inc.

Chinese simplified language edition published by China Machine Press, Copyright © 2025.

Authorized for sale and distribution in the Chinese mainland only (excluding Hong Kong SAR, Macao SAR and Taiwan).

本书中文简体字版由 Pearson Education（培生教育出版集团）授权机械工业出版社在中国大陆地区（不包括香港、澳门特别行政区及台湾地区）独家出版发行。未经出版者书面许可，不得以任何方式抄袭、复制或节录本书中的任何部分。

本书封底贴有 Pearson Education（培生教育出版集团）激光防伪标签，无标签者不得销售。

北京市版权局著作权合同登记　图字：01-2024-3165 号。

图书在版编目（CIP）数据

.NET 整洁架构之道 /（意）迪诺·埃斯波西托
(Dino Esposito) 著；叶伟民，涂曙光译 . -- 北京：
机械工业出版社，2025.9. --（架构师书库）. -- ISBN 978-7-111-78989-5

I. TP393.092.2

中国国家版本馆 CIP 数据核字第 2025F7V155 号

机械工业出版社（北京市百万庄大街 22 号　邮政编码 100037）
策划编辑：张　莹　　　　　　　责任编辑：张　莹　章承林
责任校对：赵　童　李可意　景　飞　责任印制：单爱军
保定市中画美凯印刷有限公司印刷
2025 年 9 月第 1 版第 1 次印刷
186mm×240mm · 18.5 印张 · 397 千字
标准书号：ISBN 978-7-111-78989-5
定价：99.00 元

电话服务　　　　　　　　　网络服务
客服电话：010-88361066　　机　工　官　网：www.cmpbook.com
　　　　　010-88379833　　机　工　官　博：weibo.com/cmp1952
　　　　　010-68326294　　金　书　网：www.golden-book.com
封底无防伪标均为盗版　机工教育服务网：www.cmpedu.com

译者序

　　市面上关于软件架构的书籍琳琅满目,然而,能将软件架构理论与实践相结合——特别是结合具体代码示例与项目案例深入剖析的,却寥寥无几。本书作者拥有深厚的技术底蕴与敏锐的洞察力,不仅深入讲解了代码在项目中的实际应用,还紧跟技术前沿,详尽阐述了最新的 .NET 技术。本书作者还凭借丰富的项目实战经验,将书中复杂的技术理论转化为易于理解且实用的方法指南。

　　本书中诸多观点均具有高度的务实性,它并未如众多其他同类书籍般过分强调单元测试的绝对必要性或代码覆盖率的至高无上,而是将焦点精准地放在了编写可测试代码的重要性上,这对于提升代码质量具有更为深远的意义。作者的核心观点在于,遵循可测试性设计原则,而非单纯追求单元测试的数量,这才是从根本上优化代码质量、促进软件可持续发展的关键所在。

　　作为一名拥有二十年 .NET 开发经验且至今仍活跃在编码一线的资深程序员,译者对此观点深以为然。译者目睹了众多开发者最初满怀热情地投入单元测试与测试驱动开发,却因面对庞大的工作量而逐渐力不从心,最终半途而废的遗憾场景。因此,若能采纳作者所倡导的方法——专注于编写少量但高效的单元测试代码,以确保代码的可测试性,从而在提升代码质量与合理控制工作量之间找到平衡,这将极大地助力开发者砥砺奋进,在软件开发的道路上走得更远、更稳。

　　作者并未将微服务视为解决一切问题的万能钥匙,同样,他也不提倡构建紧密耦合、难以扩展的单体系统。相反,他秉持着"最简方案"的原则,建议先对单体应用进行(严格的)模块化重构,以奠定良好的架构基础。当面对复杂的可扩展性挑战时,再灵活考虑并探索更为先进的软件架构方案。

　　关于本书中蕴含的其他务实见解,读者可在书中一探究竟。值得一提的是,本书提供的配套源代码不仅极具参考价值,而且完全能够直接应用于实际工作之中,为项目开发带来实质性的帮助。

　　译者深信,本书无疑是 .NET 架构设计领域内最为实用且不可或缺的一本宝典!

译者

前　言 Preface

1990年夏，我毕业于计算机科学专业。那个时候，在欧洲，可以学习计算机相关专业的地方寥寥无几。学校里并没有独立的计算机学院，计算机科学是数学、物理和自然科学等更传统学科的延伸。在20世纪90年代，那些计算机领域的专家被视为神奇的存在——他们广受欢迎，但职业发展路径却不甚明朗。我最初从事Windows开发工作。当时，计算机杂志极受追捧，人们每个月都满怀期待地等待新一期的发行。我梦想着能为这些杂志撰稿。我曾有幸获得了一次这样的机会，并且乐此不疲，以至于30年后的今天我还在从事这项工作。

我热衷于知识分享，以至于在我第一份正式开发工作结束的五年里，它成了我的主要职业。在接下来的二十多年里，我的生活几乎就是撰写书籍和文章、在会议上发言、授课，以及偶尔提供咨询服务。直至2020年，我接触到的实际开发中的代码和日常开发的机会都极其有限。尽管如此，我还是为那些参与实际项目的人成功地编写了多本参考书籍。

然而，在我内心深处，仍旧萦绕着一个难解的疑问：我仅仅是一个擅长讲授的专业人士，还是也能成为实践者呢？我是否有能力构建一个实际应用的系统呢？环境及其他生活上的变故最终帮我找到了答案。

我面临着一项艰巨的任务，那就是在原本计划时间的一小部分内构建一个庞大而复杂的系统，而变故又大幅缩短了这一时间。这期间，我对系统设计、敏捷开发、进行测试和规划都显得力不从心——唯一确定的就是截止日期。我采取了行动，并按照我多年来在教学中探索和实践的路径。这种做法证明是成功的。不止如此，在这个过程中，我意识到我构建软件的方式及其相关模式实际上被称为"整洁架构"。本书汇集了我在过去二十多年间的学习、教授和咨询知识，以及最近三年在软件开发实践中的核心经验。

我所在公司中的几位开发者都是从初级职位起步的，他们通过使用和实践本书中的内容得到了成长。我希望本书对你同样有所帮助！

本书读者对象

本书主要面向软件专业人士，包括架构师、首席开发人员，以及我特别要提到的 .NET 应用程序的开发者。每个想成为软件架构师的人都会从本书中受益匪浅。而且，真正合格的架构师，大多是从开发者成长起来的。我坚信，打造卓越软件的关键在于优秀的开发者，而优秀的开发者则源自优秀教师的悉心教导、良好榜样的积极引领，以及——但愿如此——优秀的书籍和课程的滋养。

本书所有章节都带有 .NET 特色，且大多数内容对任何软件专业人士来说都是易于理解且有用的。

阅读本书所需的知识

阅读本书，希望你至少对 .NET 开发和面向对象编程概念有最基本的了解。如果你对使用 .NET 平台有良好的基础，并且了解一些数据访问技术，那么这将对你阅读本书有所帮助。这不是一本关于抽象设计概念的书，也不是一本充满交叉引用或者在方括号中使用花哨字符串链接到书末参考文献中某篇旧论文的经典架构书。这是一本关于在 21 世纪 20 年代建立系统并面对 21 世纪 20 年代困境的书，从前端到后端，包含云平台和可扩展性问题。

本书适合的场景

如果你正在寻找一本参考书，或者想要了解如何使用某种模式或技术，那么本书可能不适合你。相反，本书的目标是分享和传递知识，让你在任何时候都知道该怎么做。或者至少，你现在知道在类似情况下，其他人——Dino 和他的团队——是怎么做的。

本书组织结构

总的来说，现代软件架构只有一个前提条件：模块化。无论你采用分布式、面向服务的结构，还是微服务碎片化模式，或是紧凑的单体应用，模块化都是构建和管理代码库，以及根据业务需求进一步增强应用的关键。如果没有模块化，你可能只能一次性交付一个能够运行的系统，但是要扩展和更新它就会变得很困难。

本书第一部分为理论，为软件模块化奠定了基础，追溯了软件架构的历史，并总结了领域驱动设计（Domain-Driven Design，DDD）的要点——这是一种非常有助于拆解业务领域的方法，尽管在项目中并非绝对必要。

第二部分为实现，讲述了在本书的视角中构成"整洁"架构的五个层。这部分的重点并不在于架构的同心圆形式（这种形式在大量的书籍和文章中很常见），而在于表示层、应用层、领域层、领域服务层和基础设施层所提供的实际价值。

第三部分为应用，主要关注三个经常遇到的话题：是选择单体应用还是微服务，是选择客户端渲染还是服务器端渲染，以及技术债务和技术信用。

本书配套代码

本书的第二部分描述了一个名为 Renoir 项目的参考应用程序，其全部代码都可以在 GitHub 上找到：

https://github.com/Youbiquitous/project-renoir

源代码的压缩版本也可以在 MicrosoftPressStore.com/NET/download 上下载。

提示

这个参考应用程序需要 .NET 8，并且是一个带有 Blazor 前端的 ASP.NET 应用程序。它使用 Entity Framework 进行数据访问，并假设有一个 SQL Server（任何版本）数据库。

Acknowledgements 致 谢

随着头发变得稀疏、灰白，我不禁回想起那些青春岁月，在每一次会议中，我总是那个最年轻的面孔。在长达 30 年的职业生涯中，我亲眼见证了技术的惊人变革：Windows 操作系统的迅猛发展、互联网的崛起伴随着无数网站和应用程序的涌现、移动和云计算技术的革新。

有那么几次，我似乎能够预见软件技术发展的未来轨迹，而这些预见与几年后现实所发生的相差无几。而在另一些时刻，我也会惊讶于自己能够构想出那些位于梦想与远大目标之间的个人项目。

我最鲜为人知的一个愿望是周游世界，在国际会议上畅所欲言，不必追随潮流，只分享我亲眼所见、亲手实践过的经验——毫无保留，不加修饰。要实现这个目标，我需要每日不懈地投入真正的应用程序开发中，这些应用不仅能为特定的商业领域带来贡献，还能为特定用户群体的生活带来便利。

感谢 Crionet 和 KBMS Data Force，这个梦想现在已经成了现实。

经历了多年的磨砺，我现在担任 Crionet 的首席技术官，领导着一个团队。团队成员从几年前的初级人员成长为既勇敢又能干的专业人士，我怀着一颗愿意与所有人分享的心——介绍一套制作软件的方法，这套方法既不神秘也不需要任何魔法，你也能学会。

我没有什么要推销的，只有想要说的。本书是为那些愿意倾听的人准备的。

在此感谢 Silvia 和 Francesco。

感谢 Michela。

还有 Giorgio 和 Gaetano。

本书的出版离不开 Loretta 和 Shourav 的帮助，而你现在手中所见的这个版本，则是得益于 Milan、Tracey、Dan 和 Kate 的辛勤付出。

本书是我迄今为止最好的作品，直到下一本出版！

目录 Contents

译者序
前言
致谢

第一部分　理论

第1章　模块化软件架构的历史和演变 ………… 2
　1.1　模块化三层架构 ………… 3
　　1.1.1　三层架构的主要特点 ………… 4
　　1.1.2　逻辑层、物理层和模块化 ………… 6
　1.2　DDD 的典型架构 ………… 8
　　1.2.1　DDD 配套的支持架构 ………… 8
　　1.2.2　其他补充 ………… 11
　1.3　不同类型的分层架构 ………… 15
　　1.3.1　六边形架构 ………… 15
　　1.3.2　整洁架构 ………… 16
　　1.3.3　特性驱动架构 ………… 17
　1.4　本章小结 ………… 19

第2章　DDD的核心精髓 ………… 20
　2.1　DDD 简介 ………… 21
　　2.1.1　战略分析 ………… 21
　　2.1.2　战术设计 ………… 23
　　2.1.3　DDD 的误解 ………… 24
　　2.1.4　战略设计工具 ………… 26
　2.2　UL ………… 26
　　2.2.1　领域语言术语表 ………… 27
　　2.2.2　构建术语表 ………… 28
　　2.2.3　保持业务和代码的一致性 ………… 30
　2.3　限界上下文 ………… 33
　　2.3.1　处理歧义 ………… 34
　　2.3.2　设计限界上下文 ………… 36
　2.4　上下文映射 ………… 39
　　2.4.1　上游和下游 ………… 39
　　2.4.2　上下文映射示例 ………… 40
　　2.4.3　部署映射示例 ………… 41
　2.5　本章小结 ………… 42

第3章　模块化设计的基础 ………… 43
　3.1　模块化设计的要素与原则 ………… 44
　　3.1.1　SoC ………… 44
　　3.1.2　松耦合 ………… 45
　　3.1.3　可复用性 ………… 45

- 3.1.4 依赖项管理 …………………… 46
- 3.1.5 文档 …………………………… 46
- 3.1.6 可测试性 ……………………… 46
- 3.2 应用模块化设计 …………………… 47
  - 3.2.1 表示层：与外界交互 ……… 47
  - 3.2.2 应用层：处理接收到的指令 …………………………… 48
  - 3.2.3 领域层：表示领域实体 …… 48
  - 3.2.4 数据/基础设施层：持久化数据 …………………………… 48
- 3.3 实现模块化 ………………………… 48
  - 3.3.1 在单体中增添模块化设计 … 49
  - 3.3.2 微服务简介 ………………… 50
- 3.4 最简方案原则 ……………………… 52
  - 3.4.1 可维护性 …………………… 53
  - 3.4.2 可测试性 …………………… 54
- 3.5 本章小结 …………………………… 56

第二部分 实现

第4章 表示层 …………………………… 60
- 4.1 Renoir 项目：最终目标 …………… 61
  - 4.1.1 应用程序介绍 ……………… 61
  - 4.1.2 抽象上下文映射 …………… 63
  - 4.1.3 物理上下文映射 …………… 66
- 4.2 业务需求工程 ……………………… 69
  - 4.2.1 分解软件项目 ……………… 70
  - 4.2.2 基于事件的故事板 ………… 70
  - 4.2.3 Renoir 项目的基本任务 …… 72
- 4.3 表示层的边界和部署 ……………… 73
  - 4.3.1 敲开 Web 服务器的门 …… 74
- 4.3.2 ASP.NET 应用程序端点 …… 75
- 4.4 表示层开发 ………………………… 76
  - 4.4.1 连接到业务工作流 ………… 76
  - 4.4.2 前端及相关技术 …………… 81
  - 4.4.3 纯 API 表示层 ……………… 82
- 4.5 本章小结 …………………………… 83

第5章 应用层 …………………………… 85
- 5.1 Renoir 项目架构图 ………………… 86
  - 5.1.1 访问控制子系统 …………… 86
  - 5.1.2 文档管理子系统 …………… 88
  - 5.1.3 在 Visual Studio 中打开 Renoir 项目 …………………… 89
- 5.2 任务编排 …………………………… 90
  - 5.2.1 任务简介 …………………… 90
  - 5.2.2 分布式任务示例 …………… 91
  - 5.2.3 Renoir 项目中的任务示例 … 93
- 5.3 数据传输 …………………………… 93
  - 5.3.1 从表示层到应用层 ………… 94
  - 5.3.2 从应用层到持久化层 ……… 98
- 5.4 实现细节 …………………………… 100
  - 5.4.1 应用层概要 ………………… 101
  - 5.4.2 应用程序设置 ……………… 104
  - 5.4.3 日志记录 …………………… 108
  - 5.4.4 处理和抛出异常 …………… 113
  - 5.4.5 缓存及其模式 ……………… 117
  - 5.4.6 注入 SignalR 连接中心 …… 121
- 5.5 应用层的边界和部署 ……………… 123
  - 5.5.1 依赖列表 …………………… 123
  - 5.5.2 部署选项 …………………… 123
- 5.6 本章小结 …………………………… 125

第6章 领域层 ……………… 126

6.1 分解领域层 ……………… 126
6.1.1 业务领域模型 ……………… 126
6.1.2 辅助领域服务 ……………… 129

6.2 构建领域模型 ……………… 131
6.2.1 将焦点从数据转向行为 …… 131
6.2.2 领域模型的组成部分 …… 134
6.2.3 Renoir 项目的领域模型 …… 138

6.3 领域漫游指南 ……………… 139
6.3.1 治疗软件贫血症 ……………… 140
6.3.2 实体类的共同特征 …… 141
6.3.3 代码礼仪 ……………… 144
6.3.4 代码风格规范 ……………… 153
6.3.5 编写真正易读的代码 …… 157

6.4 本章小结 ……………… 160

第7章 领域服务层 ……………… 161

7.1 领域服务的定义 ……………… 162
7.1.1 领域服务的无状态特征 …… 162
7.1.2 标记领域服务类别 …… 162
7.1.3 领域服务和 UL ……………… 163
7.1.4 领域服务的数据访问 …… 163
7.1.5 领域服务的数据注入 …… 164

7.2 常见的领域服务场景 ……………… 164
7.2.1 确定客户的忠诚度状态 …… 164
7.2.2 领域事件 ……………… 165
7.2.3 发送业务邮件 ……………… 166
7.2.4 为密码加密服务 ……………… 167

7.3 具体实现 ……………… 168
7.3.1 领域服务的一个例子 …… 168
7.3.2 有用且相关的模式 …… 170
7.3.3 REPR 模式 ……………… 171

7.4 其他问题 ……………… 176
7.4.1 领域服务是否有必要 …… 176
7.4.2 领域服务的其他应用场景 …… 178

7.5 本章小结 ……………… 179

第8章 基础设施层 ……………… 180

8.1 基础设施层的职责 ……………… 181
8.1.1 数据持久化和存储 …… 181
8.1.2 与外部服务的通信 …… 182
8.1.3 与内部服务的通信 …… 182

8.2 实现持久化层 ……………… 183
8.2.1 仓库类 ……………… 184
8.2.2 使用 EF Core ……………… 188
8.2.3 使用 Dapper ……………… 196
8.2.4 在数据库中托管业务逻辑 …… 197

8.3 数据存储架构 ……………… 199
8.3.1 介绍命令/查询分离 …… 199
8.3.2 ES 执行摘要 ……………… 203

8.4 本章小结 ……………… 204

第三部分 应用

第9章 微服务和模块化单体架构 …… 206

9.1 远离遗留的单体系统 ……………… 207
9.1.1 并非所有单体架构都是糟糕的 ……………… 207
9.1.2 单体架构的潜在缺点 …… 208

9.2 关于微服务 ……………… 210

		9.2.1	早期采用者 ………… 211
		9.2.2	微服务架构和 SOA 的原则 ………… 211
		9.2.3	微服务的"微"到底有多微 ………… 212
		9.2.4	微服务的优点 ………… 214
		9.2.5	微服务的缺点 ………… 215
	9.3	微服务是否适用于所有应用程序 ………… 222	
		9.3.1	大型企业的一个大误解 …… 222
		9.3.2	SOA 和微服务 ………… 223
		9.3.3	微服务是否适合你的场景 ………… 224
		9.3.4	规划和部署 ………… 227
	9.4	模块化单体 ………… 231	
		9.4.1	适用于新项目的架构 …… 232
		9.4.2	模块化单体策略更适用于新项目 ………… 232
		9.4.3	从模块到微服务 ………… 235
	9.5	本章小结 ………… 238	

第10章 客户端渲染和服务器端渲染 ………… 239

	10.1	Web 应用程序简史 ………… 240	
		10.1.1	史前时代 ………… 240
		10.1.2	服务器端脚本时代 …… 242
		10.1.3	客户端脚本时代 ………… 244
	10.2	客户端渲染 ………… 246	
		10.2.1	HTML 层 ………… 247
		10.2.2	API 层 ………… 250
		10.2.3	迈向更现代的史前时代 ………… 253
	10.3	SSR ………… 257	
		10.3.1	前后端分离 ………… 258
		10.3.2	ASP.NET 前端选项 …… 259
		10.3.3	ASP.NET Core 与 Node.js 的对比 ………… 262
		10.3.4	阻塞式/非阻塞式传说 … 265
	10.4	本章小结 ………… 267	

第11章 技术债务与技术信用 ……… 268

	11.1	技术债务的隐藏成本 ………… 269	
		11.1.1	处理技术债务 ………… 269
		11.1.2	解决债务的方法 ………… 271
		11.1.3	会放大债务的行为 …… 273
	11.2	技术信用的隐藏收益 ………… 275	
		11.2.1	破窗理论 ………… 276
		11.2.2	重构 ………… 278
		11.2.3	做正确的事情 ………… 280
	11.3	本章小结 ………… 281	

第一部分 *Part 1*

理　论

- 第1章　模块化软件架构的历史和演变
- 第2章　DDD的核心精髓
- 第3章　模块化设计的基础

第 1 章

模块化软件架构的历史和演变

> 软件工程的目的是控制复杂性,而不是创造复杂性。
>
> ——普林斯顿大学,帕梅拉·扎夫博士(Dr.Pamela Zave)

我们今天(21 世纪 20 年代中期)所熟知的软件,实际上是更深层次学习和变革过程中的"副产品",这一过程深深植根于逻辑和数学的历史之中。自 17 世纪以来,世界上一些伟大的思想家一直致力于构建一个连贯的、具有逻辑性的系统,以便实现通过机械或自动化方式进行逻辑推理。直到 20 世纪 30 年代,库尔特·哥德尔(Kurt Gödel)的不完全性定理的出现,人们才意识到这并非只是空想。从那时起,艾伦·图灵和约翰·冯·诺依曼开始设计和制造物理机器。

然而,他们中的任何人都未曾想到软件会有今天的发展。他们的目标是用机械或自动化方式来模拟人类的思维过程,尽管这听起来或许既简单却又雄心勃勃。20 世纪 50 年代早期的"思考"机器是由阀门、活塞和电缆等硬件组成的巨大铁块,只有硬连线的硬件,功能较为单一。约翰·冯·诺依曼从直觉上认为指令最好与硬件分开,这样同一台机器就可以做不同的事情,比如数学运算和文本处理。流行的"冯·诺依曼架构"就是指存在一个存储程序,其指令被逐个获取并按顺序执行。

直到 20 世纪 60 年代末,也就是人类登陆月球的时候,软件才获得了自身的尊严和身份。"软件工程"这个词的首次使用可以追溯到 20 世纪 60 年代中期。软件并非是人们有意识地创造出来的,相反,它是更大规模研究的副产品或衍生品。将硬件和软件分离是计算机科学领域中模块化进程的第一步。

人类解决问题时似乎总是采用端到端的步骤顺序，然后逐步推进直到找到解决方案，在这个过程中，不同状态之间会根据需要设置参考和相互连接。软件也不例外，其中"意大利面条式代码"就是这种情况的体现。

提示

模块化的探索早在软件诞生之初就已开始，并很快从应用代码层面扩展到整个软件架构层面。

1.1 模块化三层架构

软件架构首次扩展到单机之外的历史性范例始于20世纪60年代，当时IBM提出了360系统。它的理念是，远程工作站向中央主机发送请求，执行一些非交互式的数据处理操作，这称为任务（Job）。这一模型在随后几年不断完善，1978年，在施乐PARC（Xerox PARC）的一个研究团队发表的一篇论文"Separating Data from Function in a Distributed File System"中，这一模型被广泛称为客户端/服务器架构。当我从大学毕业，找到我的第一份软件开发工作的时候，客户端/服务器架构成了当时业务应用开发的标准方式。

提示

冯·诺依曼将计算机的整体结构分解为硬件和软件组件，而IBM和施乐（Xerox）的研究人员则进一步将软件整体分解为客户端和服务器组件。

在20世纪90年代末，出现了三层架构。那时，为了更好地应对快速构建的（新）应用的复杂性，额外增加了一个软件层以分担一些客户端和服务器任务，这被证明是必要的。

提示

在上一段中，我故意将形容词"新"放在括号中，因为它指的是在互联网商业呈爆炸式增长之前，使用三层架构进行构建的应用。当时，大型机业务应用（例如，金融、电信、政府、公用事业、医疗系统等）仍然牢牢绑定在现有的基于大型机的客户端/服务器架构上。即使在今天，仍然用大型机进行高容量、实时的交易，如信用卡和自动取款机操作。尽管出现了云计算、边缘计算、区块链和大规模分布式系统，但性能和成本效益仍是大型机继续被使用的关键原因。

1.1.1 三层架构的主要特点

虽然三层架构对于软件领域的每个人来说应该非常熟悉，但我还是在这里给出了三层架构的演变过程（见图1-1），以纪念在互联网行业爆发之前，软件行业对单层架构逐步拆解的历史过程。

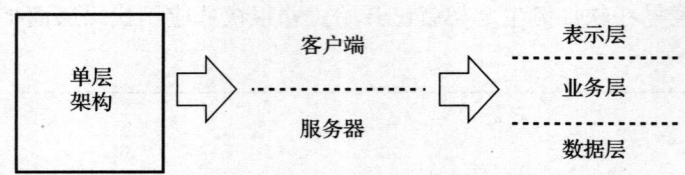

图 1-1 从单层架构到三层架构的演变过程

三层架构的出现被誉为是对"史前"单体软件应用的巨大改进。然而，如今——21世纪20年代中期——多层架构的提议常常被轻率地认为是过时的，并且被贴上了"单体"的标签。

1. 单体软件

当前对于"单体软件"的定义已经与20世纪90年代的定义有所不同。在过去，单体软件指的是一个完整的软件应用，包括从开始到结束的指令序列，并通过一些输入循环来保持运行状态并等待进一步的指令。而现在，单体软件通常指的是由多个组件组成的单一、自包含的可交付软件应用。整个代码库存在于单一的代码解决方案中，并在单一的生产服务器上一次性部署，无论是在本地还是在云端。一旦应用部署完成，任何组件从外部都不可见。任何严重的错误都可能导致整个应用崩溃，任何必要的可扩展性改进都必须应用到整个模块上。但这也可能导致部分代码的重大重写或需要扩展的时候只能纯粹基于硬件的可扩展性。

2. 逻辑层与物理层

分层最初是为了实现软件组件之间的物理分离。在客户端/服务器模型中，远程工作站与中央服务器相连。后来，最顶层变成了表示逻辑，包括掩码、控制台或图形用户界面（Graphical User Interface，GUI）。业务层或应用层则是另一个负责访问数据库服务器的应用。

在常见的软件领域术语中，"物理层"和"逻辑层"这两个词经常被混用。实际上，它们都指的是软件应用中的不同部分，但从部署的角度来看，它们有着显著的不同。物理层指的是物理服务器，或者至少是不同的进程执行空间。相比之下，逻辑层指的代码不同部分的逻辑容器，需要物理层来进行部署。

> **提示**
> 所有逻辑层都部署在物理层,但不同的逻辑层可以部署在不同的物理层。

在软件开发环境中,一个有争议的问题是多层应用是否应该映射到多层架构,即逻辑层与物理层是否应该一一对应。多个物理层似乎提供了更大的灵活性,更容易维护和扩展,但这是以增加层与层之间的延迟为代价的,从而可能使每一个操作都变得更慢。此外,在多个物理层架构下的部署成本更高,需要更多的资源(无论是在本地还是在云端)。

总的来说,多个物理层可以为应用的扩展提供一个框架,但仅仅有多个物理层并不能保证性能的提升。有效的扩展不仅涉及物理层级的组织,还需要考虑其他因素,例如负载均衡、代码优化、解耦技术的使用(例如消息总线)等。多个物理层框架通过提供功能的逻辑分离来帮助实现扩展,但性能提升需要通过深思熟虑的设计、资源分配和性能调优来实现。

3. 理想的层数

多层里面的"多"通常是三。那么,在大规模分布式应用架构中的可变层数如图 1-2 所示。

物理层和逻辑层遵循不同的规模。基于微服务的常见方法倾向于将物理层数量增加到数百个。相比之下,领域驱动设计(Domain-Driven Design,DDD)方法论的典型支持架构认为,逻辑层数量不要超过四个。这四个逻辑层分别是:

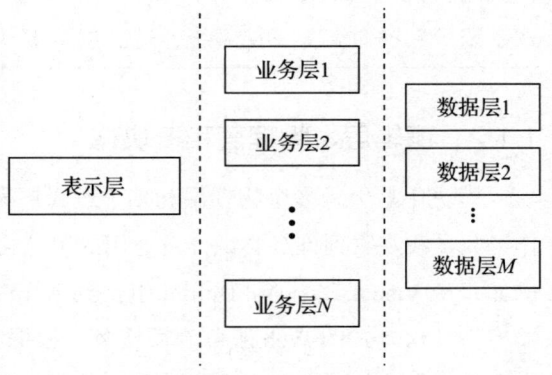

图 1-2 在大规模分布式应用架构中的可变层数

- 表示层:这一层收集用户的请求和输入,然后提交给堆栈下游的层进行处理。
- 应用层:这一层从表示层接收原始输入,并协调任何必要的任务。
- 领域层:这一层包含可重复使用的领域和业务逻辑。
- 基础设施层:这一层处理外部服务(例如,应用程序接口和网络服务)和存储。

相比于三层架构,多层架构更加精细,因为它将原本厚重(可能更复杂)的业务层分成了两部分。

4. 多层架构

多层架构是一种成熟的模式,在当今的大多数业务场景中仍然适用。让我们回顾一下当今业界所看到的多层架构的不同类型。其中一种类型是 Web 应用。在本书中,Web 应用被定义为通过客户端 Web 浏览器访问的、面向业务的（Line-of-Business，LoB）应用。相比之下，网站（Website）的前端层次相对简单，在领域复杂性和工作流程方面比 Web 应用简单。

在实际操作中，一个典型的 Web 应用通常包括两个物理层：客户端浏览器和服务器（云）环境，后者有时被称为后端。那么在后端中存在多少个物理层和逻辑层呢？经典的 ASP.NET 和 ASP.NET Core 应用以及 Blazor 服务器应用通常有两个物理层和多个（$N>3$）逻辑层。其中一个物理层是核心应用，另一个物理层则是主数据库服务器，例如关系数据库管理系统（Relational Database Management System，RDBMS）。

因此，每个人面临的挑战是深入了解每种可能的软件架构模式的优势和劣势，然后根据具体的业务背景，谨慎选择适合的软件架构，最重要的是，避免教条式的争论。

提示

在研究三层架构起源时，我发现了一个我以前从未听说过的有趣事实。在 20 世纪 30 年代的美国，禁酒令废止后，政府为了确保人们可以获取酒精饮料，引入了一个新的分布式系统。它被命名为三层系统，这三层从下到上分别是：生产商、分销商和零售商。

1.1.2 逻辑层、物理层和模块化

模块化是引入多个物理层和多个逻辑层架构的主要原因。我在这个行业有 30 多年的工作经验，我观察到许多尝试开发通用的组件化（或者我应该说，乐高化？）的软件开发方法，例如，从 Visual Basic 和 Delphi 组件到 ActiveX 和 COM，从 JavaBeans 到 Web Forms 服务器控件，从老式的 Web 服务到微服务。根据我多年的经验和阅历，我认为这些模块化方法中没有一个能持续地让很多人满意。然而，我认为没有通用的组件化方法。

模块化的已知好处包括能够重复使用组件、并行开发和易于维护，但其最终目标和最主要的好处是关注点分离（Separation of Concerns，SoC）。这是一种在 1974 年由 Edsger W.Dijkstra 在论文"On the Role of Scientific Thought"（关于科学思维的角色）中正式提出的软件通用原则。

提示

虽然我已经阐述了物理层和逻辑层之间的核心区别，但为了简化，从现在开始，除非有必要区分这两者，我将统一使用"层"这个词来指代物理层或逻辑层。

---

1. 表示层

这里简要讨论的每一层的概念都是一样的，但实现方式各不相同。例如，在传统的桌

面应用 Windows Forms 或 Windows Presentation Foundation（WPF）中，表示层就是用户界面。它只包含一些必要的逻辑，用于检查用户输入是否正确，并根据当前应用的状态调整用户界面。

相反，在 Web 环境中，用户界面是由浏览器中呈现的 HTML（Hypertext Mark Language，超文本标记语言）、CSS（Cascading Style Sheet，串联样式表）和 JavaScript 混合组成，或者是一个可运行的 WebAssembly 代码（如 Blazor 生成的代码）。如果将层部署在不同的设备上，这里的层是真正的物理层。然而，表示层也可能包含一个特殊的部分，其主要职责是将请求路由到某个模块进行处理。例如 ASP.NET Core 应用，表示层就包含控制器类，更通俗地说，是包含直接连接到可达端点的代码。

2. 业务层

从抽象的角度来看，业务层负责处理表现层收集的信息，并与数据层管理的信息相结合。通过业务层可了解和应用业务规则。在 ASP.NET Core 场景中，业务层由处理器组成，这些处理器处理控制器请求并返回一个响应给控制器，控制器将这个响应打包并回传浏览器。

近年来，在培训课程和工作坊中，一个经常出现的问题是关于特定代码段的最佳放置位置。例如，经常有人问输入的校验代码应该放在表示层还是业务层？或者，我们是否应该推迟校验，直到它到达数据库，然后由存储过程或数据库周边代码来处理？

在核心层面，业务层对一些问题的定义不够明确，这导致了四层架构的产生。

3. 数据层

数据层是应用处理的信息被持久化和读取的地方。数据层的复杂程度变化很大。它可能与数据库服务器——无论是关系型还是 NoSQL 型——直接对应，这种情况下，数据层就是数据库本身；也可能通过专门的代码实现数据层，这些代码使用对象关系映射器（Object-Relational Mapper，ORM）如 Entity Framework（EF）或 Dapper 来封装对数据库的原始调用。

最近，数据层已经被抽象为一个基础设施层，其中持久性只是主要（但不唯一）的职责。作为基础设施，这一层还负责处理电子邮件以及与外部 API（Application Program Interface，应用程序接口）的连接。

重要提示

多层架构的主要目的是实现关注点分离，并确保不同的任务类别在适当的隔离环境中执行。特别是当关注点分离应用于多层时，必须严格控制层之间的依赖项。本书的主要目标是讨论如何在 .NET 技术栈中为 Web 应用规划层间的关注点分离。

1.2 DDD 的典型架构

在 21 世纪初，软件领域面临一个巨大的挑战：为了抓住互联网带来的新机遇，需要对现有的业务应用进行现代化改造或直接迁移。在尝试将大型机应用改造以应对电子商务需求的不断增长时，引入了巨大的复杂性。

三层架构在这种复杂性的重压下开始不堪重负，这不仅仅是因为其内在的低效，更主要的是需要增加模块化以应对业务和实现需求，以及（希望）提高系统的可扩展性。（就在这个时期，"可扩展性"这个术语开始崭露头角，并获得了我们今天所理解的含义——即使请求量意外增长，系统也能保持良好的服务水平。）

DDD 方法论系统化了一些在实践中被证明有效的做法和解决方案。与该方法论一起，还有一个标准的配套支持架构。

> **提示**
> 我使用"巨大的复杂性"这个词组是我对那些构建 DDD 的人的致敬。

1.2.1 DDD 配套的支持架构

DDD 的倡导者建议使用分层架构来实现模块化。这种分层架构将传统的三层架构泛化为以下三个步骤：

1）将传统的三层架构中的层泛化为多个层。

2）业务层被细分为两部分：一部分是应用层，用于协调业务用例；另一部分是领域层，专注于纯粹的领域逻辑。领域层又进一步划分为一组与持久化无关的领域模型和一组与持久化相关的领域服务。这种设计是 DDD 的一个关键方面。

3）数据层改名为基础设施层，它负责提供应用所需的基础设施服务，持久化只是它最常见且重要的服务。

由此产生的架构——还包括表示层——在简单形式下呈现为单体架构，但其每一层都有清晰的边界，并且数据交换的流程也定义得非常明确。在某些方面，这种设计甚至比"整洁架构"还要更加清晰和简洁！

1. 表示层

表示层处理与外部系统的交互，这些外部系统向应用发送输入数据。这种交互主要包括人类用户的操作，但也包括其他正在运行的应用的 API 调用、通知、总线消息、触发的事件等。换句话说，表示层接收将沿栈向下处理的任务请求，这些任务请求将会对领域产生某种影响。表示层还负责打包内部层响应已接收请求后生成的结果，并将其发送回请求方。

表示层可以采取多种技术形式，比如桌面应用（例如，.NET MAUI、Electron、传统的 WPF 或 Windows Forms）、移动应用、最小化 API、功能完备的 Web 应用（ASP.NET Core、Blazor、Angular、React、Svelte 等）。此外，涉及的协议也可能有所不同，包括 HTTPS（Hypertext Transfer Protocol Secure，超文本传输安全协议）、gRPC（Romate Procedure Call，运程过程调用）、以及物联网（IoT，Internet of Things）场景中的消息队列遥测传输（MQTT，Message Queue Telemetry Transport）、高级消息队列协议（AMQP，Advanced Message Queuing Protocol）等。

因此，我们需要记住的关键一点是，尽管表示层这个名字让人联想到图形前端界面，但并不一定需要图形界面。即使预期的限界上下文仅是一个简单的 Web API，表示层也是有意义的，因为正如前文所述，它代表了一种接收和处理请求的功能，是通往内部功能和层的门户。

2. 应用层

表示层负责收集请求，而应用层负责协调其后续的处理过程。实际上，应用层负责启动和监控业务流程。任何在表示层处理的一个请求都会在应用层找到一个对应的具体执行者。一个能很好描述应用层行为的词是"协调者"。更具体地说，就是负责实现各种用例。

重要提示

在经典的三层架构中，各层（表示层、业务层和数据层）之间有明确的职责划分，在具体实现中，这些职责会在各层之间共享，其百分比根据所涉及团队的视图和敏感性在不同的实现之间有所不同。

应用层与表示层密切配合，应用层为表示层检测到的每一个可能的触发器提供相应的处理方法。如果需要为应用创建多个版本（例如，一个用于 Web，一个用于移动设备），每个版本应该拥有自己的应用层，除非触发器和预期的响应几乎相同。

3. 领域层

应用层可以有多个，每个表示层对应一个应用层。然而，领域层必须是唯一的，并且要被所有应用层共享。这就是 DDD 的关键原则，即领域层负责所有业务规则和逻辑的编码。

领域层由两个相关部分组成：

- 领域模型：领域模型指的是一个包含所有业务实体定义的普通类库。这个类库包括值对象、聚合体、工厂、枚举等，以提供业务模型的真实表示。理想情况下，这个类库是作为一个独立的类库编码的。领域类是用于处理数据的"逻辑压碎机",根据业务规则处理数据。领域模型有如下几个重要方面:

- 领域模型由一个团队负责,确保其完整性和一致性,避免被不同团队或人员分散管理而造成混乱。
- 在 .NET 领域,领域模型最好通过公司或团队特定的私有 NuGet 包来共享,以限制外部访问,并在公司内部实现安全可靠的共享。
- 领域模型应该尽量减少对其他包或项目的依赖,以保持其独立性和可复用性。对于任何依赖项(如第三方辅助包),应该先评估其必要性,并仅在严格必要的情况下才引入它。
- 领域模型不能引用持久化层(这是基础设施层的一部分),领域模型是完全与数据库无关的。

❑ 领域服务:领域服务负责查询数据并加载到空白的和无状态的领域实体类中。领域服务需要跟数据库交互,以将数据加载到领域实体类中,并从这些领域实体类开始执行更新操作。领域服务依赖于领域模型和基础设施层(尤其是持久化层)。

4. 基础设施层

基础设施层是持久化层、外部服务(如电子邮件和消息系统)以及连接到外部 API 的连接器的容器。

基础设施层的主要服务是数据访问。具体包括业务需要的所有可能的读写操作组合。最常见的情况是需要完全持久化(读/写)。也有可能出现其他情况,比如只读,即从现有外部服务读取数据,以及只写,即仅用于记录事件。

你可以使用仓库来隔离负责数据库访问的组件。有趣的是,使用仓库并不会破坏关注点分离。持久化层作为基础设施层的一部分,是收集仓库的地方。如果你打算在仓库之上使用接口(例如,出于测试目的),那么这些接口可以放在领域服务库中。另外,一个更简单的方法是将领域服务和实际的仓库放在持久化层中,或者构建更丰富的仓库,不仅限于增删查改(Creat,Read,Update,Delete,CRUD)方法,还提供更智能的方法。在这种情况下,领域服务与持久化层的边界可能变得模糊。

经典的 DDD 架构中各层之间推荐设置的依赖关系如图 1-3 所示。

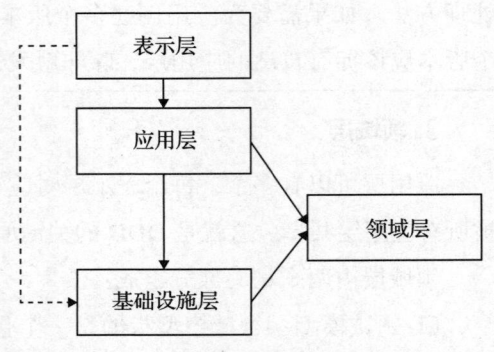

图 1-3 DDD 分层架构中各层之间的依赖关系

> **提示**
>
> 本章的目的是提供应用架构的大局观,并介绍几十年来行业如何采用模块化。这只是对 DDD 和分层架构的基本介绍。你将在第 2 章更深入地了解 DDD 的本质。本书的其余部分将详细介绍受 DDD 启发的架构层次,以及配套的代码示例。

1.2.2 其他补充

规范的 DDD 架构的目的是提供一个有用的参考,并不是强制使用的。它最初具有很强的面向对象的特性,但这种特性也从未成为硬性要求。随着时间的推移,DDD 的面向对象特性逐渐演变,融入了一些功能性的特性。再次强调,由 DDD 产生的多层模式只是一个建议,只要能满足需求,更简单的解决方案(例如,内容管理系统、客户关系管理、耦合的 CRUD 和双层系统)始终是可以接受的。最近,又有两种新的方式受到了欢迎:命令/查询责任分离(Command Query Responsibility Segregation,CQRS)和事件源(Event Sourcing,ES)。我认为这两者都是原始分层配方的额外组成部分。

1. 根据实际需求添加 CQRS

CQRS 只是一种指导特定组件架构的模式,这个组件可能是更大系统的一部分。在分层架构中应用 CQRS,可以将领域层分解为两个独立的部分,分别处理查询和命令操作。这种分离是通过将查询操作集中在一个层,命令操作集中在另一个层来实现的。每个层都有自己的模型和一套专门用于查询和命令的服务。图 1-4 所示为普通的分层架构(见图 1-4a)和基于 CQRS 的版本(见图 1-4b)。

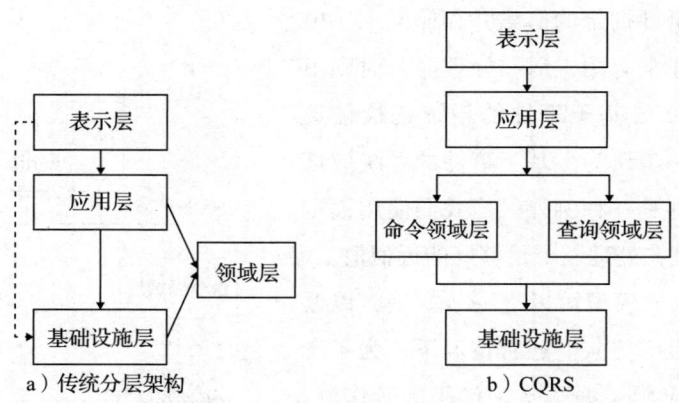

图 1-4 普通的分层架构与基于 CQRS 的版本

与 DDD 不同,CQRS 并不是一种全面的企业级系统设计方法。就像前面提到的,它起到指导的作用。基于通用语言进行 DDD 分析以识别限界上下文，这仍然是推荐的前期步骤（在第 2 章会有更多的讨论）。CQRS 只是实现整个应用特定模块的一个可行替代方法。

对软件系统中的任何操作，要么是查询系统的状态，要么是改变现有状态的命令。命令针对的是后端执行的操作，例如注册新用户、处理购物车内容或更新客户的个人资料。从 CQRS 的角度来看，一个任务通常是单向的，并生成一个从表示层到领域层的工作流，很可能最终修改某些存储内容。

只处理查询的模型比必须同时处理查询和更新的模型要容易设计。读取模型的类结构更像是数据传输对象（Data Transfer Object，DTO），属性的数量往往比方法多得多。因此，生成的模型更加贫血（缺乏业务逻辑和行为），因为它失去了改变对象状态的所有方法。

在 CQRS 场景中，应用层并没有显著的变化。因为应用层只是触发与请求相关的服务器任务。相比之下，基础设施层会有较大变化。这就是另一种模式——事件源发挥作用的地方了。

2. 根据实际需求添加事件源

事件源通过将数据存储为一系列不可变的事件，进一步推动了 CQRS 命令和查询的分离，这些事件捕获了系统状态随时间变化的每一个细节。这些事件提供了系统演变的完整历史记录，支持审计、回放和复杂的数据分析（包括假设性分析）。事件源技术尤其适用于数据变化频繁或者需要详细历史背景的系统，因此可以被视为 CQRS 原则的一种演进。

总的来说，当系统中命令的频率超过查询的频率时，我们可能需要考虑在基础设施层中添加一个专用的持久化子系统。事件源系统的抽象架构如图 1-5 所示。

在现实世界中，我们只是观察到一系列事件，但由于某种原因，我们感觉有必要构建一个模型来捕捉事件携带的信息并存储起来。模型在处理查询时非常有用，但在处理命令时则不太适用。对于命令，基于事件的系统是最佳选择。我们可以进一步认为，基于事件的系统应该是常态，而模型则是一种例外。当我们使用模型时，我们实际上是在处理一个足够好的近似值。

对图 1-5 所示的模型可以进一步扩展，以改变应用层的内部组织方式。通常情况下，为了实现用例，需要在应用层编写基于代码的工作流，由类和方法进行协调。然而，当你选择从事件驱动的角度全面看待应用时，应用层的工作就简化

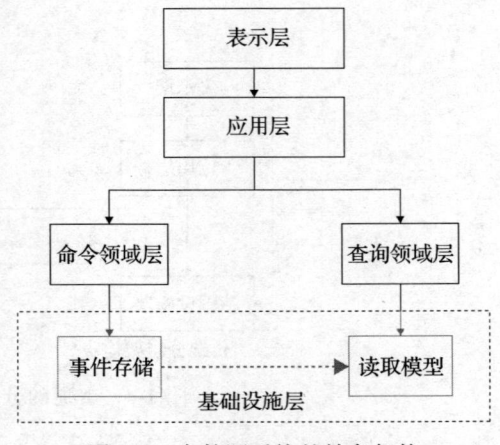

图 1-5　事件源系统的抽象架构

为推送一条描述所接收请求的消息。然后，这条消息随后被发送到消息总线，领域服务处理程序会在消息总线监听消息。

每个处理程序对感兴趣的事件执行操作，并将其他消息推送到消息总线，供其他监听器做出反应。每个任务的整个业务逻辑最终被编码为一系列消息，而不是一系列基于代码的工作流活动（见图1-6）。

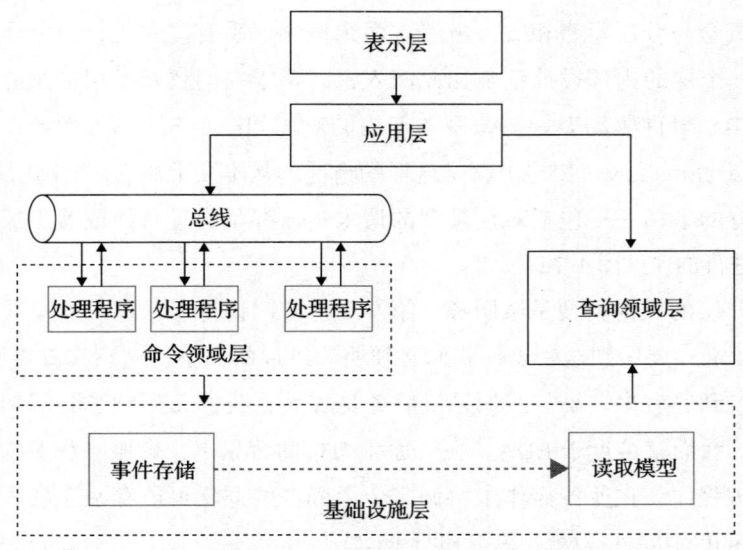

图1-6 基于消息的业务逻辑

在软件架构中，最大的问题是，几十年以来主流的"最后已知的良好状态"的概念现在正在被"发生了什么"的方法所取代，后者将领域事件视为架构的核心。

让事件在软件架构中扮演如此核心的角色会带来一些新的挑战，甚至可能面临一些惯性阻力。以下是事件对软件架构会产生深远影响的一些原因：

- ❑ 你不会错过任何事情：通过设计基于事件的架构，你能够轻松追踪系统中发生的几乎所有事情。你几乎可以在任何时候添加新的事件，从而允许更精确地复制业务空间。
- ❑ 业务表示的可扩展性：使用模型来持久化业务用例会受到模型边界内可以存储和表示的内容的限制，而使用事件则消除了大部分限制。正如之前所述，添加或修改业务场景是可能的，而且相对来说成本不高。
- ❑ 为可扩展性做好准备：当与CQRS结合使用时，事件源为系统在需要时提供可扩展性的准备。

从抽象的角度来说，DDD分层架构仍然是组织单个应用极其合理的方式。然而，现代社会为这个最终的"蛋糕"增添了新的"配料"。就像任何烘焙食谱一样，CQRS和事件源的正确比例是"依个人口味而定"。

我只能尝试猜测,在某个时间点,分层架构不再仅仅被看作是一种抽象层次,而是被视为一种具体的、横向的、面向对象的应用构建方式。因此,虽然有其他带有花哨名称的应用架构风格。然而,在我看来,这些只是软件层的不同包装方式。

非分层软件架构

模块化的概念与分层紧密相关。虽然这两个概念似乎有些对立,但分层无处不在。然而,有时候,一个层的内部设计细节如此深入,以至于它们超越了层的边界,形成独特的非分层软件架构。事件驱动架构与微服务架构的对比如图 1-7 所示。例如,事件驱动架构(Event-Driven Architecture,EDA)就是这样的情况。从本质上讲,EDA 就是图 1-6 所示的内容,假设所有的事情——包括对读模型的请求——都是通过总线或者更通用地说,通过一个代理组件进行的(见图 1-7a)。

另一种非分层的架构类型是微服务。第 9 章将专门讨论微服务。这里我们需要理解的是这个术语的含义,要做到这一点,我们必须明确组件的大小。这意味着要回答这个问题:微服务的"微"到底有多"小"?如果微服务足够大,我们又回到了分层架构;如果微服务真的很微小,我们就接近于 EDA。在云原生架构的背景下,微服务相对简单,通常是无状态的事件处理程序。在业务操作中协调多个微服务的逻辑可能存在于各种地方,例如前端、某些 GraphQL 中间件或网关服务(见图 1-7b)。

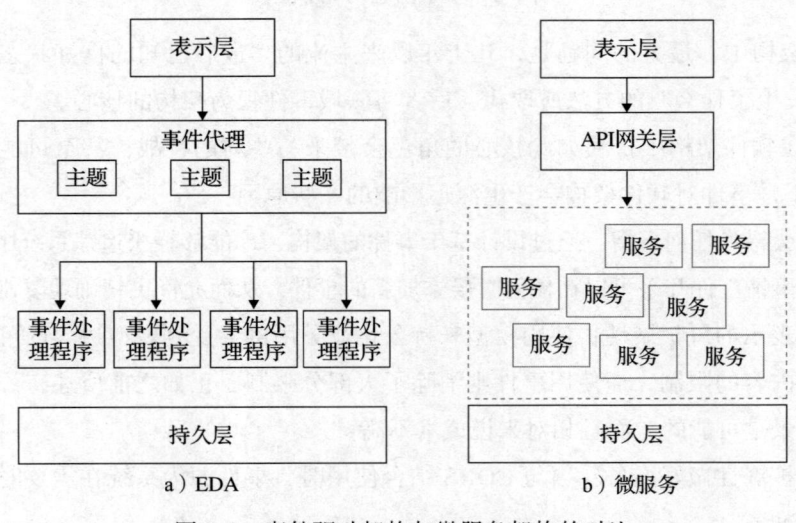

图 1-7 事件驱动架构与微服务架构的对比

非分层架构的主要优势在于其功能的去中心化,这与分层解决方案的单体性质形成鲜明对比。然而，软件总是涉及权衡取舍。因此，去中心化并不一定在所有情况下都更优，单体解决方案也并不总是臃肿不堪的。那么，架构师如何决定使用哪种呢？这取决于具体情况！

1.3 不同类型的分层架构

分层架构通常会有不同的名称和愿景。虽然这些名称的含义对我来说难以理解，但我认为其中一些名称只是分层架构的不同实现方式。本节将讨论其中的几种不同的分层架构实现方式：六边形架构、整洁架构和特性驱动架构。

> **提示**
> 这里讨论的所有架构模式（以及你可能遇到的其他模式）都有一个共同的目标（模块化和 SoC）和一个共同的策略（软件分层）。

1.3.1 六边形架构

六边形架构（Hexagonal Architecture，HA）的基本理念是，应用的中心部分是一个核心库，它通过明确定义的接口与外部世界进行交互。与分层架构相比，HA 中的应用核心对应于分层架构中的领域层和应用层，负责实现业务用例。HA 的关键因素是，核心应用与世界其他部分之间的任何通信都是通过被称为端口的约定接口进行的。适配器作为端口和各层之间的接口。至少，会有一个适配器用于表示层和持久化层（见图 1-8）。

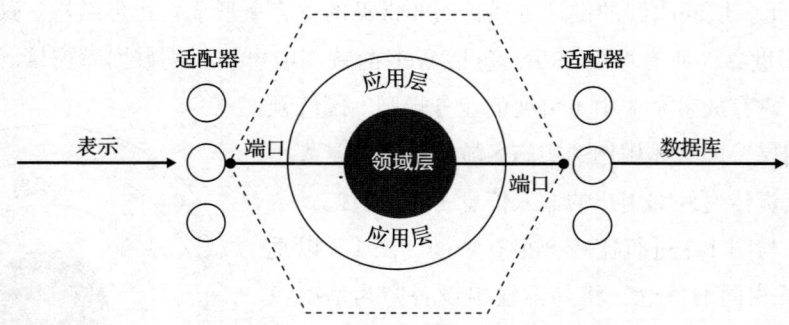

图 1-8　六边形端口/适配器架构图示

> **提示**
> Alistair Cockburn 在 2005 年提出并命名了 HA。Cockburn 也是敏捷宣言（Agile Manifesto）的作者之一，他与 DDD 的设计者有着密切的联系，他的 HA 本质上是试图缓解面向对象建

模（这是 DDD 的核心）可能存在的陷阱。然而，尽管 HA 与 DDD 及其分层架构大致同时出现，但它与 DDD 关系不大。它的主要目的是通过在核心应用可以执行的任何实际任务后面放置一个端口接口，以实现更高的模块化。

输入端口的集合形成了应用定义的 API 层，以便外部世界（也就是表示层）可以与之交互。这些端口也被称为驱动端口。放置在六边形另一侧的端口被称为被驱动端口，它们构成了应用定义的接口，用于与外部系统（如数据库）通信。应用和领域服务所知道的全部方法都在这些端口中实现。同样，适配器是端口接口的实现，它们实际上知道如何打包输入数据传输对象，以及如何读取/写入数据库。

提示
由于端口和适配器在 HA 中的重要性，"端口/适配器"也是 HA 的另一个流行名称。

1.3.2 整洁架构

大约在 2012 年，罗伯特·马丁（Robert Martin），也被人们称为"鲍勃叔叔"（Uncle Bob），推广了一种叫作"整洁架构"（Clean Architecture，CA）的理念。这是分层架构的一种新形式，它从 DDD 和 HA 那里吸取了一些精华。它并没有带来任何新的概念，只是采用了新的术语和图表风格来描述类似的概念。然而，最终，多了另一个模式名称和另一种风格的图表可能也增加了混淆。你可以毫不夸张地说，整洁架构就是用一个新的、统一的名称来称呼一些略有不同的概念。

CA 采用了多层同心圆的设计方式，而非常见的垂直条形或六边形结构。最外侧的同心圆代表与外部世界的所有可能交互，包括 Web 前端、用户界面或数据库连接。中心的同心圆是领域层，它存放着企业中不可变的业务规则。围绕领域层的是应用层，即具体用例的实施区域。紧接着是表示层，这一层负责传递外部用户的输入信息（见图 1-9）。

将图 1-9 与图 1-3 进行比较会很有帮助。图 1-3 以垂直方式展示了相同的概念，将外部输出设备归为基础设施一类，并假设（虽未明示）在表示模块的顶部存在输入设备。

CA 被广泛赞誉的优点与任何其他分层架构（正确实施后）的优点相同。它们可以总结如下：

❑ 业务逻辑内在具有可测试性，这些逻辑与用户界

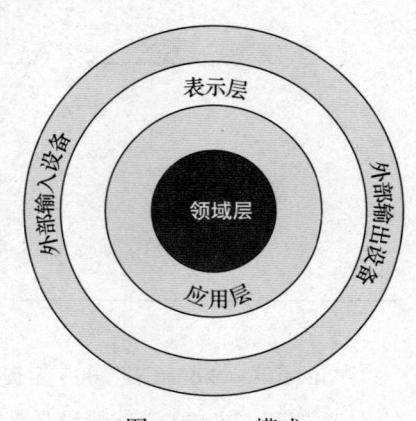

图 1-9　CA 模式

面、服务和数据库的外部依赖隔离。
- 用户界面的隔离，因为这种架构并不以任何方式依赖于使用 ASP.NET、.NET MAUI、丰富的前端，或者其他什么；业务规则层面不会受到用户界面框架的影响。
- 持久化不可知，这是一种数据库细节的处理方式，任何关于数据库的细节都只限于最接近的层，除此之外更高的层都会被忽视。

关于跨层交互时使用接口的必要性，我有最后一点要说：在 HA 中，这些接口（也被称为端口）在某种程度上，是架构本身的必要组成部分。而在 CA 和一般的分层架构中，是否使用接口则取决于实施者。使用接口——并且是针对接口而非实现进行编码——是软件低耦合的普遍原则。然而，在明确知道这点之后，再决定舍弃接口，则是自律和务实的重要表现。

整洁架构里的"整洁"到底是什么意思？

当有人提到整洁架构里的"整洁"指的是什么并不明显——是指罗伯特·马丁描述的同心圆架构很整洁，还是指做得很好的模块化架构。但无论哪种方式，当涉及软件架构时，整洁都可以被视为分层的同义词。

那么，我们说的"分层"到底是什么意思呢？其实，无论是逻辑层还是物理层，软件层都是一个与其他模块通过约定的接口相连的独立模块。因此，无论是单独测试还是集成测试，都相对容易。所以，在软件架构中，"分层"其实就是"模块化"的同义词。

那么，什么是"模块化"呢？这个概念可以追溯到戴克斯特拉的通用 SoC 原则。它的含义是将所有的功能集分解为独立的模块，每个模块都包含运行到功能完美所需的所有部分。每个模块应该能够独立运行，并且通过可识别的插头和明确的依赖项（最好是依赖注入）连接到其他模块。

模块化的难点不在于设计模块和功能，而在于在编码时保持连接点的控制，避免隐藏的依赖项。在这种方式下编写的代码，无论是单体还是分布式，都可以被视为"整洁"的代码。

提示

整洁的代码这个概念与具体技术无关。你并不能通过使用具体某种的技术（例如，.NET、Java、Android、Python、Go 或 TypeScript）或版本就马上能获得整洁的代码。

1.3.3 特性驱动架构

特性驱动架构（Feature-Driven Architecture，FDA）是一种软件架构方法，它强调围绕对软件生命力至关重要的功能组件来组织系统的架构。FDA 并不完全独立于我们迄今为止探讨的架构模式,它只是提供了一个关于系统设计和构建的替代视角。FDA 围绕着识别核心的软件特性展开,并调整架构以优先支持这些特性的全面支持。FDA 的一个显著优点是,它通常会带来模块化和基于组件的架构。

核心的软件特性集代表了与系统本质相关的最小复杂性。真正的复杂性是有机特性复杂性的组合,加上由于误解、技术债务、遗留代码或不准确的设计选择而添加的任何偶然的复杂性。

1. 垂直切片架构

特性驱动的系统开发方法通常与垂直切片架构(Vertical Slice Architecture,VSA)相辅相成。例如,一个开发团队可能采用 FDA 作为设计方法,然后使用垂直切片来逐步实现和发布这些特性,使得在开发的每一次迭代都能为用户带来价值。

特性驱动开发本身对软件架构的影响并不大,软件架构仍然是从用例逻辑层到领域逻辑层再到持久化层的分层架构。然而,它确实有助于组织和规划开发流程,包括编码和测试。实际上,要求实现一个接一个的功能特性切片,每个切片涵盖整个分层架构,包括用户界面层、应用逻辑层和数据存储层。

在 VSA 中,需要重新构建系统架构,也就是说将图 1-3 重塑为垂直的功能特性切片,并排放置(见图 1-10)。

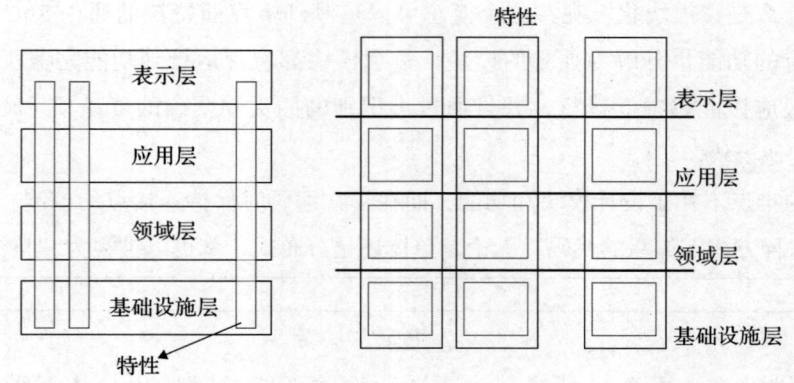

图 1-10 VSA

2. 敏捷度和权衡

特性驱动开发的思维和 VSA 可以帮助你更好地估计开发成本。VSA 起源于敏捷方法(Agile Methodologies),并常用于构建最小可行产品或进行增量发布。其目标是在开发过程的早期就交付一个可以使用、测试并向利益相关者展示的完整功能的软件部分，并为最终用户提供价值。

从图 1-10 右侧可以看到，特性驱动设计可能会将所有的水平层分散开来，这可能会导致代码重复。此外，如果一个或多个层独立部署在其应用服务上，那么每个功能的每一层单独部署可能会增加成本。为了避免这种情况，同一层（例如应用层）与特定功能相关的代码可能会被融合在一起，形成 DDD 所称的共享内核（Shared Kernel）。（关于这个问题，我们将在第 2 章详细讨论。）

最后，如果在架构层面应用，特性驱动方法听起来像是一种捷径，但实际上它是组织日常开发以及代码库中文件和文件夹的有效方式。最重要的是，DDD 分析是理想的选择，因为它通过所要求的功能进行推进，并将它们隔离在限界上下文中和共享内核中，从而提供最终的软件组件列表来编码。

1.4 本章小结

如果说架构曾经是可以忽视的，那么在今天，这种情况已经不复存在了。特别是对于现代软件来说，良好的架构是一种结构性的基本需求，而不是可有可无的奢侈品。

如果你想问哪种软件架构最适合当前的时代，你会得到一个普遍的答案：微服务。客观来说，微服务是一个被滥用的术语，如果不与组件的预期大小和周围环境的定义配对，它几乎没有什么意义。在我看来，微服务往往被选择用作对一种模式的纯粹信仰。你将在第 9 章了解更多关于微服务的信息。简单来说，如果托管在无服务器平台内，微服务非常适合云原生、事件驱动的架构。

那么，如果不是微服务，那是什么呢？如今，一个热门的持续性辩论是微服务与模块化单体之间的对比。有趣的是，微服务的出现是为了替代紧密耦合的单体软件应用。但是，这种分解过于细致，反而产生了一些问题——基本上是如何聚合分散和小型的组件。正如谚语中所传承的智慧：中庸之道。在我们这个语境中，中庸之道就是模块化分层架构。

本章为我们概述分层架构的历史，并以最抽象的形式——DDD 中定义的分层架构，以及最近被重新命名的整洁架构作为结束。本章多次提到了 DDD，下一章将更深入地介绍 DDD。

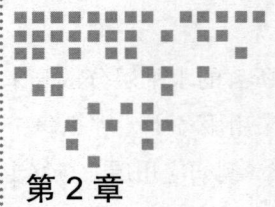

第 2 章

DDD 的核心精髓

首先获取事实,然后你可以随意扭曲它们。

——马克·吐温

DDD 是一种有 20 年历史的方法论。多年来,有关 DDD 的书籍、学习路径和会议层出不穷,社交媒体上也每天都会有成百上千的相关帖子和评论。然而,尽管 DDD 的本质非常简单易懂,但在实际应用中却并不容易。

如今比以往任何时候都更加明显,软件的价值在于帮助简化和自动化业务流程。为了实现这一点,软件必须能够忠实地模拟现实世界的某个部分。这些部分通常被称为业务领域。

经过几十年的发展,以客户端/服务器、数据库为中心的应用为我们提供了有效的方法来映射现实世界的某部分——至少是当时人们所感知的部分。然而,为了更好地实现其价值,现在我们需要更精确地反映现实世界中的各个领域。因此,仅仅依靠数据库和周边代码已不再足够。要忠实地映射现实世界的行为和流程,需要进行广泛的分析。

这和 DDD 有什么关系呢?实际上,DDD 与编程关系不大。它更多的是关于探索业务领域内部的方法和实践。DDD 对编程和对现实世界的表现的影响,取决于分析的结果。

DDD 本身不是强制性的,但它是一种有效的探索和理解业务领域内部结构的方法。真正重要的是对领域进行准确的分析,并通过精心编写代码来反映这一点。DDD 将一系列已验证的实践系统化,以生成业务领域的架构表示,从而为实施做好准备。

2.1 DDD 简介

从概念上讲，DDD 更关注设计而非编码。它依赖于两个支柱：一个是战略性的，另一个是战术性的。DDD 的原创作者们概述了战略支柱，并提出了实现它的战术。然而，我现在认为，战略分析是 DDD 的核心所在。

2.1.1 战略分析

任何世界级的软件应用都是围绕一个业务领域构建的。有时，这个业务领域可能非常大且错综复杂。然而，并非所有业务领域都必须精细到可以被分解成多个相互关联的功能点。战略分析很容易回到你最初的那个单体业务领域。

1. 顶层架构

DDD 战略分析的最终目标是表示业务领域的顶层架构。如果业务领域足够大，那么将其拆分成多个子领域是有意义的，而 DDD 为此提供了有效的工具。像通用语言（Ubiquitous Language，UL）和限界上下文（Bounded Context）这样的工具可能有助于识别出可以单独处理的子领域。尽管这些子领域可能在某种程度上存在重叠，但它们仍然是同一更大生态系统的组成部分。

业务领域分解见图 2-1，该图展示了一个大型业务领域如何被拆分为更小的部分，并最终转化为部署的应用。为了简化起见，图 2-1 中的模式是基于一个真实的体育 IT 项目改编的。原始的业务领域——一个数据收集平台——是利益相关者试图描述并希望实现的。团队进行了深入的分析，并将原始领域划分为五块。其中三块进一步被划分为更小的部分。最终得出了 10 个应用，每个应用在技术栈和托管模型方面都独立于其他应用，但仍然能够通过 API 进行通信，并在某些情况下共享同一个数据库。

2. 业务领域分解

其实，DDD 方法论（或任何其他特定方法）不是必需的，经验丰富的架构师可能仅依靠经验和技术常识就能设计出图 2-1 类似的模块化架构。就像前面暗示的那样，DDD 并没有引入新的革命性的实践；相反，它只是将现有已经成熟的实践进行了系统化。凭借对业务的了解和多年的软件架构的实践经验，一位高级架构师可能很容易就能设计出一个类似的架构图，而不需要使用 DDD。然而，尽管对业务领域的深入了解可能使你能够设想出一个实用的方法来划分业务领域，而不需要使用明确规范的分析方法，但 DDD 确实提供了一种系统化的过程和指导。

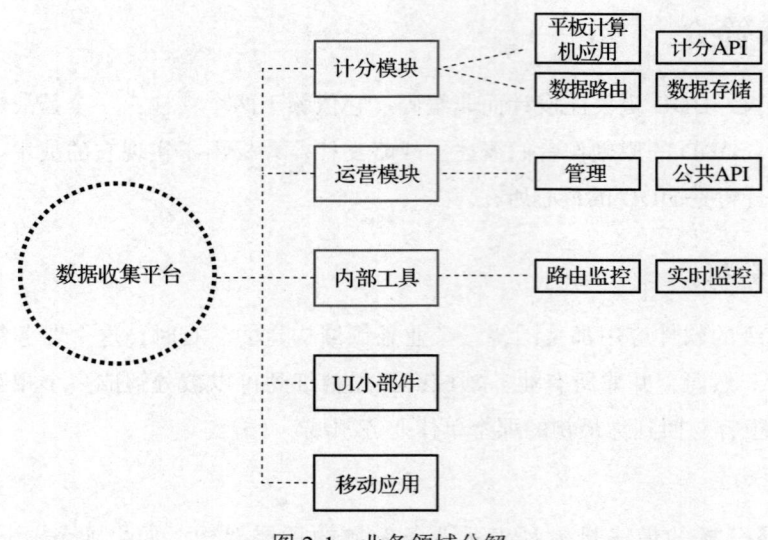

图 2-1　业务领域分解

3. 子领域与特性

我们可以看一下图 2-1 中的"管理"模块。这是一个功能边界不明显的业务模块。也就是说,虽然图 2-1 中的所有其他模块都可以合理地映射到一个子级应用,但这个模块却不能。将管理模块进一步按功能划分,见图 2-2。在管理模块内部,你可以找到图 2-2 中的功能。

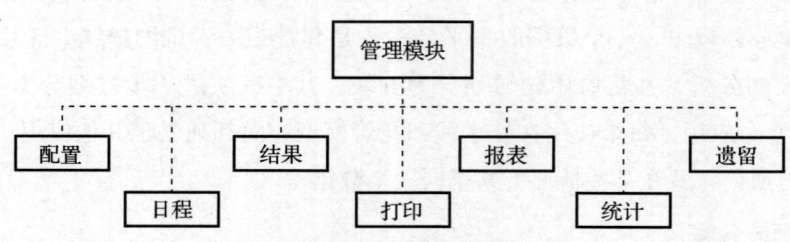

图 2-2　将管理模块进一步按功能划分

问题是,这些功能只是单体应用中的特性,还是独立的服务;这个模块是否应该进一步拆分?

确定架构模块的理想大小超出了 DDD 的范围。这项任务需要架构师的专业知识和敏锐度。在这个例子所基于的实际项目中,我们将管理模块视为一个整体,并将图 2-2 中的较小模块视为功能特性,而不是子领域。最终,DDD 对子领域的划分取决于局部功能的不可见边界。图 2-2 中的所有模块客观上都属于管理模块,且对全局、顶层架构没有影响或可复用性。因此,在实际项目中,我们将它们视为特性。

4. 微服务的复杂角色

在当前这个阶段对领域进行细分时，我们不得不考虑微服务。在第 3 章以及第 9 章，我将深入探讨微服务。但是，此处我需要明确指出关于微服务和 DDD 的观点：DDD 仅关注顶层架构，并将业务领域划分为被称为限界上下文的模块。限界上下文是架构设计中的抽象概念，它有自己的实现方式，并且可以采用微服务来实现；但微服务与限界上下文及 DDD 相比，处于不同的抽象层次。

提示

"微服务"这个词指的是可部署单元的物理边界，而"限界上下文"这个词则指的是业务单元的逻辑边界。但从技术角度来看，一个微服务可能实现了一个限界上下文的所有业务功能。当这种情况发生时，称其为"微"服务就有些反直觉了！

在图 2-2 中，关于一个模块是属于子领域还是特性，具体与顶层架构有关。一旦确定管理模块是一个子领域——也就是一个限界上下文，那么在实施中整理出的特性在实现上可以是进程内类库、函数区域、lambda 函数，甚至是独立的微服务。但具体实现与 DDD 设计是处于不同的抽象层次。

5. DDD 解决方案的实际规模

许多讨论 DDD 和限界上下文的文章和博客都默认整个企业后端是需要分解的领域。因此，它们将销售、市场、IT、财务等部门视为需要关注的限界上下文。然而，这种大规模的场景相当罕见，公司很少计划对整个后端进行大规模的重写。但是，如果真的发生这种情况，即使参与顶层设计的架构师人数众多，实际参与的人数也会相对较少。

DDD 是一种主要用于设计和组织软件系统架构的设计方法。它并不局限于系统的规模大小。相反，它更关注软件内部的领域和子领域的组织。从一开始，它就被推广为处理企业级应用的方法，但它同样适用于中小规模的项目，并且效果显著。

2.1.2 战术设计

一般来说，战略设计定义了你想要达成的目标；战术设计则明确了你打算如何实现这个目标。从战略角度来看，DDD 提供了工具，可以将业务领域划分为更小的限界上下文；从战术角度来看，DDD 建议使用默认支持架构来实现每个限界上下文。

1. 默认支持架构

第 1 章介绍了 DDD 默认支持架构——分层架构的亮点，这些启发性的原则现在已经成了整洁架构的基础。分层架构是从 DDD 最初提出时流行的多层架构演变而来的。

DDD 默认支持架构是单体且面向对象的，它只是一个示例，而非强制要求。虽然是在 2004 年提出的，但因为足够抽象和通用，即使到现在仍然具有很大的价值。不过，随着发展，今天已经有其他的选择和变体，例如 CQRS、事件源，以及非分层模式（如事件驱动模式和微服务）等。关键的一点是，对于 DDD 来说，长期以来，人们普遍认为采用分层架构及其一些辅助的类建模模式是最佳实践，而将领域分解置于次要地位。

2. 软件模型

完成了战略分析之后，DDD 的重点在于构建一个软件模型，该模型符合已确定的业务需求。Eric Evans 在他的书 *Domain-Driven Design: Tackling Complexity at the Heart of Software*（《领域驱动设计——软件核心复杂性应对之道》，2003）中使用面向对象编程（Object-Oriented Programming，OOP）范例来说明如何为业务领域构建软件模型，并将所得出的软件模型称为领域模型。

与此同时，软件行业的另一位杰出人物，Martin Fowler——他为 Eric Evans 的书写了序言——也在使用同样的术语（领域模型）来指代组织业务逻辑的设计模式。在 Fowler 的定义中，领域模型设计模式是一个由相互连接的对象构成的图，这些对象完全代表了问题的领域。模型中的所有内容都是对象，并且能够存储数据和暴露行为。

简单来说，在 DDD 的背景下，领域模型是一种软件模型。这种软件模型可以通过多种方式实现，例如面向对象编程、函数式编程或 CRUD（Create，Read，Updata，Delete，创建、读取、更新、删除）。Martin Fowler 定义的领域模型设计模式只是实现这种软件模型的一种可能方式。

重要提示

在 DDD 中，对业务模型分析的结果是一个软件模型。软件模型就是实际业务的数字副本，通过软件形式实现。它并不一定是遵循特定标准的面向对象模型，也可以采用其他实现方式。

2.1.3 DDD 的误解

在 DDD 方法论中，由于与 Martin Fowler 的设计模式存在名称冲突——在一个以明确的语言为关键的方法论中，这是相当矛盾的——引发了人们对 DDD 的误解。

1. 编码规则的重要性

DDD 的定义详细描述了参与面向对象领域模型的类的某些特性：聚合体、值类型、工厂、行为、私有 setter 等。然而，拥有面向对象的模型既不是强制的，也不是至关重要的。说得更明确一些，并非一定要大量使用工厂方法代替无名构造器，或者使用精心制作的值对象代替松散的原始值，才能使软件项目按时按预算完成。

换个角度来说，只是盲目地遵循 DDD 策略中的编码规则并不能确保解决所有问题。如果缺乏一个清晰的战略规划和前瞻性的设计，反而可能引起更多的技术问题和增加额外的技术债务。举个例子，采用函数式方法来构建领域模型并非不可取，甚至并不显得突兀。即便你是通过编写一系列函数，或者创建一个依靠存储过程来实现数据持久化的简化对象模型，这也算是在有效地实施 DDD。

2. 编码规则的价值

在讨论 DDD 的编码规则时，我们必须看到问题的两面性。这些规则——比如倾向于使用值类型而不是原始数据类型，使用富有语义的方法而不是简单的赋值方法，采用工厂模式来替代直接的构造函数，以及通过聚合体来更有效地管理数据持久化——都是基于充分和合理的考量。它们让我们能够创建出一套软件模型，这套模型更可能与企业中实际使用的业务语言保持一致。如果我们没有首先确定企业中通用的业务语言（即通用语言）及其使用语言的具体上下文，那么盲目地遵循这些编码规则只会带来无谓的复杂性，而不会带来任何额外的价值。

3. 数据库无关性

当你研究 DDD 时，你很容易得出这样的结论：领域模型应该对持久化层——实际的数据库——保持无关。这在理论上是非常好的。然而，在实践中，没有哪个领域模型能真正做到对持久化层完全无关。

注意，上述言论并不是鼓励你将持久化和业务逻辑混为一谈。持久化和业务逻辑之间需要有清晰的界限。（下一章将会有更多的讨论。）DDD 的重点是，当你构建一个面向对象的软件模型来代表业务领域时，持久化不应该是你的首要关注点，就这么简单。

话虽如此，但请注意，在某个时刻，你可能在设计对象模型时忽略了持久化问题，而这些问题最终仍需要被持久化。当这种情况发生时，数据库以及用于访问数据库的 API（例如 EF Core、Dapper 等）就会成为一种约束，不能完全忽略。更确切地说，完全忽略持久化层是一种合理的选择，但会带来一定的代价。

如果你真的想让领域模型完全不涉及数据库，那么你应该设立两个独立的模型——领域模型和持久化模型，并使用适配器在每次操作时在两者之间切换。这种做法需要额外的工作量，其真实价值需要根据实际情况进行评估。我个人的建议是，在某些情况下，适度的实用主义并不会带来坏处。

4. 通用语言的重要性远远超过命名约定

DDD 非常重视实体的命名。你很快就会发现，术语 UL 指的就是一套共享的商业术语词汇表，理想情况下，这些术语应该反映在类和成员的命名约定中。因此，强调命名的重要性源自于代码需要反映真实世界中使用的词汇。这不仅仅是选择任意描述性名称的问题；相反，它是关于应用在战略分析中发现的语言规则，并谨慎选择描述性名称。

2.1.4 战略设计工具

我已经简单介绍了 DDD 定义的一些用于探索和描述业务领域的工具。现在让我们更深入地了解它们。

你可以使用以下三种工具来分析一个业务模型，以构建其实体、服务和行为的概念视图：
- 通用语言。
- 限界上下文。
- 上下文映射。

通过检测在特定区域使用的业务语言，你可以识别出子领域，并将它们标记为最终架构的限界上下文。然后，通过使用不同类型的逻辑关系将限界上下文连接起来，形成最终的上下文映射。

提示

总的来说，DDD 就如其名字所述：它是一种设计方法，这种方法是由对业务领域进行初步、深入的分析驱动的。

2.2 UL

虽然这听起来可能有些夸张，但我们可以把为一个业务领域创建软件模型想象成创造一个新世界。从这个角度看，引用 *Gospel of John* 中关于宇宙起源的几句（零星的）话可能会给人启发：
- 一切始于"语言"。
- "语言"落地，融入我们。

先抛开"语言"原本的含义，我们将其字面意思脱离原本的背景来看待，语言在过程之初扮演了核心角色，在最终转化为实质。UL 也起到了类似的作用。

2.2.1 领域语言术语表

对于医生和会计师来说，他们在职业生涯之初就学会了一组核心术语，这些术语的含义在整个职业生涯中保持不变，能够被同行、合作伙伴和客户所理解。更重要的是，这些术语很可能与日常工作紧密相关。然而，对于律师、软件架构师或软件工程师来说，情况就不同了。

律师或软件架构师可能需要在自己知之甚少或一无所知的领域工作。例如，作为一名律师，在处理破产案件的结案陈词时，你可能需要了解高级金融知识。同样，作为体育科技领域的软件工程师，你需要了解排名和得分规则，以保证应用的运营持续运行。为了应对这种挑战，DDD 提出了 UL 的概念。

1. 构建共享术语表的目的

UL 本质上是一个术语词汇表，包含业务领域特有的名词、动词、形容词、副词，甚至习语表达和缩略词，这些术语在分析的特定业务上下文中具有特定的、不变的含义。词汇表的主要目的是防止项目参与方之间的误解。因此，词汇表应该成为一个共享资源，在项目各种形式的口头和书面交流中使用，包括用户故事、RFC（Request For Comments）、电子邮件、技术文档、会议等。

简而言之，UL 是组织内进行业务交流的通用语言。在 *Domain-Driven Design*（领域驱动设计）这本书中，作者 Eric Evans 建议将 UL 作为模型的支柱。发现和建立 UL 有助于团队理解业务领域，以便为其设计软件模型。

2. 选择词汇表的自然语言

在构建业务领域的 UL 词汇表时，你可能会遇到一些问题。最重要的问题是，术语表中的词汇应该使用何种自然语言。这里有几个选项：

- 简单、通用的英语。
- 客户的母语。
- 开发团队的母语。

虽然任何答案都可能是好的、坏的（或者两者兼而有之），但可以肯定的是，当开发团队和客户说同一种语言时，通常不会有争议。但在其他情况下，这个问题就变得复杂了，很难用一般性的建议来解决。然而，在软件中就像在生活中一样，因为总会有例外。例如，我在波兰的一个 DDD 研讨会上听到一个有趣的评论："我们不能在代码中使用波兰语，更别提让波兰语的名字或动词出现在 Web 应用的公共 URL（Unified Resource Locator，统一资源定位符）上了，因为我们的语言非常难以理解。这对所有人来说都很困难，所以我们通常使用英语。"

> **提示**
>
> 在罗伯特·哈里斯（Robert Harris）1995年的小说 *Enigma*（谜团）中，作者讲述了一个虚构人物在第二次世界大战期间破译窃取的密码机密码的故事。然而，在破译其中一个密码后，他发现文本似乎包含另一层未知的加密，直到另一个密码揭示了文本实际上是一连串缩写的波兰名字！

如果术语表的语言与一些参与方使用的语言不同，且出于开发目的需要进行翻译，则需要制作一个逐词对照表来尽可能避免歧义。但请注意，歧义并不能完全消除，只能尽量减少。

2.2.2 构建术语表

你可以通过访谈和整理书面需求来确定词汇表中的术语。然后，不断精炼词汇表，使其成为结构化的形式，其中自然语言术语与清晰的含义相对应，满足业务领域（利益相关者）和技术（软件）团队的需求。接下来将介绍几个示例。

1. 选择正确的术语

在旅游场景中，技术人员根据他们对业务的数据库视角称其为"删除预订"，但更好的表述应该是"取消预订"，因为后者是业务人员会使用的词汇。同样，在电子商务场景中，"提交订单表单"这个说法过于偏向HTML；业务人员可能更简单地称之为"结账"。

这是一个真实的故事，来自亲身经历。在为一家网球组织建立日常运营平台时，我们在HTML页面上添加了一个标有"重新配对"的按钮，这是基于一个利益相关者的用语。该按钮的目的是触发一个允许一名球员在双打比赛抽签中更换搭档的程序（换句话说，正如利益相关者所说，进行"重新配对"）。然而，我们很快发现用户不敢单击该按钮，而是每次需要"重新配对"球员时都会拨打客服热线。这是因为该组织使用的另一个内部平台（我们没有访问权限）使用了相同的术语来描述类似但更具破坏性的操作。因此，我们不得不重新命名了按钮和底层的业务逻辑方法。

2. 发现语言

拥有一定程度的领域知识有助于快速识别出所有可能具有语义相关性的术语。然而，如果你对这个领域完全陌生，那么对热门术语的最初研究过程可能就像处理下面的文本一样。

作为I-Buy-Stuff在线商店的注册用户，我可以使用代金券兑换我下的订单，这样我就不用自己付钱购买这些商品。

动词代表潜在的行动或行为，而名词则代表潜在的实体。通过将文本中的动词和名词用粗体标出，我们可以更容易地识别它们：

作为 I-Buy-Stuff 在线**商店**的**注册用户**，我可以使用**代金券兑换**我下的**订单**，这样我就不用自己**付钱购买**这些**商品**。

动词和名词之间的关系由所使用语言的语法规则定义：主语、动词和直接宾语。例如：

- 注册用户是主语。
- 兑换是动词。
- 代金券是直接宾语。

根据语法分析，我们得到了两个领域实体（注册用户和代金券），以及一个行为（兑换）。这个行为属于注册用户实体，并应用于代金券实体。

通过这样的分析得出的另一个结果是，在业务环境中，用来表示有资格兑换的术语仅为"代金券"。而其他类似"优惠券"或"礼品卡"等同义词在任何情况下都不应使用。

3. 处理缩略词

在一些业务场景中，尤其是军事行业，缩略词非常流行且广泛使用。然而，缩略词可能很难记住和理解。

一般来说，UL 中不建议包含缩略词。相反，应该引入新的词来保留缩略词所传达的原意，除非缩略词已经非常通用，不使用它本身就是对通用语言模式的明显违反。在这种情况下，是否将其包含在通用语言中取决于你自己。只是要注意，你需要谨慎处理其他缩略词，避免产生混淆。

从字面上讲，使用缩略词违反了 UL 模式。然而，因为 UL 旨在让每个人都能更容易理解和使用业务语言与代码，所以不能完全不用缩略词。团队需要逐个评估如何以不阻碍跨团队沟通的方式追踪这些信息。例如 RSVP 是一个跨行业通用的缩写词，很难引发混淆。而在网球中，虽然 OP 和 WO 这些缩略词很流行，但是它们太短且可能引发混淆，不适合在软件中使用。因此，我们将它们扩展为 Order-of-Play（比赛顺序）和 Walkover（轻松胜出）。

4. 处理技术术语

UL 的另一个问题是语言应该有多专业。尽管我们专注于理解业务领域，但我们的目的是构建一个软件应用。因此一些技术术语（如缓存、日志和安全）在交流中不可避免。是否应该避免使用这些技术术语，并使用冗长的释义来代替？答案是否定的。我们应该尽可能限制使用技术术语，但必要时可以使用。

5. 分享术语表

一种语言的价值在于使用而不是保存。但正如手边有一本英文词典对于解释或翻译词汇很有帮助一样，拥有一份实体文件用来查阅特定领域的术语可能也同样很有帮助。

术语表通常最终会保存在一个共享文档中，所有利益相关者都可以访问这个文档，并且可以设置不同的权限。这个文档可以是 OneDrive 文件夹中的 Excel 文件，或者更好的是，通过 Microsoft Excel Online 协作编辑的文件。它甚至可以是一个 wiki。例如，使用内部 wiki，你可以创建和发展术语表，甚至设置一个内部论坛来公开讨论语言的特性和更新。wiki 还允许你轻松设置权限来控制如何编辑以及谁能编辑什么。最后，GitBook 网站是另一个绝佳的选择。

重要提示

任何对语言的修改都是一个业务层面的决策。因此，这种修改必须始终与利益相关者和所有参与方达成一致。语言中的术语成为软件的一部分，并存在于代码库中。你应该期待术语和代码之间有一对一的关系，错误理解一个术语可能会引入一个错误，而错误命名一个方法可能会误解一个业务流程。

2.2.3 保持业务和代码的一致性

UL 的终极目标并不是创建关于项目的全面的文档，也不是为类和方法等代码工件命名设定准则。UL 真正的目标是作为实际代码的支柱。然而，要实现这一点，定义和执行一套严格的命名规范至关重要。类和方法的名称应该始终反映术语表中的术语。

提示

尽管听起来可能很严格，但你应当将一个以与用户调用该进程不同的名称（不能多也不能少）启动进程的方法视为技术债务。

1. 在代码中体现 UL 标准

UL 对实际代码的影响不仅限于领域层。UL 还有助于应用层的逻辑设计。这并非偶然，因为应用层负责协调各种业务任务的用例。

想象一下网上商店的结账过程。在进行典型的结账流程之前，你可能想要校验订单。假设你设定了一个要求，即校验订单时需要确保订购的商品有库存，并且顾客的支付历史没有问题。你将如何组织这段代码？

有几个不错的选项可以考虑：

- 在应用层工作流中，为结账流程设置一个单一的校验步骤。这个校验步骤包含了所有必需的检查，并隐藏了内部的具体细节。

- 在应用层工作流中，直接设置一系列独立的校验步骤。

从纯功能的角度来看，这两种组织代码的方式都能有效实现校验功能，并且都能正常工作。但在特定的业务环境中，只有一种方式是理想的。哪一种是最合适的，需要参考 UL。如果 UL 要求在结账过程中对一个订单执行校验动作，那么你应该选择第一种方式。如果 UL 中包括像检查支付历史或检查当前库存这样的动作，那么你应该在工作流中为这些动作单独设置步骤。

提示

如果当前版本的 UL 中无法澄清一个编码点，这很可能意味着语言本身还需要更多的工作——具体来说，需要进行新一轮的讨论，以进一步细化概念。

2. 通用语言的变化

UL 可能发生变化主要有两个原因：
- 团队对业务环境的理解在不断进化。
- 业务环境是在设计和构建软件应用时定义的。

前一种情况在 20 多年前就产生了 DDD 的概念，当时的业务模式非常复杂和庞大，需要频繁的迭代来定义，每次都需要增加、删除、整合或重新设计一些功能和概念。

提示

这种迭代过程通常在项目开始时进展得比较快，但随后会放慢甚至几乎停止。（随着软件的重大版本发布，这一周期可能会重复出现。）

后一种情况在初创企业开发中很常见——例如，为处于初始阶段的业务项目专门设计的软件。在这种情况下，快速迭代和频繁调整对软件和 UL 都是可以接受的。

因此，UL 可能会发生变化，但这种变化不会无休止地进行。开发团队需要负责察觉何时需要进行变更，并在业务连续性允许的范围内应用这些变更。不过，请注意，严格来说，业务语言和代码之间的差距是一种技术债务。

每个人都会犯错

我在体育 IT 行业工作了好几年，参与构建了一些现在被流行体育组织日常运营所使用的平台。这些软件平台能够支撑着连续进行的比赛，可以说它们是有效运行的。然而，有时这些软件可能仍然存在设计上的问题。

是的，我有时会犯错，从而带来设计上的问题。不过，我的软件存在设计问题更多的是因为我实用主义的态度。为了解释这一点，让我分享一个故事（需要声明的是，当你阅读到这里时，这个设计问题很可能已经被解决了）。

最近，我的团队对现有的软件系统进行了调整，以便支持与之前几乎相同的另一个体育项目。一个区别是新系统不需要支持单打比赛。另一个区别是，在抽签中将使用积分而不是排名来对选手进行分组。

代码中的领域层和数据持久化层使用了两个属性——SinglesRank（单打排名）和DoublesRank（双打排名）。起初，我们没有更改任何命名（包括相关的数据库表），只是简单地将双打排名存储在 DoublesRank 属性中，而单打排名对应的 SinglesRank 属性则保留为空没有使用。后来，为了使用积分而非排名来对比赛选手进行排序，我提出了一个实用的建议：重新利用原本未使用的 SinglesRank 属性——这是一个非常有效的解决方案，只需要极小的努力即可实现。

然而，仅仅两周后，人们就开始反复询问 SinglesRank 的实际值究竟是什么。换句话说，出现了术语与代码和数据结构之间的不一致。

3. 有用的编程特性

在编程语言中有几个特性可以帮助围绕领域语言构造代码。最受欢迎的是对类、结构体、记录和枚举类型的支持。另一个极其有用的特性——至少在 C# 中是这样——是扩展方法，它们有助于确保代码的可读性接近于口语。

扩展方法是一种全局方法，开发者可以利用它为现有类型添加新的行为，而无须派生新类型。通过扩展方法，你可以扩展类（例如 String）甚至是枚举类型。以下是一些例子：

```
public static class SomeExtensions
{
    // Turns the string into the corresponding number (if any)
    // Otherwise, it returns the default value
    public static int ToInt(this string theNumber, int defaultValue = 0)
    {
        if (theNumber == null)
           return defaultValue;
        var success = int.TryParse(theNumber, var out calc);
        return success
            ? calc
            : defaultValue;
    }
    // Adds logic on top of an enum type
    public static bool IsEarlyFinish(this CompletionMode mode)
    {
        return mode == CompletionMode.Disqualified ||
               mode == CompletionMode.OnCourtRetirement ||
               mode == CompletionMode.Withdrawal;
    }
}
```

第一个扩展方法扩展了核心字符串（String）类型，添加了一个快捷方式，如果可能的话，将字符串转换为数字。

```
// With extension methods
var number = "4".ToInt();
// Without extension methods
int.TryParse("4", out var number);
```

假设你想要查询所有提前结束的比赛，你可以使用第二个扩展方法：

```
var matches = db.Matches
                .Where(m => m.MatchCompletionMode.IsEarlyFinish())
                .ToList();
```

我们可以看到，扩展方法可以隐藏实现细节，使实际的业务逻辑更易于表达和呈现。

4. 值类型和工厂方法

还记得本章前面提到的关于 DDD 的误解吗？我特别指出了编码规则的相关性。

DDD 推荐了几条编码规则，例如，优先使用工厂方法而不是构造函数，以及优先使用值类型而不是基元类型。这些规则本身单独使用时可能不会产生太多价值，因此存在一些误解。然而，在 UL 的语境下，这些规则变得更加重要。它们对于保持语言和代码的一致性至关重要。

例如，如果业务领域涉及金钱，那么你最好使用自定义的值类型 Money 来内部处理货币和总额，而不是手动将十进制值与硬编码的货币字符串配对。同样返回一个类实例，使用包含命名的工厂方法比仅通过签名区分的无名构造函数更可取。

2.3 限界上下文

调整业务语言以及重命名类和方法可能比较棘手，但得益于集成开发环境（Integrated Development Environment，IDE）的功能和插件，这个问题并不是特别难以解决。然而，如果未能识别出应该独立处理的子领域，可能会严重破坏整个解决方案的稳定性。

无论你如何努力，你的 UL 都不可能成为组织内 100% 无歧义的唯一定义集。实际上，相同的术语（例如"客户"）在不同的业务单元中可能有不同的含义。就像机场行李传送带上看起来相似的行李箱会给旅客带来混淆一样，看似相似的功能和名称也可能在你的解决方案中造成问题。

理解功能和名称之间的差异是至关重要的，而在代码中有效地处理这些差异则是必不可少的。这就引出了限界上下文的概念。

2.3.1 处理歧义

在分析一个业务领域时，可能会发生歧义。有时我们会遇到看起来相似但实际不同的功能。当这种情况发生时，开发者往往会表现出一种内在的欲望，想要创建一个高度抽象化的唯一实体层次结构，以处理大多数场景和变体。实际上，所有开发者都有一个秘密梦想，那就是构建一个通用的代码层次结构，它可以追溯到一个最根本的"宇宙创始大爆炸"对象。

事实上，在数学中抽象确实有用——但在简单的软件中，过度抽象可能导致设计变得复杂。我们在 DDD 中学到的教训是，为了方便维护，有时代码碎片化（甚至在某种程度上代码重复）是可以接受的。

> **提示**
>
> 在初期设计阶段，我们应该容忍一定程度的代码重复，以更好地通往理想的业务模型。经验告诉我们，当两个描述似乎指向同一个实体（除了少数属性外），强行将它们合并几乎总是错误的；这意味着在这种情况下，即使将它们视为独立的实体并不是最理想的，但通常是可以接受的。

1. 抽象的代价

抽象总是有代价的。有时这个代价是值得的；有时则不是。

最初，抽象化就像天降甘霖，帮助开发者构建大型领域模型。开发者们通过分析大型问题，发现可以将它拆解为许多更小的问题，这些问题有很多共同点。为了减少代码重复，开发者义无反顾地增加了抽象层。

随着分析的深入和对新特性的了解，你可能需要添加新的抽象部分来适应变化。然而，在某个时候，这可能变得难以管理。关键在于，过早地进行抽象（这会使整体设计复杂得毫无意义）和提前明智规划之间存在一个模糊的界限。通常，有一个合理的迹象表明抽象可能过度了，就是如果你发现自己在实现中处理了多个条件分支，并使用同一方法来处理多个用例。

说了这么多编程中的抽象概念，那顶层架构呢？实际上，两者几乎面临相同的问题。事实上，你可能会遇到一个充满相似功能和实体的业务领域。挑战在于理解何时应该进行抽象，何时应该将领域拆分为更小的部分。如果你将其分解成部分，就能获得独立但相连（或可连接）的功能，每个功能都保持自主和隔离，在这方面有没有好方法吗？有，其中一个就是利用术语的歧义性来判断是否需要拆分。

2. 利用术语的歧义性来判断是否需要拆分

一个合理的迹象表明你可能需要将一个业务领域拆分为多个部分：如果你在 UL 中发现了一个术语有歧义。换句话说，不同的利益相关者使用同一个术语却指代不同的事物。为了解决这种语义歧义，首先要确定你是否真的处于两个不同上下文的交汇点。一个关键的信息是，是否可以在不损害 UL 的连贯性及其对业务语言的遵循下，将某个术语更改为另一个术语。

一个更微妙的情况是，当同一个实体被不同的利益相关者用不同的名字来称呼。通常，这不仅仅是关于实体有不同的名称（同义词），它往往还与不同的行为和不同的属性集有关。那么，你应该怎么做呢？使用编码抽象，还是接受重复带来的一些风险（见图 2-3）？

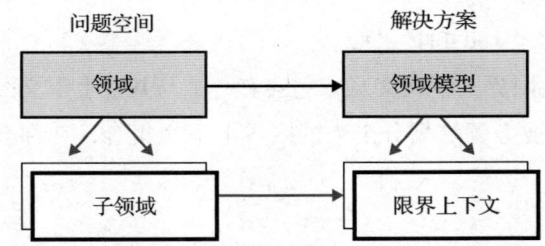

图 2-3　领域、子领域与领域模型和限界上下文之间的关系

当发现业务术语存在歧义时，这通常意味着原始领域中的两个部分可能需要被更好地划分为不同的子领域。每个子领域可以为该术语赋予一个明确的含义，以消除歧义。DDD 将这种建模后的子领域称为限界上下文。

提示

现实工作中，当我们对大型业务领域进行建模时，构建一个单一的通用模型会越来越困难。此外，在大型组织的不同部分，人们倾向于使用细微不同的词汇。DDD 的目的就是通过将大型模型划分为不同的限界上下文并明确它们之间的关系来处理这些模型。

---

3. 选择代码重复还是抽象

根据我多年的编程经验，我的建议是，当你不确定是否需要抽象时，默认情况下，它通常是不必要的。在这种情况下，你应该选择代码重复而不是抽象。

当然，我知道有很多文章和书籍（包括我自己的一些）都在告诫开发者要遵守"不要重复自己"（DRY）原则，鼓励使用抽象来减少代码重复。同样，我也非常清楚，相反的原则——"每次都写"（WET）——通常被认为是反模式，直接被否决。

我敢说，除非你能明显看出保持顶层架构统一的好处，否则如果业务语言中存在无法通过更换同义词来解决的术语歧义，你最好选择新增一个限界上下文。

在编程中，一个糟糕的抽象通常比代码重复的成本要高得多。在架构层面，一个混乱的单体系统的成本可能同样严重，与过度碎片化的成本类似。是的，通常情况下，要视具体情况而定。

2.3.2 设计限界上下文

限界上下文是原始模型的一个部分，事实证明，将其作为一个独立模块来建模和实施会更好。一个限界上下文有三个特点：

- 它拥有自己的 UL。
- 它拥有自己的实现方式和技术栈。
- 如果需要与其他限界上下文交互，它会有一个与其他上下文交互的接口。

通常可以看到，从业务领域划分出来的限界上下文集合，往往会反映（或至少类似于）其所有者组织的结构。

1. 领域的细分

以下是一个源自现实体育 IT 场景的例子（见图 2-4）。如果你被要求构建一个完整的 IT 系统来管理具体体育项目的运作，你至少可以根据图 2-4 来细分子领域。

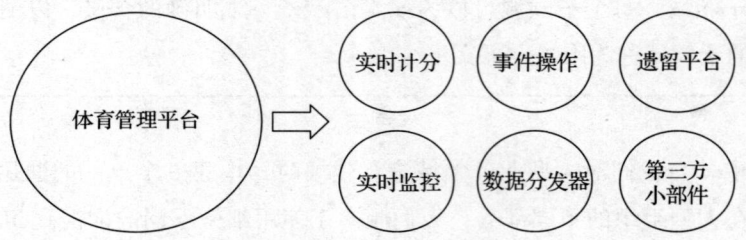

图 2-4　体育 IT 场景中一个领域模型的细分示例

将系统构建为一个单体系统是不现实的。这并不是因为坚信微服务软件教条，而是因为在对领域、流程和需求进行充分分析后，我们会发现许多相关的操作可以划分为几个独立的集群（尽管可能不止图 2-4 中的六个）。这些不同的集群应该被视为独立的项目，进一步进行分析、实现和部署。

总的来说，每一个限界上下文都是独立实现的。除了可能与其他限界上下文共享一些技术资源（例如，分布式缓存、数据库表或总线）外，从部署和编码的角度来看，它是完全自主的。

2. 共享内核

假设你有两个开发团队，他们正在开发一个已经确定的限界上下文，并且已经就功能图达成一致。在某个时刻，团队1和团队2可能会意识到，他们不知不觉中正在开发相同的一小部分软件实体。

当多个团队共同开发模块时，会带来一些同步问题。这些问题范围包括保持代码库更新的同步，解决轻微的需求冲突，以及确保两个团队与各自规范的一致性。此外，未来的变化可能会使两个团队发生激烈的对立（见图2-5）。

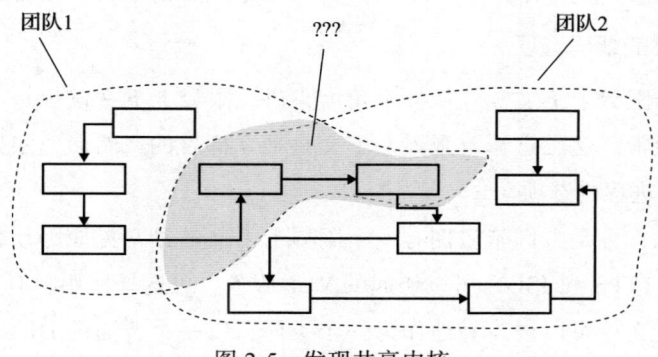

图2-5　发现共享内核

面对这种情况，有三种可能的处理方法。最保守的选择是让每个团队独立实现那些看似共同的区域。另一个选择是指定一个团队为共享区域的拥有者，并拥有解决任何冲突的最终决定权。作为替代方案，在每次冲突发生时，让两个团队自行达成共识。最后一个处理方法是：共享内核。

共享内核是限界上下文的一种特殊形式。它源自对现有限界上下文的进一步细分。例如，图2-5中的子领域将被划分为三个上下文：一个完全由团队1控制，一个完全由团队2控制，第三个就是共享内核。那么，谁来负责共享内核呢？再次强调，这具体取决于架构师团队，但它可以是现有的团队之一，甚至可以是一个新团队。

3. 遗留系统和外部系统

在大多数情况下，限界上下文隔离了一定数量的相关行为。识别这些上下文的任务由架构师团队负责。然而，系统的某些部分应该被视为默认的独立限界上下文，特别是遗留系统和外部系统的包装层。

当你严格依赖于不可控制（或不允许控制）的系统时，最安全的方法就是围绕那些已知接口（无论是一个普通的共享数据库连接字符串还是一个API）创建一个封装层。这些封装层具有两个作用。首先，它们作为最终系统的一部分，通过代理的方式调用远程端点，提供隔离。其次，它们可以进一步隔离系统，使其不受外部端点未来变化的影响。

在 DDD 的术语中，针对外部系统创建的隔离包装层被称为防腐层（Anti-Corruption Layer，ACL）。简单来说，ACL 是一层薄薄的代码，实现了一种熟悉的模式。它为你的调用模块提供了一个专用且稳定的（因为是你拥有的）编程接口，该接口内部处理远程端点的复杂性。换句话说，ACL 是你的代码中唯一一个知道远程端点细节问题的部分。你的代码中其他部分不会暴露在外部系统中。因此，当外部系统发生不受控制的重大变更时，只需要检查和修复 ACL 这一小块代码，从而大大减少了系统受到影响的可能性。

4. 限界上下文的编码选项

如何编写一个限界上下文呢？从技术角度来讲，限界上下文仅仅是一个与其他模块隔离处理的模块。通常，这也意味着限界上下文是独立部署的。然而，限界上下文的编码选项非常丰富，包括进程内选项。

最常见的情况，也是人们希望拥有一个限界上下文的最常见原因，就是将其部署为一个独立的、通过 HTTPS 和 JSON 可以访问的 Web 服务，可选择使用私有或共享数据库。然而，一个限界上下文也可以很容易地作为一个类库，以一个普通的 DLL（Dynamic Linked Library，动态连接库）形式分发，或者更好的，作为一个 NuGet 包分发。例如，当它代表外部系统的代理时，它几乎总是一个类库。

限界上下文之间的公共接口可以是任何允许通信的方式：一个 REST（Representational State Transfer，表示性状态转移）或 gRPC 网关、一个 SignalR 或进程内依赖项、一个共享数据库、一个消息总线等。

提示

限界上下文的定义听起来是否类似于微服务？正如你将在第 9 章看到的，这与 Martin Fowler 给出的微服务定义有相似之处：微服务是一个在自己的进程中运行，并通过轻量级机制（如 HTTPS API）进行通信的模块。在 Fowler 的构想中，微服务是围绕特定业务能力构建的。问题在于前缀"微"的隐含含义。抛开规模不谈，我更倾向于将限界上下文视为微服务的理论基础。如果我们考虑模块化单体架构的替代方案（参见第 9 章），这一点同样成立——限界上下文也是单体应用中模块的理论基础。我强调"理论"是有原因的：微服务和模块化单体属于软件解决方案的范畴，而限界上下文则存在于业务领域层面。

2.4 上下文映射

对业务领域需求进行 DDD 分析的结果是一系列限界上下文,这些上下文结合起来形成了要实现的全部功能集。限界上下文是如何相连的呢?有趣的是,连接发生在两个不同的层面。一个是运行中的主机进程之间的物理连接。如前所述,这些连接可以采取 HTTPS、SignalR、共享数据库或消息总线等形式。但是,另一个同样重要的连接层是逻辑和协作层面,而不是物理层面。下面的章节将探讨在限界上下文之间支持的业务关系类型。

限界上下文及其相互关系构成了 DDD 所定义的上下文映射。在该映射中,每个限界上下文都与其在功能上相关联的其他上下文相连接。不过,这并不一定是物理连接。通常,它看起来更像是一种逻辑依赖。

2.4.1 上游和下游

在两个限界上下文之间的每个 DDD 关系都用连接两个节点的弧来表示。更准确地说,这条弧有一个带方向的边,用字母 U 表示上游上下文,或用字母 D 表示下游上下文(见图 2-6)。

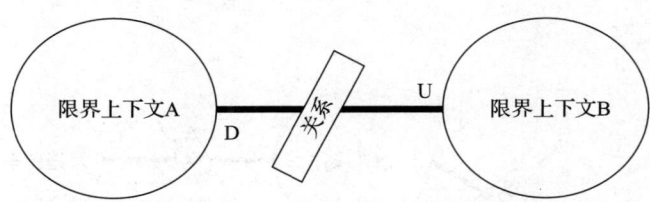

图 2-6 上下文映射关系的图形表示

上游限界上下文会影响下游限界上下文,但反之则不成立。这种影响可能以多种形式出现。显然,上游上下文中的代码可以作为下游上下文的参考。这也意味着,上游上下文中的工作计划不能根据管理下游上下文的团队的需求随意改变。此外,上游团队对变更请求的响应可能不会像下游团队希望的那样迅速。

基于上游和下游上下文的概念,DDD 定义了几种特定的关系类型。这些关系类型本质上定义了涉及上下文之间的不同类型的相互依赖关系。这些关系如下:

- 遵奉者(Conformist):在遵奉者关系中,下游上下文的代码完全依赖于上游上下文的代码。归根结底,这意味着如果上游发生重大变更,下游上下文就必须做出调整以适应这些变更。根据原始设计,下游环节没有讨论和修改这些变更的余地。通常,当上游上下文基于某些遗留代码,或是一个外部服务(例如,一个公共 API),

且不受开发团队控制时,就会出现这种关系。另一种可能的情况是,当首席架构师将某个环节定为高优先级,这就意味着任何团队计划的改动都必须按照设计被全体其他上下文和团队所遵循。

- 客户方 / 供应方(Customer/Supplier):一种类似于父子关系的关系类型,下游客户方上下文依赖于上游供应方上下文,并且必须适应任何变化。然而,与遵奉者关系不同,客户方 / 供应方关系鼓励双方就可能影响彼此的更改进行协商。例如,下游客户方团队可以分享他们的担忧,并期望上游供应方团队以某种方式解决这些担忧。不过,最终的决定权属于上游供应方上下文。
- 合作者(Partner):一种双方相互依赖的关系,即两个相关的上下文相互依赖以实现代码的实际交付。这意味着任何团队都不能未经协商并达成共识就更改上下文的公共接口。

2.4.2 上下文映射示例

在讨论了限界上下文和它们之间的关系之后,人们可能会合理地询问这些关系在实际场景中是如何运作的。图 2-4 展示了一个体育 IT 系统的业务领域细分范例。对应的可能的一组上下文关系见图 2-7。

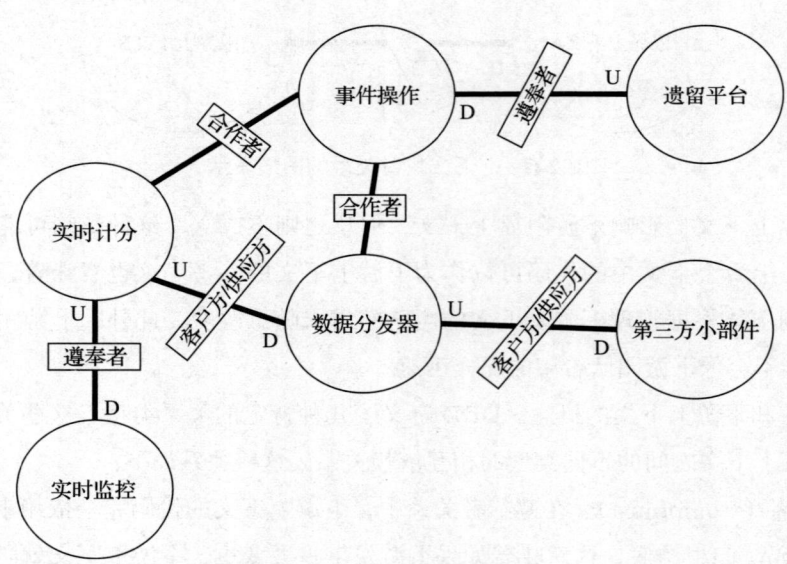

图 2-7 图 2-4 对应的限界上下文及关系

让我们从左到右看一下这张图。

- 实时计分上下文主导着数据分发器和实时监控上下文。因此，任何针对实时计分上下文的更改都必须被下游上下文立即接受并反映出来。这是合理的，因为数据分发器上下文只是预期将实时信息路由给接收者，而实时监控上下文仅仅是为了内部侦察和分析而代理实时数据。事实上，这两种关系甚至可以设置为遵奉者关系，这种方式更为严格。
- 实时计分上下文与事件操作上下文是合作者关系。因为在架构师的构想中，这两个模块可能会相互影响，一个模块中的变化可能和另一个模块的变化一样重要。在类似的生产系统中，实时计分和事件操作上下文之间可能存在伙伴关系，在这种情况下，一个团队通常必须遵循另一个团队提出的变更请求（总是出于严格的业务原因）。
- 事件操作上下文完全依赖于连接到系统的遗留应用。这意味着，实时数据应以遗留应用的格式完整打包并推送，没有协商的余地。
- 数据分发器上下文和事件操作上下文是合作者关系，因为这两个上下文都负责收集和加工数据，以便将其分发给外部世界（例如媒体和 IT 合作伙伴）。
- 第三方小部件上下文包含了设计用于嵌入网站中的小部件。因此，它们受到数据分发器上下文设置的条件的约束。从小部件模块的角度看，分发器是一个封闭的外部系统。

重要提示

负责建立这个关系网络的是首席架构师。连接的方向也会影响团队、他们的日程和工作方式。

2.4.3 部署映射示例

上下文映射是一个关于功能的理论地图。它并不反映部署环境的实际拓扑结构。实际上，如前所述，一个限界上下文可能甚至是在另一个限界上下文中编码的应用类库。通常情况下，一个限界上下文对应于一个部署的（Web）服务，但这并非普遍规则。说到这里，让我们想象一下在图 2-7 中的上下文映射可能的部署映射。一个相当现实的运动科技数据采集平台的高级部署场景见图 2-8。

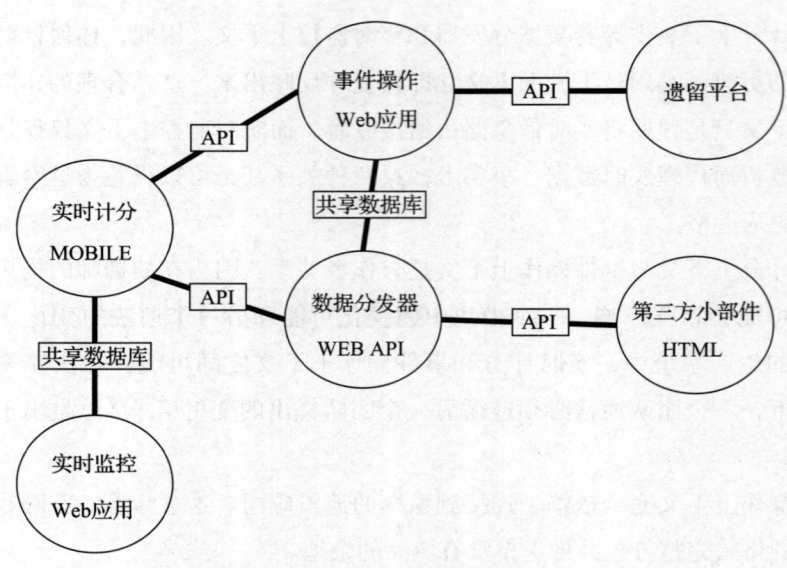

图 2-8 部署映射示例

2.5 本章小结

本章主要探讨了 DDD 战略设计，这种设计方式在大多数情况下与软件技术和框架无关。DDD 的战略部分至关重要；它涉及使用一些分析模式和常见做法来发现系统的顶层架构。

本章介绍了 UL 的作用，发现不同限界上下文的过程，以及首席架构师可能用来连接这些上下文的关系。上下文映射是 DDD 战略分析的最终交付成果。尽管它还不是可部署的架构，但它对于理解如何将识别的块映射到运行的服务至关重要。

这些概念在理论上是有效的，并且描述了 DDD 的真实机制。然而，如果用在相对简单和小型的业务领域，它们的价值似乎有限。DDD 分析的真正价值当最终映射的密集程度远超过数十个单位时才会显现出来。事实上，我所见过的最大的映射（为一家制药公司制作）包含了 400 多个限界上下文。这张映射的截图密集得连数都数不过来！

下一章将介绍如何构建一个层次结构清晰的 .NET 和 ASP.NET 项目。在本书的第二部分，我们将深入探讨每一层。

第 3 章

模块化设计的基础

> 提高可靠性的代价是对简单的极致追求。但其代价之大往往出乎我们的意料。
>
> ——托尼·霍尔爵士（Sir Tony Hoare）
> 于 1980 年在美国田纳西州纳什维尔举行的 ACM 图灵奖颁奖典礼上的演讲

在软件开发中，引入多层架构（包括多个物理层和多个逻辑层）的首要目标是实现模块化，而模块化的首要目标则是提升软件的可维护性。模块化是指将一个复杂的系统分解成小型、独立的模块。每个模块封装了一项特定功能，并且可以独立进行开发、测试和维护。在架构层级实施模块化尤其有效。如果各个模块之间具有良好的隔离性与可连接性，参与的团队就能更加容易地理解整个系统的运作情况，并且知道修复问题或增加新功能时应从何处着手。广泛采用模块化还有助于实现另外两个关键目标：可复用性和可扩展性。

在软件行业摸爬滚打了 30 多年，我见证过许多试图实现一套软件开发组件化通用方案的尝试——从 Visual Basic、Delphi 组件到 ActiveX、COM/DCOM；从 JavaBeans 到 Web Forms 服务器控件；从传统的 Web 服务到微服务。坦率地说，这些年里对上述尝试的幻灭使我得出结论，虽然可能在某些时间段内真的有人认为某个方案做到了，但最终它们全都避免不了失败的结局。没有任何一次尝试接近或达到了普适性的目标。

软件开发的唯一普适性原则是 SoC。这一原则由埃德斯格·W. 迪科斯彻（Edsger W.Dijkstra）在 1974 年的论文"On the Role of Scientific Thought"（论科学思想的作用）中正式提出，并直接推动了模块化概念的产生。从软件架构的角度看，一旦我们对一个系统有了模块化的视角,关键就在于识别逻辑层并将它们映射到物理层。各种软件架构模式的不同之处仅在于如何进行映射。

任何层级皆可应用模块化。在类中编写一个方法、实现一个类似调度器库的系统级功能、定义整个 Web 应用程序的组成部分、设计用于构建业务平台的众多服务与独立程序,这些都是应用模块化的场景(见图 3-1)。

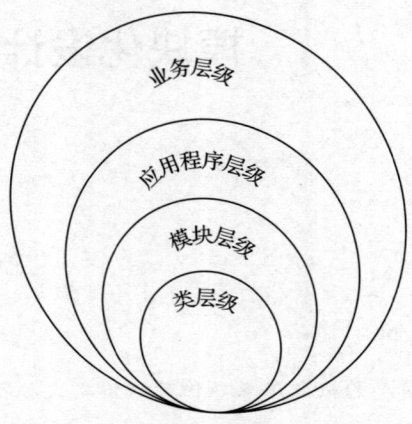

图 3-1 所有可以应用模块化的层级

3.1 模块化设计的要素与原则

无论在哪里应用模块化设计,都涉及几个关键要素和原则。它们都不是什么新概念,所有计算机科学专业的学生都会在早期学习到它们。但是,当面对项目截止日期和最后时刻需求变更的压力之时,即使经验丰富的专业人士有时也会忘记它们。它们包括:

- SoC。
- 松耦合。
- 可复用性。
- 依赖项管理。
- 文档。
- 可测试性。

3.1.1 SoC

到目前为止,在所有具备一定复杂度的实际软件项目中,最重要的要素是 SoC。SoC 指的是在软件系统内部进行职责划分。为了实现 SoC,每个模块都应该有一个定义明确且聚焦其上的目标，此目标致力于解决整体功能中的某个具体方面。理论上，广泛使用 SoC 可以让代码组织得更好、更容易阅读和理解。

实现 SoC 的难题在于确定每个模块的边界位置与范围。在一个软件项目中，要使诸如"定义明确且目标集中"这样的表述落到实处，确实是个棘手的问题。模块的目标太大，会使得它无法实现 SoC；目标太小则导致过度碎片化，可能会增加延迟（从而降低性能），提高部署成本，并使代码过于冗长。

理想情况下，可以在图 3-1 所示的每个层级上使用不同的度量指标应用 SoC。在类层级，我们专注于一个方法的微观操作，实现实体类的行为。在模块层级，我们定义并抽象出一种通用的行为模式，并将其封装进可复用的（或仅仅是更易读的）类中。这既适用于通用功能模块（例如电子邮件发送组件或任务调度器），也适用于业务模块（例如规则校验组件和数据导入组件）。

3.1.2 松耦合

模块之间应通过定义明确的接口或契约进行交互，尽量减少直接依赖。松耦合确保了一个模块的变化对其他模块的影响最小，提高了灵活性且易于维护。松耦合还便于替换模块以及于替代实现替换模块，从而提高整个系统的模块化。

松耦合需要通过封装实现。封装隐藏了模块的内部复杂性，并为模块间的通信和协作提供了清晰的边界。理想情况下，一个模块应该封装其内部实现细节，并通过定义一个明确的接口或一组 API 与其他模块进行交互。

3.1.3 可复用性

如果处理得当，模块化能够开发出可复用的模块，这些模块可以在同一项目中使用，或者封装成封闭的包（例如 NuGet 包）在不同项目和团队间复用。设计良好、具有清晰边界、封装了特定功能的模块可以轻松被提取和复用，从而减少工作量，缩短开发时间，最重要的是，能够保持系统一致性。

提示

微服务的一个所谓"优势"是，当微服务被定义为高度专注、精悍、自治且可独立部署的模块时，它可以使用任何语言或技术栈来创建。因此，任何开发者（或团队）都可以选择他们喜欢的技术栈（比如 Python、C#、Java）来编写他们的微服务。我认为这种做法破坏了系统一致性，并且使部署变得碎片化。虽然这种做法可能促进了可复用性，但它仅限于对微功能[一]的复用。因此，微服务或许能提供一种快速发布软件的方式，但它可能会带来限制，而且如果创建它们的开发者或团队离开公司，甚至可能成本更高。

3.1.4 依赖项管理

有效的模块化需要管理模块之间的依赖关系，以避免不必要的耦合，并确保每个模块仅依赖于它从其他模块需要的特定功能。在应用程序层级，通常只需选择必要项目和包的最小子集就足够了。但在更细粒度的层级，即当着眼于软件组件内部时，依赖注入可以帮助管理依赖关系并促进松耦合。

> **提示**
> 在各类文章中，"依赖注入"这一术语经常与"控制反转"联系在一起。根据控制反转原则——该原则先于依赖注入这一概念，并被认为更具通用性——当应用程序需要执行某个特定行为时，该行为的指令不会包含在主代码中。相反，这些指令作为参数从外部传入。换句话说，流程的控制被"反转"了。与此相对的是，依赖注入是一种具体的设计模式，此模式实现了控制反转，从而从代码中移除了隐藏的依赖。

3.1.5 文档

实现模块化意味着在模块之间构建引用映射。因此，需要在文档中清晰记录下每个模块的接口、依赖关系和使用指南。这有助于开发人员理解模块之间的交互方式，促进协作，并在更大系统范围内实现众多模块的顺利集成。

3.1.6 可测试性

明确的边界划分和有效的依赖关系管理是可测试代码的支柱。在我的职业生涯中，我从未强调过单元测试的必要性或代码覆盖率的价值。而且我总是觉得测试驱动设计（Test-Driven Design，TDD）是一种奇怪的编码方式。但与此同时，我一直强调编写可测试代码的绝对必要性。实际上，我认为这比实际运行一系列测试更有价值。

模块化需求导致了要在设计时就考虑模块的可测试性，通过隔离模块及其功能来促使单元测试和校验。每个模块都可以独立测试，以实现更快的反馈周期、更便捷的调试以及更好的整体系统稳定性。在模块级别进行测试还提高了可复用性和可修改性，因为你可以

[一] 即单个微服务所提供的功能。——译者注

自信地修改或替换模块，而不必担心会影响整个系统。

我采取并推荐的一种实用方法是，在实现任何流程时，编写一些只负责接收和返回预期数据的黑盒代码。说到底，这也是标准 TDD 实践的第二步：为方法写一个会失败的测试用例，修改方法让其勉强通过测试，添加更多代码使其具有想要的功能，并无限次地进行测试。

3.2　应用模块化设计

DDD 战略分析，甚至更重要的你的领域专业知识和抽象能力，使你能够识别系统的主要关系。在最高层级上，系统可能由几个独立的应用服务和数据库服务器所组成。接下来，再单独处理其中的每个应用服务，包括一个 Web 应用程序和其他非 Web 服务。这即是图 3-1 中的第二个外层圈：应用程序层级。

应用程序有两种可能的情况：

- 应用程序只是一个简单的算法，可以从头到尾进行编写，可能有也可能没有用户界面，几乎不存在外部依赖。整个应用程序就是一个独立的模块。
- 应用程序更为复杂，需要通过分层架构之类的设计以更好地实现模块化。

一个分层应用程序的模块也就是第 1 章介绍过的四个层：表示层、应用层、领域层、数据 / 基础设施层。这些层对应了四个基本的系统功能，本书第二部分将更详细地一一讨论它们：

- 与外界交互。
- 处理接收到的指令。
- 表示领域实体。
- 持久化数据。

3.2.1　表示层：与外界交互

所有应用程序的首要职责都是接收来自外部世界的指令，并从那些由于各种原因导致无效的指令中筛选出有效指令。通常，这种交互通过用户界面或 API 进行，在代码层面上，这一过程是在表示层中处理的。

在典型的 Web 应用场景中（比如 ASP.NET），表示层并不是用户在浏览器中看到的内容，相反，它位于服务器上。表示层的主要目的是把请求路由到某个能处理这些请求的模块。对于 ASP.NET 应用来说，表示层包括控制器类和通常直接连接到可访问端点的代码。

比如，一个最小 API（Minimal API）会直接将请求处理程序映射到端点，仅此而已。在一个单页应用程序（Single-Page Application，SPA）这种富客户端场景中，表示层位于客户端浏览器，并同时包含与外部服务器端点的交互和路由。

3.2.2 应用层：处理接收到的指令

每个指令都需要一个处理程序来处理，处理程序必须是明确的和约定好的，即它接受给定的输入并返回给定的输出。其目的很简单：将请求信息的处理与接收指令的环境解耦。

在 ASP.NET Core 场景中，应用层由响应控制器请求并将响应结果返回给控制器（以将结果再返回给浏览器）的处理程序组成。控制器以 HTTP（Hypertext Transfer Protocol，超文本传输协议）请求的形式接收输入，但应用层服务在处理该请求时不受 HTTP 上下文的影响。

3.2.3 领域层：表示领域实体

所有指令处理程序都有一个主要职责：使用领域实体作为媒介与系统基础设施进行交互。本质上，领域实体是编写大多数业务逻辑的地方，它们在理想情况下应与数据库无关，但必须包含业务数据。与从持久化层获取和保存实体相关的业务逻辑属于另一组类，在 DDD 中它们被称为领域服务。

理想情况下，领域实体应该是具有只读属性和用于改变其状态的方法的类。实例化和持久化由领域服务或简单的仓库组件（即仅仅包含基本 CRUD 操作的类）来处理。

3.2.4 数据 / 基础设施层：持久化数据

数据层是模块持久化和读取应用程序处理信息的地方。这一层的厚度各有不同。它可能与数据库服务器（无论是关系型还是 NoSQL 数据库）一致，也可能由代码（即仓库类）创建，该代码通过专用的对象 / 关系映射组件（比如 EF 或 Dapper）来实现对存储服务器的原始调用。

最近，数据层已被抽象为基础设施层，其主要（但并非唯一的）职责是持久化。既然被视为基础设施，它也同时负责起处理电子邮件和连接到外部 API。

3.3 实现模块化

最初，所有软件都是作为单一的代码块构建的。由此产生的单体架构的特点是，所有组件和功能都被捆绑在一起，形成一个紧耦合的应用程序。在单体架构中，整个系统作为单个单元被构建和部署。

从软件开发领域所普遍接受的含义而言，单体架构并非是模块化。在软件开发领域，模块化指的是将软件系统分解为多个独立的、可能可复用的单元的设计方法。相比之下，从外部的视角来看，单体是由一个模块构成的。

3.3.1 在单体中增添模块化设计

单体应用通常是在单一代码库上开发的，并作为单一单元部署，所有组件都打包在一起。共享代码和逻辑很简单，部署则通常只需要在所选的 IDE 中单击一下即可。

那么，单体架构有什么问题呢？

单体架构的问题与几十年前 DDD 兴起时的情况如出一辙：如何有效地管理业务复杂性。当复杂性增加时，代码库会变得更大，开发变得更具挑战性，随着依赖项越来越多，团队成员之间需要更加小心翼翼地协调。同时，代码的更新和修改需要重新部署整个应用程序，使得部署周期越来越长，甚至可能导致业务中断。此外，由于组件之间的紧耦合，代码的更改或修改可能会很复杂。对系统一个地方的修改可能需要对整个应用程序进行回归测试。而且，代码库的复杂性可能使调试和修复问题更具挑战性。

好吧，我们遇到了一个问题。但解决方案是什么呢？

将单体应用模块化是提高其可维护性、可扩展性和提高开发效率的常见做法。这个过程通常需要将单体拆分成更小、更易管理的组件，这些组件仍然保留在同一个可部署单元中。此过程基于以下几点：

❏ 找出核心功能点。
❏ 解耦依赖项。

让我们逐个解释。

1. 定义逻辑模块

在一个涵盖不可避免的大型业务领域的单体应用中，对业务领域的深入理解至关重要。不仅需要了解通用领域的知识，对业务流程的深入理解也是基础，这样才能确定实际要执行的原子任务是哪些，并决定如何最好地将它们编排到工作流中。

为了保持真正的模块化、可连接性和互操作性，每个已识别的模块都应该拥有一个明确且文档齐全的接口或者 API。这些接口将指明其他模块如何与它进行交互以及如何访问其功能。

2. 解耦依赖项

在模块化架构中，各个组件是隔离的，但仍应允许它们进行通信。这就像一个由许多岛屿所构成的群岛，每个岛屿都是孤立的，但彼此通过桥梁和交通线路相连。组件之间也需要彼此连接，但连接不能过多。

在软件开发中，应当减少模块之间的依赖，使每个剩余的模块只执行一个特定的原子任务，并为其他模块提供一个调用接口。要实现对内部代码的清理，可能涉及代码重构，将共享功能移动到单独的库中，或使用依赖注入来更灵活地管理依赖。

3. 单体的可扩展性

从单体过渡到模块化单体，并不能完全解决困扰单体应用的主要问题：有限的可扩展性。由于单体应用是作为一个单一单元构建和部署的，所以在可扩展性方面，最安全的选择是垂直扩展。垂直扩展是指增加单个运行实例的物理硬件资源，换句话说，就是使用更多的 CPU、更多的内存和更强大的数据库服务器。

与垂直扩展相对的是水平扩展，后者是指同时在多台服务器上运行应用程序，并结合诸如集群和负载均衡等额外资源。应用于单体时，水平扩展方案可能不会像预期的那样高效。

需要对应用程序进行扩展通常是因为应用程序的某些部分正在拖慢整个系统。然而在单体的情况下，无法将系统的稳定功能与那些对确保持续且良好的服务水平至关重要的功能区分开来。整个单一块会在多个服务器上进行复制，可能导致资源过度配置和成本增加。

提示

单体应用不一定可以进行水平扩展。例如，程序内存储的全局数据可能导致共享状态中的竞争和锁定问题。此外，为了有效地将传入请求分配到多个实例，恰当的负载均衡至关重要。但在单体中，由于应用的复杂性和负载均载的需要，更难实现有效且公平的负载均衡。最后，对单体而言，水平扩展在实践上仅限于少数实例，否则就会变得不切实际或效率低下。

3.3.2 微服务简介

为了解决这些问题，企业常常考虑从单体架构转向基于微服务的架构。微服务旨在克服单体架构在可扩展性和模块化方面的许多局限性。在微服务架构中，各个服务可以独立地进行扩展、维护和更新，使得更加容易充分利用水平扩展的优势。

1. 微服务架构的关键要素

微服务架构强调将系统拆分为更小、自主且可互操作的组件。微服务通过定义明确的 API 进行通信，通常使用轻量级协议（如 HTTP）或消息系统。每个组件专注于特定的业务功能，并在开发与部署方面作为独立的应用运行，与其他组件相关独立。因此，微服务架构从设计上促进了模块化。

此外，微服务可以更高效地利用资源，因为只需要扩展必要的组件而非整个应用程序。微服务能够根据需要处理不同的工作负载，并且水平扩展特定的服务。

提示

微服务并不是实现模块化的唯一途径。模块化是一种需要开发团队负责实现的更高层次的架构。通过微服务实现模块化几乎零成本。但是，凭借开发纪律与设计愿景，你可以使任何单体应用足够模块化，从而提供与微服务架构相似的内在优势。

---

2. 技术多样性

在微服务架构中，将代码库拆分为更小的部分还可能加快开发周期，因为每个团队可以专注于特定的服务，不受单个庞大代码库的限制以及与其他团队合并代码的需求的阻碍。此外，每个团队可以使用不同的技术、编程语言或框架（见图3-2）。

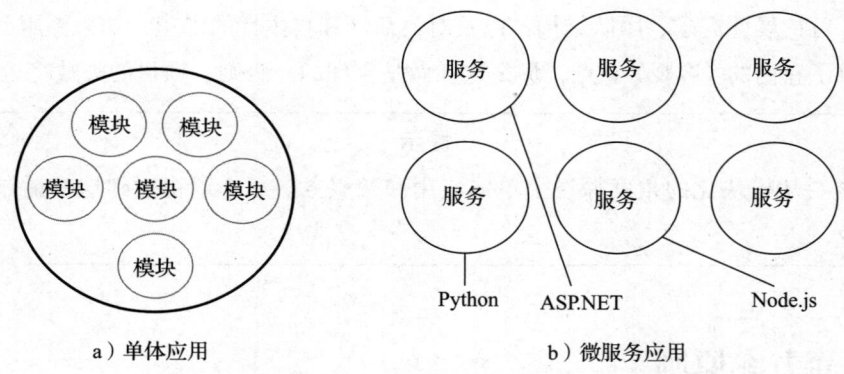

图 3-2　微服务应用程序的技术多样性

坦白说，我不确定我是否总会把微服务的这个特点列为优点。它是好是坏取决于具体情况。使用不同的技术栈会打破一致性，并且如果团队的人数或组成发生变化，使用多个技术栈可能会带来痛苦。像往常一样，任何选择都需要权衡利弊，只有实际结果才能告诉我们一个选择是好是坏。

如果可以为每个服务建立专门且长期的团队，那么让团队自由选择最合适的工具，并让它们负责这个服务的开发、测试、部署和维护或许是合理的。否则，语言和框架的混用很可能会变成系统可维护性的噩梦。

提示

一般来说，模块化是必要的。然而，如何实现它则取决于具体的业务和项目的考量。

没有人会选择编写复杂且高度耦合的单体应用，但如果你只是因为追求时髦和技术趋势而选择微服务，你可能在自找麻烦。

3. 微服务架构面临的挑战

虽然微服务提供了众多好处，但它们并非没有挑战。微服务在以下几个方面引入了显著的复杂性：

- 服务通信。
- 数据一致性。
- 分布式事务管理。
- 安全与日志记录。
- 运营开销。

很明显，采用微服务架构并非轻率之举。最终，选择微服务还是单体取决于项目规模和复杂度、可扩展性需求、团队结构，以及对灵活性和自主性的渴望。如果微服务架构提供的好处超过了它们的（客观）缺点，那么这样做是合理的。否则，项目的失败将近在眼前。

> **提示**
> 本章主要从模块化的角度探讨了单体应用和微服务。第 9 章将回到这一话题，进行更深入的讨论。

3.4　最简方案原则

无论面临什么问题，都应该从最简单的解决方案开始。这就是最简方案（Simplest Solution Ever，SSE）原则。

例如，虽然确保应用程序可以针对预期的工作负载进行精细调整至关重要，但并非所有软件系统都需要无限扩展。同样，如果系统预期通过受控升级更新，或在紧急情况下可以接收热修复，那么持续交付，这种 DevOps 的标志性做法，就不是必需的。

归根结底，任何新的软件项目都应该基于以下最小特征的架构解决方案：

- 模块化。
- 可维护性。
- 可测试性。

我们已经讨论过了模块化。现在，让我们更深入地探讨可维护性和可测试性。

3.4.1 可维护性

在软件领域，可维护性指的是在软件系统的整个生命周期中，修改、修复和增强该系统的难易程度。它衡量了应用程序在支持持续开发、错误修复、增加新功能的能力，同时尽量减少引入错误对系统稳定性产生负面影响的风险。

如果代码的可维护性水平随时间保持不变，那么一个令人愉快的副作用是，任何接触到代码库的人都能迅速找到需要查找的地方。如果需要修复错误，开发者可以快速确定需要探索的代码区域。如果代码的技术栈和编码模式都保持一致，那么此类任务就会变得更加简单和高效。

提高可维护性的要点包括代码的可读性、可复用性以及可扩展性。

1. 可读性

很多时候，可读性仅仅通过一组编码建议来实施，这些建议包括使用清晰、描述性的变量名，遵循一致且合理的编码规范，以及将代码组织成模块化的逻辑组件。虽然这是正确且必需的，但这远远不够。

如果能经常应用 SOLID 原则，可读性会大大提高。SOLID 原则其中一个是单一责任原则（Single Responsibility Principle，SRP），其基本含义是在编写任何任务时保持极端的专注，避免创建万能对象⊖和全知方法⊖。另一个原则是开放/封闭原则（Open/Closed Principle，OCP）。这个原则指出，代码应该对扩展开放，但对修改关闭。换句话说，它指的是找出可以抽象为通用的可重用组件的代码块，即，组件接受一个或多个类型的参数，或支持基于接口的行为注入。

在每行代码上都应用这两个原则是不必要的，甚至是有害的，但完全忽略它们也是不好的。无论如何，每当成功地应用一次开闭原则，都使得代码的可维护性提高了一些。

实施一些更实用的编码标准也可以提供高代码的可读性，包括编写流畅的代码，广泛使用值类型代替基元类型，以及利用 C# 扩展方法使所有任务看起来像是示意图式自然语言。

2. 可复用性

我不建议将可复用性当作一个主要目标，或者强求在代码中使用类型继承等提高代码重用率等做法。这是因为虽然代码重复可能看起来不是好事，但它往往存在的理由。

代码本身只是一堆没有感知能力的编码。因此，出现重复的代码本身并不一定是个问

⊖ 指一个承担了太多职责的类，它在系统中扮演多个角色，因此变得过于复杂和难以维护。——译者注
⊖ 全知方法指的是一个承担了太多职责的方法，它能够访问和修改所属类的所有属性，还可能访问和修改其他对象的状态。——译者注

题。重复出现的代码都是各自孤立的，如果需要，可以进一步扩展任何一个部分的代码，而不会影响到其他部分。然而，如果不惜一切代价避免重复代码的出现，那么最终得到的将是一个从许多不同地方调用的行为片段。这本来是好事，但是一旦某个地方的需求发生变化，就需要将这个共享的通用片段拆分成多个单元。

如果说重复某些代码行是可以接受的，那么绝对应避免的是重复出现表达常见业务逻辑行为的代码。如果你努力找出重复的业务逻辑行为并应用开闭原则或者仅仅复用代码，就会缩减代码库大小，减少读懂和理解代码所需的工作量。可复用性并非针对大事物，大事物已经有模块化和包机制来解决。可复用性针对的是 helper 类和 HTML 组件之类的小事物。

3. 可扩展性

如今，开发者们常常规划过度复杂的软件架构，其理由是需要尽早实现可扩展性。借用唐纳德·克努斯（Donald Knuth）的名言，"过早的优化是万恶之源"，我们可以说，过早为可扩展性做准备是大多数项目的失败之源。

只有当系统访问流量非常有可能不断增加，而不是仅仅期望流量增加或者某个商业计划书里面写了一个随机的预测流量数字，才要求开发者以一种能够便于日后承载更高流量的方式来设计系统。即便如此，在明确存在可扩展性问题的证据出现之前，也不应该进行这样的操作。

此外，提高系统可扩展性的方法并不多。事实上，我认为只有一种方法：规划系统，使其更容易在必要时重新配置某些组件的部署方案，甚至重写它们。谈到可扩展性，可以采取的最重要的预防措施是尽可能地保持系统模块化，并在模块之间设定清晰的边界。

提示

模块化和可维护性是其他一切要素的根本。

3.4.2 可测试性

我们常常读到一种说法：每一行代码都需要进行单元测试。然而，很少见到关于编写易于测试的代码的必要性的讨论。

设计一个易于测试的系统需要在设计阶段融入一些原则和技术。以下是一些需要考虑的方面（不出意外，它们都涉及上面已经提到的要点）：

- ❑ 掌握领域上下文：编写每一个方法时，都应基于对（正确且经过验证的）用户故事的深刻和真实理解。

- 专注：在图 3-1 所示的每个层级中，所有模块都应专注于一个且仅一个明确的任务。
- 最小依赖：最小化模块间的依赖关系可以减少变更的影响并促进独立测试。你可以使用依赖注入等技术来解耦模块，并在测试期间启用依赖替换。
- 封装：将内部实现细节封装在模块中，只向其他组件暴露必要的接口。这促进了模块化并让测试更有针对性，因为测试只需针对其接口而无须关心其内部实现。

此外，使用以下的编程实践，也可以增强代码的可测试性：

- 依赖注入：通过依赖注入向类或方法提供外部依赖项，测试时更容易用模拟对象替换真实实现。
- 避免全局状态：避免使用全局变量或方法之间的共享状态，使得测试每个场景变得更方便。测试时无须了解要测试的方法做什么。
- 不可变的数据结构：这些结构使得在测试期间更容易推测出系统的状态，并且可以防止意外的副作用。

经常与可测试性这一主题产生关联的还有两个颇具争议的话题：设计模式和 TDD。我对它们有自己的看法，虽然这些看法听起来可能既强烈又不受欢迎。

重要提示

遵循可测试性原则，而非写一大堆单元测试，才是真正提高代码质量的关键。

---

1. 笔者对设计模式的看法

"设计模式"一词，正如我们在软件开发领域所熟知的那样，其起源可以追溯到环境架构师克里斯托弗·亚历山大（Christopher Alexander）。在 20 世纪 70 年代末，他引入了一种模式语言的概念，使得个人能够通过一种非正式的语法来表达他们固有的设计敏感性。他说，模式"是我们环境中反复出现的问题，针对此问题描述了一个核心解决方案。这个解决方案可以无数次地应用，每次都不会完全相同。"

在软件中，设计模式已经成为一种成熟的解决方案，适用于开发过程中出现的一系列特定问题。你可以将设计模式视为一个全面的套件，包含问题描述、参与问题的角色名单，以及可行的解决方案。

如何应用设计模式？如何识别出使用特定设计模式的需要和价值？仅仅提倡广泛使用设计模式是不够的，我不相信它们是万能解药。仅仅使用设计模式本身并不会增加你的解决方案的价值。最终，真正重要的是你的解决方案是否真正有效并满足了特定的需求。

作为一名开发者，你仅需要根据需求和自己熟悉的软件原则编写代码。然而，在这个过程中，系统地应用设计原则最终会引导你找到一个与某个已知的设计模式相似的解决方案，因为模式本质上是预先发现并记录下来的解决方案。你的责任是评估将解决方案明确地改成使用某个模式是否能提供任何附加价值。

归根结底，模式既可以作为重构时的目标，也可以当作一个工具，在遇到恰好某个模式所针对的问题时使用它。它们不会直接提升你解决方案的价值，但对作为架构师或开发者的你来说，它们确实具有价值。

提示

每一个开发者都至少应该熟悉像适配器、构建器、责任链、原型、单例和策略这样的设计模式。

---

2. 笔者对 TDD 的看法

我对 TDD 的立场坚定且明确。我不在乎开发者是否采用 TDD，只要他们提交到代码库的是经过测试且可靠的代码即可。不论你是否编写了单元测试（由每个开发者独自决定和进行），以及你编写代码和测试的顺序如何，只要结果是经过测试、至少覆盖了常见业务场景的代码，这对我来说都不重要。

我也不相信 TDD 具有任何魔力，我认为这只是一种完全可以接受的个人实践。在团队中强行推广听起来像是一种强迫行为，更不用说在整个公司推广，这只会让人们感到更加不舒服。

3.5 本章小结

本章强调了模块化在软件开发中管理复杂性、提高可维护性和促进可复用性方面的作用。模块化是指将系统分解为更小的、独立的模块，这些模块具有定义明确的边界、被封装的功能和松耦合的交互。通过适当的关注点分离、封装、松耦合和有效的依赖项管理，模块化增强了软件系统的整体质量和可扩展性。

讨论将软件拆分成模块时，不可避免地会涉及微服务与单体架构之间的对比。正如本章所述，我并不把微服务当作万能工具，也同样不提倡紧耦合的单体系统，在这种系统中，任何一处修改都很容易变成一场冒险——动这里，错那里。

相反，我是 SSE 原则的拥护者，这是对奥卡姆剃刀原理在软件领域的解读。如今，我的最佳建议是首先将单体应用向（严格的）模块化方向进行改造，然后在发现了有重大可扩展性问题时，再探索下一步的方案。这就是我们在早期疫情封锁过后，自国际旅行恢复以来，被聘请设计一个用于运行职业网球和板式网球日常操作平台时所采取的做法。我们仍然成功地使用一个有着极度优化数据库存储过程的模块化单体应用运行着整个系统，并且每天通过各种 API 处理着来自现场平板计算机、媒体采集者直至博彩公司数以千计的访问。没有消息总线，很少使用缓存，没有用 serverless 架构，没有用云原生架构，只是一个简单的 ASP.NET 应用，以及对模块化的认真关注。作为最后一个智慧分享，切记使用过度复杂的方法快速构建软件最终会导致技术债务。

本章结束了全书的第一部分。第二部分由接下来的五章组成，专门讨论模块化且易于维护的典型分层（单体）架构的各层。

第二部分 *Part 2*

实　　现

- 第4章　表示层
- 第5章　应用层
- 第6章　领域层
- 第7章　领域服务层
- 第8章　基础设施层

第 4 章

表 示 层

> 像专业人士那样学习规则,这样你就可以像艺术家那样打破规则。
>
> ——巴勃罗·毕加索(Pablo Picasso)

抽象地说,表示层仅仅是计算机系统中负责提供友好界面的部分,以视觉方式呈现数据,确保用户体验良好,并促进与软件应用其他层的通信。如果说得更具体一点,表示层最终为这样一个主要的目标服务:收集外部输入,并将指令路由到系统中负责执行操作的层。

在所有交互式应用程序中,所有活动都由人类或软件代理向一组已知端点所发的请求和由这些端点生成的响应组成。表示层充当着网关的角色,接收请求并返回响应。

将充当虚拟前台作用的层命名为表示层,或许并不是最合适的称呼。尽管在现代应用中,网关层这一术语或许更加贴切,但出于历史原因,表示层这一命名已经深入人心。

在大多数实际软件项目中,表示层(或称之为网关层)负责生成用户界面。在此过程中,它承担了赋予用户界面个性与风格以提升用户体验的责任。近年来,SPA 的出现和基于 JavaScript 的框架(如 Angular 和 React)的成功,使得构建标准用户界面的任务转移到了一个专门的前端团队(和项目)。然而,独立的前端界面仍然会收集并发送请求到某个后端系统。后端系统还是会有它自己的表示/网关层来收集请求并转发指令以生成 JSON(JavaScript Object Notation)或 HTML 格式的响应。总之,本章的目的是阐述介于外部输入和被调用任务之间的(必不可少的)网关的事实、特性和技术。

> **重要提示**
>
> 尽管在名称中包含"表示"二字,表示层的主要工作其实是关于路由请求和控制后续任务。这种网关的角色不仅存在于服务器端的 Web 应用程序,也同样存在于使用 Angular 和 React 框架编写的客户端 SPA。实际上,即使在直接的 DOM 级交互之下,也有一些网关代码(主要是事件处理程序)负责将请求路由到后端。

4.1 Renoir 项目:最终目标

我一直坚信自顶向下的开发理念,并且近年来,随着用户体验的重要性和影响力逐渐增加,这种信念变得更加坚定。要想真正做到用户友好,软件应用程序必须如实反映现实世界的操作流程,并且在可能且拥有合适技术的前提下进一步提升。

在与利益相关者交谈时,我会尝试在关注领域和数据模型之前,就努力在脑海中将他们的话转化为一个抽象菜单上的菜单项。我做事喜欢从始而终,但要想开个好头,需要先把终点考虑清楚。本书的这一节将从零开始开发一个示例项目,名为 Renoir 项目。

4.1.1 应用程序介绍

Renoir 项目是一个基于 .NET Core 技术栈构建的 Web 应用程序。它仅限于授权用户使用,包括管理员、产品负责人、编撰者和普通浏览者。它围绕三个基本的业务实体进行:产品、版本说明和路线图。根据用户角色和分配的权限,登录用户可以:

- 创建和编辑产品。
- 为产品分配编撰者。
- 创建和编辑版本说明及路线图。
- 浏览可用的文档列表(版本说明和路线图)。
- 导出和分享文档。

这个示例项目既不是一个待办事项列表,也不是一个简单的电子商务系统。相反,它是一个快速且简易的工具,任何人都可以使用它来构建和发布版本说明。应用名称 Renoir 来源自它的功能:Release Notes Instant Reporter(版本说明即时发布程序)。

本章的剩余部分(有关表示层的内容)和接下来的四章(有关应用层、领域层、领域服务层和基础设施层的内容)将专注于使用 DDD 分析和分层架构来构建 Renoir 项目。它将是一个具有清晰层级分隔的单体应用程序,即许多人现在喜欢说的模块化单体应用。

1. 版本说明概览

版本说明是一份简要概述新软件版本中引入了哪些更改、改进和错误修复的总结文档。它作为一个沟通工具，用于告知用户，尤其是利益相关方，有关对软件产品进行的修改。版本说明突出描述新版本中的关键特性、增强功能和已解决的问题，提供了一个关于用户可以从新版本中期待什么的概览。它还可能包括使用说明、已知问题和兼容性信息，以帮助用户更有效地使用产品。

版本说明还可以用来记录已完成的工作。通过查阅版本说明文档，人们可以追踪一个应用程序开发的历史，统计出修复、紧急修复和新增功能的数量，并记录在一段时间范围内完成的所有维护工作。

很多时候，版本说明要么被视为一件令人讨厌的琐事，要么干脆被当作事后才想起要做的事情。作为一名积极参与公司自有软件产品开发的专业人士，我一直认为编写版本说明非常乏味，以至于把这项任务交给别人反而更令人愉快——至少我是这样认为的，直到一次有一位重要用户质疑我们是否真的完成了对某产品的工作，而我们的版本说明并未更新，所以无法证明我们确实完成了。版本说明很重要！

谁编写版本说明？

谁负责编写版本说明？版本说明文档通常由技术负责人或产品团队内的人员，如产品经理、产品负责人或质量保证小组成员来编写。不过，无论谁承担这项工作，都应努力做到换位思考，保持成员的参与度和满意度。这就是为什么技术编撰者甚至市场营销人员也是很好的人选，特别是当文档内容不必太过技术化或太过深入业务规则和流程时。

---

2. 编写版本说明文档

版本说明必须易于编撰者、公司管理者、销售团队和其他利益相关者浏览。版本说明文档最终将包含各种文本内容，并通常以富文本格式文件保存。版本说明包含的内容由你决定，不过还是有一些普遍接受的指导原则。以下是一个通用模板：

- ❏ 介绍性标题和对此变更的简要概述。
- ❏ 对受影响用户（如果有的话）的明确说明。
- ❏ 相对于之前版本说明的变更。
- ❏ 新增功能与增强功能的列表。
- ❏ 已修复的问题。

我倾向于使用一个略有不同的模板。除了介绍性标题和对可能受影响用户的解释性说明外，我通常只列出开发项，并将它们归类为修复、新特性或一般性维护。我还会根据版本说明条目的影响范围（视觉效果、核心功能、安全性、配置或性能等），对它们进行分组。

我理想中的版本说明文档——这也是 Renoir 项目的核心所在——包含了在给定时间间隔内从表中查询到的条目列表。这些条目与另一个关键文档，即与用户和利益相关者共享的产品路线图文档中的条目具有对应关系。路线图文档中的条目与版本说明文档中的条目类似，但前者不会详细描述其对应的功能。也就是说，路线图文档中的条目对应较宏观的功能，而版本说明中的条目更像是在任务管理软件（如 YouTrack、Asana、Trello、Monday、Jira 等）中分配的一个个具体任务。

3. 创建版本说明的工具

几乎所有的任务管理软件——更不用说一系列专用产品了——都提供了根据分配的任务列表创建版本说明的功能。例如，在 GitHub.com 上，你可以直接从仓库的主页创建版本说明文档。只需单击"草拟新版本"链接，并按照提示从已知的推送中生成版本说明。之后，你可以编辑和润色生成的文档。

说实话，我不太喜欢上面这种做法。这是人们把创建版本说明当作事后才想到的事情一样。我更喜欢产品团队中有专人投入一定时间，为用户和团队成员撰写一份专门的文档。我还喜欢有一个为各方量身打造、专属的环境，让利益相关者可以访问，以便了解已完成的工作。这就是 Renoir 项目的基础。

提示

Renoir 项目并不是一个全新的任务管理应用程序。虽然我们公司内部使用它，但它的诞生也是出于开发一个希望能吸引本书读者的示例项目的需要。

4.1.2 抽象上下文映射

本书第 2 章解释了，在 DDD 方法论边界之内，UL、限界上下文以及上下文映射构成了任何具有一定复杂度的真实世界应用程序的战略基础。本节将快速展开对 Renior 项目的 DDD 分析。

1. UL

回顾一下，UL 指的是项目中所有利益相关者使用的一种共享语言和一套术语集，以确保对领域模型的有效沟通和理解。

表 4-1 所示为 Renoir 项目中的业务术语词典，表 4-2 所示为 Renoir 项目中的角色。

表 4-1　Renoir 项目中的业务术语词典

业务术语	确切含义
产品	软件产品，由 Renoir 项目管理它的版本和路线图
版本说明	版本说明文档表示为版本说明条目列表。每份版本说明都包含版本号、日期和描述
版本说明条目	一个软件版本中包含的已完成的工作。每个条目都包含了描述、分类和发布日期
路线图	以列表形式概述计划包含在产品中的功能的文档。每个路线图都包含了描述和一个参考时间（如 2024 年夏季）
路线图条目	计划包含在产品中的功能。每个条目都包含一个预计交付日期和一个实际交付日期，以便利益相关者了解"承诺"与现实的差距程度

表 4-2　Renoir 项目中的角色

角色	确切含义
管理员	系统内最高权限的用户，用于检查和编辑系统内的所有信息。在多租户 Renoir 项目中，管理员角色是全局管理员，可以创建新产品和产品负责人
产品负责人	对特定产品的编撰与发布拥有完全控制权限的角色
编撰者	可以对特定产品创建版本说明和路线图文档的角色。一位编撰者可能横跨多个产品，并对不同产品具有不同权限
浏览者	仅限于查看并可能下载可用文档的角色

2. 限界上下文

如第 2 章所述，限界上下文是软件系统中具有清晰边界和含义的概念、规则和语言的特定领域。Renoir 项目太小，不需要多个限界上下文。在 Renoir 项目中，业务领域和业务语言都是独一无二的，且不存在模糊不清的业务术语。因此，Renoir 项目可以作为一个紧凑的无状态 Web 模块部署到单一应用服务上，且很容易在访问量增长时复制。

不过，将以下部分分别视作各自独立的限界上下文也有好处：

- **主应用程序**：基于 ASP.NET Core 构建的核心 Web 应用程序。
- **领域模型**：不可变业务逻辑的仓库。它是一个可复用类库，可能作为一个内部 NuGet 包发布，方便在不同项目间重用。
- **基础设施**：包含数据库服务器和保存与读取数据所需的所有代码和依赖项。这一上下文也充当外部服务的防腐层。
- **外部服务**：描述应用程序使用的所有外部网络服务，比如必需的用于创建 PDF 文档和发送电子邮件的服务。

回想一下，在 DDD 中，项目中不同限界上下文之间的关系和计划内的交互，会展现在一种叫作上下文映射的图表中。

3. 上下文映射

图 4-1 所示为 Renoir 项目的一个合理的映射图。注意，这里"合理"的意思意味着

"强制"。实际的关系由首席架构师选定，并与匹配项目团队的人力资源、团队成员的技能水平，以及主架构师对掌控具体细节的态度相匹配。

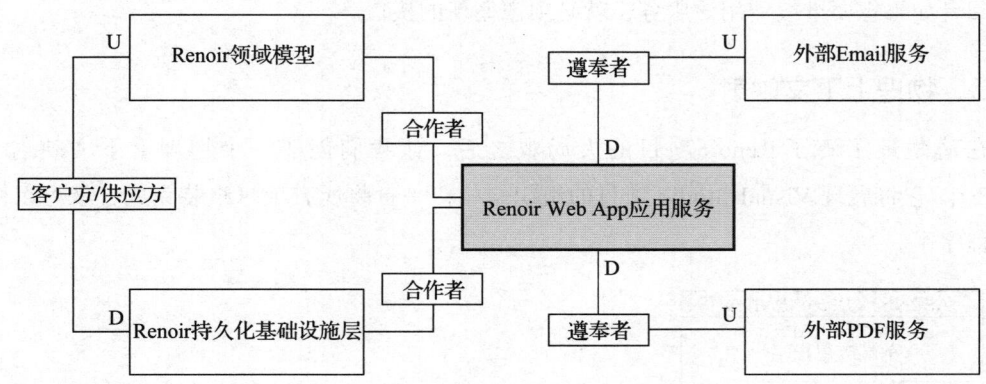

图 4-1　Renoir 项目的上下文映射图

图 4-1 中的主应用程序与领域模型、基础设施上下文之间是合作者的关系，这是唯一可能引起争论的地方。最终决策应该基于人员、团队和技能来做出。除此之外的其他映射关系更具共识，不会引起疑问。

领域模型与基础设施协同工作，但在有冲突的情况下，保证领域模型的需求（和纯粹性）应是优先级更高的第一目标。

使用 EF 或任何其他 ORM 工具用作访问数据库的入口，对领域模型的纯粹性构成了威胁。实际上，除非使用一套完全不同的数据模型来进行持久化（并且需要一套昂贵的适配器来实现领域模型与持久化模型间的双向转换），否则，通过 ORM 序列化领域模型至少需要为所有实体保留默认构造函数和公共设置器，以便进行实体的反序列化操作（见图 4-2）。

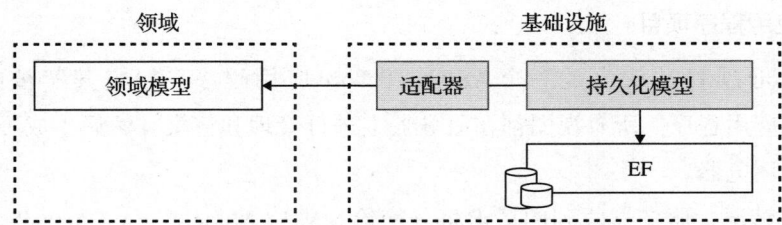

图 4-2　面向业务的领域模型被转换成专为数据库的物理结构定制的持久化模型，该模型由 EF 管理

重要提示

领域模型和基础设施上下文的开发尽可能并行进行，并且团队应一起工作。但是，在发生冲突时，优先考虑领域模型的需求（例如，保持设计的纯粹性）。

最后，基础设施上下文与应用程序自身所订阅的外部服务之间不可避免地存在一种遵奉关系。例如，假设 SendGrid 对其 API 的公开接口进行了重大改动，在这种情况下，所有的订阅者如果想要继续使用该服务，就必须遵循新的接口。

4.1.3　物理上下文映射

在清楚地了解了 Renoir 项目的大局观之后，让我们创建一个物理上下文映射（见图 4-3）。它将展现 Visual Studio 项目的组织结构，一旦将所有项目组装完成，就可以构建应用程序了。

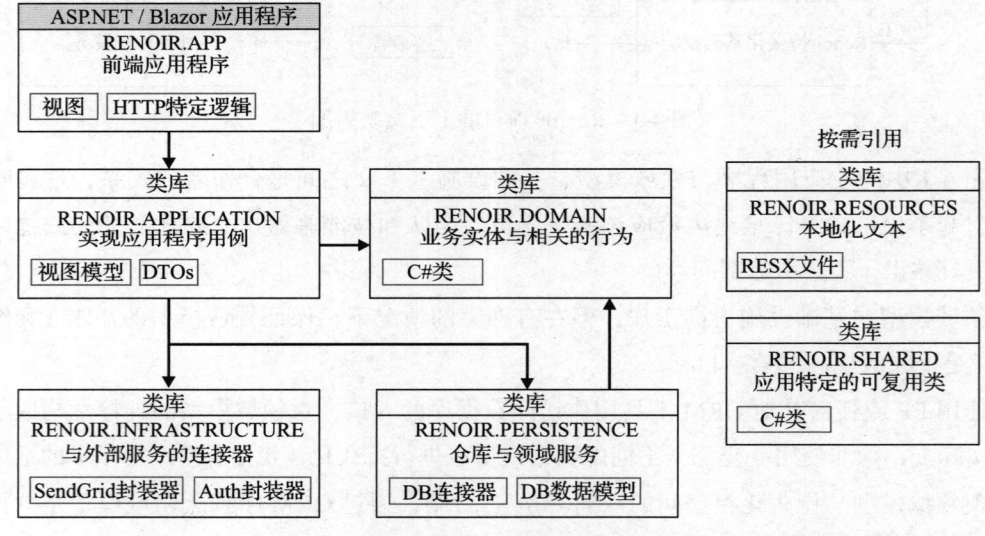

图 4-3　Renoir 项目的物理上下文映射

1. 前端应用程序项目

虽然 Renoir 项目被认为是一个 ASP.NET Core 应用程序，但它其实被配置为一个 Blazor 服务器应用程序。所有视图都在服务器上进行管理和渲染，然后生成可快速渲染的 HTML 提供给浏览器。

根据具体情况，服务器收到的请求将分配给 MVC（Model-View-Controller，模型–视图–控制器）或 Razor 页面的代码后置类进行处理。（选择哪种处理方式是根据每个案例单独决定的。）HTTP 上下文信息仅在这一层级被管理，绝不会超出控制器或代码后置类的范围。

前端应用程序项目引用了应用服务类库，后者实际上就是应用层。理想情况下，数据交换是通过在应用服务类库中定义的定制数据传输对象（Data-Transfer Object，DTO）进行的。不过，这种中间代理总会在开发时间且有时在性能上带来一定的损失。

2. 应用服务库

这个类库项目包含了用户可以通过前端请求调用的所有业务任务的入口点。前端应用只是将原始的 HTTP 请求格式化为指令，然后将它们派发到这个逻辑层。所有业务任务都按照先后顺序协调执行，底层执行操作的各个动作被各自分派运行（以串行或并行风格），并按需收集和合并执行结果。除了实现实际的业务用例，这个库还公开了所有必要的 DTO 以便与表示层进行双向通信。

请注意（再次强调），一个应用层并不一定能复用于多个前端。如果整个应用程序为收集数据和请求提供了多个前端（如 Web、移动设备，甚至人工智能聊天机器人），那么每一个前端可能都需要有自己的应用层，或者至少需要对公共应用层进行个性化定制。

图 4-4 所示为拥有多个前端的表示层。其中的两个前端（浏览器和移动应用）直接调用同一个应用层 API。然而，聊天机器人前端调用的是一个专用 API，这个 API 可能负责将聊天机器人捕获的原始 JSON 数据流转化为格式良好且语义正确的参数，然后使用这组参数调用核心应用服务。

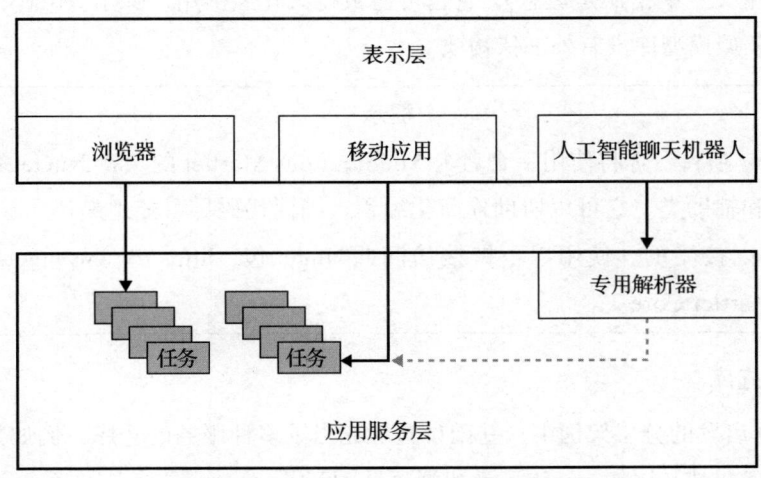

图 4-4　拥有多个前端的表示层

提示

大语言模型（Large Language Model，LLM）的出现展现出了真正的突破性潜力，其中 GPT（Generative Pre-trained Transformer）是其中最受欢迎的大模型之一。GPT 是一种人工智能（Artificial Intelligence，AI），它具有理解和生成人类语言的显著能力。令人欣喜的是，它还可以将它的理解转化为正式的 JSON 数据流，以便端点接收。使用 LLM 有可能催生出全新的应用程序种类和全新的开发范式：对话式编程。如需更多信息，我们推荐阅读弗朗切斯科·埃斯波西托（Francesco Esposito）的 *Programming Large Language Models With Azure OpenAI*（使用 Azure OpenAI 进行大语言模型编程）一书（微软出版社 2024 年出版）。

在 Renoir 项目中，将把应用层编写成一个类库，然后被前端 ASP.NET 应用程序直接引用。项目将可以很容易地打包成一个 NuGet 包，以便于在团队之间轻松地分发。此外，只需要（最小）API 层的成本，它就可以成为分布式应用中可自主部署的服务。

3. 领域模型库

领域模型是应用程序的神经中枢。作为一个类库——理想情况下，它被封装在一个内部使用的 NuGet 包中——它定义了所有的业务实体。

DDD 的理念要求我们将这些实体定义为遵守一系列约束的面向对象类：优先使用工厂方法而非构造函数，不使用属性设置器，限制使用基元类型，最重要的是，要有一组方法确保类在软件工作流中的使用方式与实体在真实业务流程中的处理方式相同。

领域模型库被应用层引用，还可能被前端应用程序引用。如果没有定义持久模型（无论是出于实用主义、懒惰还是理念），它也可能被持久化层引用。除了 .NET Core 框架和一些辅助包外，领域模型库没有外部依赖项。

提示

对于 Renoir 项目，你将使用一个名为 Youbiquitous.Martlet 的免费 NuGet 包，其中包含许多扩展方法和辅助类。它可以协助你简化编程，确保代码尽可能地易读。在领域模型中，这种依赖是可以接受的。使用以下链接访问此 Nuget 包：https://www.nuget.org/packages/Youbiquitous.Martlet.Core。

---

4. 基础设施库

在受 DDD 启发的分层架构中，基础设施层充当了多种服务的仓库，例如数据访问和持久化、外部服务集成（比如 email 平台和消息队列）、缓存、日志、文件系统访问、身份校验和加密等。

将所有这些功能实现在一个项目还是拆分为多个项目，最终的决定权在团队领导。这个决定取决于多种因素，包括及时管理可扩展性的需求、团队的可用性，以及参与的团队成员的技能水平。它还取决于应用程序的性质以及所需功能的数量和重要性。基础设施功能的影响越大，你就越希望将其隔离，以尽量减少其破坏或减慢其他部分运行的可能性。然而，如果你只需要数据访问和电子邮件服务功能，那么所有的东西都可以打包到一个类库项目中。

在 Renoir 项目中，更多是出于演示目的而非实际需求，我们将基础设施层和持久化层分离成了两个项目。基础设施层被应用层引用，用于发送邮件和执行身份校验。为了实现此功能，它引用了持久化层以实现对数据库的物理访问。

5. 持久化库

这是整个应用程序中唯一一个明确知道和管理数据库细节（例如连接字符串、表的数量和设计等信息）的地方。这一层引用了你打算使用的任何（微）ORM 或数据访问 API（例如原始 SQL、ADO.NET、Mongo DB、Cosmos DB，或 Dapper）。

在 Renoir 项目中，持久化库将引用 EF Core 和 SQL Server 连接器。所有与业务领域无直接关系或者没有直接链接到 UL 中的名词的应用程序实体，都将编写在持久化层的专用内部命名空间中。

6. 辅助库

提供 Web 前端的应用程序通常需要进行本地化处理。然而，即使一个应用程序并不一定需要这种处理，使用资源文件和助记符号来表示所有可视文本也是一个好习惯。这也有助于构建应用程序和终端用户之间的语言交流，消除了难看且总是很危险的魔法字符串。

直接在 Razor 视图中放置静态文本可以最快看到最终的显示效果。然而，编程并不能仅仅实现功能，它更多是一门选择正确实现方法的艺术。同时，编程也是在问题领域内建立立足点以寻找可行解决方案的艺术。实现这一目标最有效的方式是把采用方法直截了当地进行。将可视文本存储在资源文件中并把它们封装进独立的辅助库，不仅是一个良好的实践，也具有很大的潜力和最低的额外成本。

在 Renoir 项目中，你会发现除了一套可本地化的字符串库，还有一个包含各种类和函数的共享库。它们大多是与业务无关的代码，只需要编写一次。按我的编程风格，大多数情况下，它们都是一些通用性不足以打包成 NuGet 包的扩展方法。

提示

辅助库的必要性体现在它们可以将一些可复用的类和函数封装在一个沙盒中，防止它们扩散并隐藏到整个代码库中。

4.2 业务需求工程

无论在项目前期还是在过程中，收集和处理业务需求都是一项至关重要且不可避免的活动。互联网文献中充斥着各种与此相关的时髦术语和自我品牌化、大肆宣传的解决方案。我在这里没有什么要推销给读者的，但我很愿意将一些观察到的现象联系起来。

4.2.1 分解软件项目

我从事软件行业始于企业瀑布式项目被遗忘的时代。在那个时代，严格的顺序流程要求项目的每个阶段都依赖于前一阶段的成果，每个阶段都专注于几乎不会重叠的专门任务。

1. 瀑布模型

瀑布模型是在不同的软件业务时代中设计出来的，如今它备受诟病——最好被视为过时的古董，最坏被视为无价值的垃圾。然而，它所基于的步骤是不变的且普遍适用的。一个典型的瀑布流程遵循六个步骤：

1）在产品需求文档中记录软件需求。
2）根据需求构建模型、架构和业务规则。
3）根据模型、图表和规则，概述软件架构。
4）根据软件架构编写必要的代码。
5）测试并调试代码。
6）根据测试结果，将系统部署到生产环境。

使瀑布模型过时的并非上面的组成步骤，而是这些步骤发生的顺序。归根结底，瀑布模型对于现代软件业务的上市时间需求而言，过于僵硬和正式（也就是说太慢了）。

2. 敏捷的（不）合理性

在 2001 年，一群软件开发者签署了他们称之为"敏捷宣言"的文件。这份文件概述了一种新的软件开发方法，以对抗瀑布模型的僵化。敏捷宣言中列出的 12 条原始原则是纯粹的常识，几乎无可争议。但是，这些原则也过于抽象，无法为工作团队提供具体的指导。

自从敏捷宣言发布以来，各种以敏捷为旗帜的方法论如雨后春笋般涌现，每一种都声称拥有使项目在预算内准时完成的灵丹妙药。但是，最初的问题仍然基本上没有得到解决：如何在不损害解决方案市场吸引力的情况下，及时地收集并理解需求？

自 2004 年 DDD 被正式提出以来，软件行业沿着与敏捷理念并行的轨道发生了许多变化。尽管"敏捷"这个术语逐渐偏向项目管理，但在软件设计领域，业务领域内的"事件"概念逐渐浮现，成了一种替代瀑布模型的方法。

在业务领域中，术语"事件"指的是一件重要且相关的事件。事件代表了领域内显著的变化或交互，它捕捉到的重要信息可以触发后续操作。

4.2.2 基于事件的故事板

在过去十年中，围绕业务领域中事件这个概念，出现了两个与其有关的方法论：事件风暴和事件建模。尽管它们各自源于不同的方法，但都产生了相同的输出：一个预期系统行为的可视化展现，组织成一系列基于基本业务事件的流程图集合。

事件建模和事件风暴的输出结果看起来就像一个故事板。的确，基于事件的故事板提供了一种现代且有效的方式来概括瀑布模型的前四个步骤。完成故事板会议后，你可能已经准备好开始构思架构并编写代码。配合适当的编码策略（例如单元测试、测试驱动开发等）和 DevOps 工具（即持续部署流水线），故事板将原来复杂的多阶段瀑布模型转变为更敏捷的两步版本：故事板和开发。

1. 事件风暴

事件风暴是一种协作技术，通常（最好）通过面对面工作坊的形式进行，以促进对业务领域的探索和理解。尽管它最初是为了规划软件应用而设计的，但该技术几乎可以应用于任何与业务相关的头脑风暴或评估活动。

在事件风暴会议中，利益相关者、领域专家、软件专家和销售团队成员共同工作，识别和定义出系统内发生的相关事件。识别出的事件通常以便签或卡片的形式表示，按时间顺序排列在时间线上。对于每一个识别出的事件，关键是要找出它的触发因素，无论是用户行为、另一个事件还是某些外部因素。

除了事件外，事件风暴还涉及识别出以下事项：

- 指令：代表由用户或其他系统发起的动作或请求。
- 聚合：相关事件和数据的逻辑分组。
- 策略：必须遵守的业务规则和约束。

事件风暴的结果仅仅是一个心智模型，辅以帮助记录其内容的白板图片和书面笔记。然而，在事件风暴过程中获得的知识对于开发团队在整个软件开发生命周期中都是宝贵的参考。它还确保了各利益相关者之间的共同理解，促进沟通与协作，为以完全一致的方式设计和实施系统提供了坚实的基础。

2. 事件建模

在"发明"事件风暴之后不久，出现了一种名为事件建模的方法。它在更接近编程细节的层面上，对事件进行了更深入的分析。换句话说，事件风暴主要用于揭示和理解问题本身所处的领域，而事件建模旨在创建应用程序的最终蓝图。事件建模的关键在于构建更为完整的故事线，这些故事线是通过将一系列业务事件相互连接而形成的，在这个过程中，会明确识别和标记出状态变化与服务边界。

领域建模的结果是对定义某个特定问题领域的关键概念、关系和规则的结构化表示。

领域建模的主要输出物包括：
- 领域模型图：这些视图使用各种符号来描述领域内的实体及其相互关系。常见的视图类型包括 [UML（Unified Modeling Language，统一建模语言）中的] 类图和实体-关系图。
- 实体定义：领域中的每一个实体都通过属性和方法定义了其特性和行为。这为我们明确每个实体应该拥有什么信息以及如何操作这些信息提供了清晰的理解。
- 用例：用例（或者说场景）表示了应用程序与其外部参与者进行的某种特定交互。用例通常从外部用户的角度展示了应用程序如何响应某些事件或动作。

在某种程度上，事件建模也可以用来探索问题领域，但反之则不然。同样的，事件风暴可以探索与软件开发不严格相关的业务领域，例如，验证一个商业想法或评估一个生产系统。

领域建模的主要目标是促进开发者、领域专家和其他项目利益相关者之间的清晰沟通和共享理解。这种共享理解反过来又成为开发软件的基础，确保软件能准确有效地解决问题领域特定的需求和要求。它有助于减少歧义，提高软件与现实世界领域的一致性，并支持更高效的软件开发和维护流程。

提示

事件建模擅长探索问题空间，而事件风暴更侧重探索业务流程。在这方面，事件风暴可以探索与软件开发不完全相关的业务领域，例如，验证一个商业想法或评估一个生产系统。

4.2.3 Renoir 项目的基本任务

为了评估 Renoir 项目的功能，我们首先要确定希望应用程序的用户完成的操作（见图 4-5）。这一切都始于产品，因此必须有可由授权用户管理、探索和分享的版本说明和路线图文档。

1. 用户访问控制

Renoir 中有四种不同的角色：
- 管理员：拥有此角色的用户具有超级权限；他们可以控制和覆写产品和文档的所有内容。创建新产品也是管理员的特权。
- 产品负责人（PO）：在图 4-5 中，PO 对特定产品版本说明和路线图的整个生命周期拥有管理权限。这些权限包括指定编撰者，以及授权个别浏览者只能查看和分享文档的只读版本。

- 编撰者：拥有此角色的用户有权限为一个或多个产品创建、读取、编辑、分享和/或下载文档。
- 浏览者：这个角色对应到查看、分享和/或下载特定文档的组织内外的用户。

整个 Renoir 应用程序只对经过身份校验的用户开放。

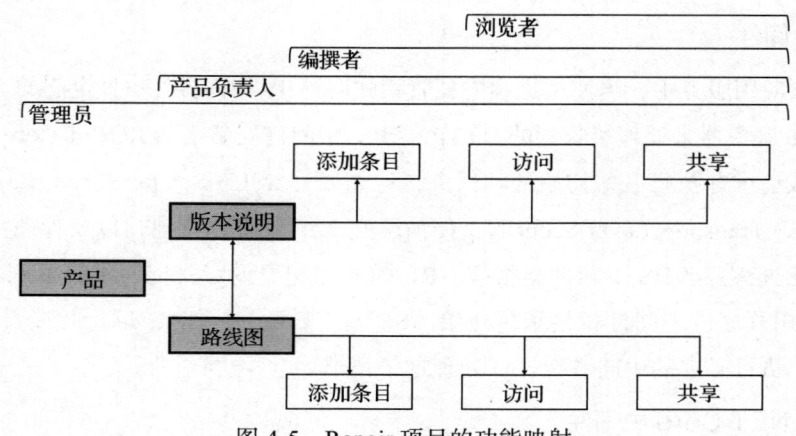

图 4-5　Renoir 项目的功能映射

2. 与产品相关的功能

产品目录界面列出了发布和更新版本说明以及路线图的软件产品。产品目录支持基本的 CRUD 操作。当产品负责人登录到产品目录时，他们只能看到有权限访问的产品。

在文档管理界面中，产品负责人可以创建、编辑、审查和分享版本说明与路线图文档。这个界面也对被产品负责人授权的编撰者开放，权限范围从只读、读写到分享和删除。

在导出管理界面中，用户可以通过电子邮件分享文档，将它们下载为 HTML 格式的 Word 文件，保存为 PDF 文件，以及打印它们。用户从导出管理界面执行这些操作。导出子系统受到严格的、基于权限的控制。

4.3　表示层的边界和部署

最终的 Renoir 项目应用程序将部署到 Azure 应用服务中，以使用默认的进程内托管模式：ASP.NET Core 应用程序。进程内托管意味着应用程序直接托管在 IIS 应用程序池中，与 IIS 工作进程（w3wp.exe）运行在同一进程中。

与进程内托管相反，进程外托管是指在与 IIS 工作进程之外的进程中运行应用程序。在这种情况下，发送给 IIS（仅作为一个反向代理服务器）的请求会被转发到 ASP.NET Core 内部的 Kestrel Web 服务器。

4.3.1 敲开 Web 服务器的门

Renoir 项目的用户首先会看到一个登录页面。除非用户能提供有效且未过期的认证 cookie，否则无法跳过此页面。登录页面的首次访问以及所有后续交互都涉及客户端浏览器和 Azure 端 IIS HTTP 监听器之间的协商。

1. IIS 中间件

在 Azure 应用服务中，当使用进程内托管模式时，IIS 中间件（一种定制的 IIS 插件）会作为一个 Web 服务器来处理接收到的 HTTP 请求。中间件安装于 ASP.NET Core 应用程序之上，它会拦截请求并执行一些初始处理任务，比如处理 SSL（Secure Socket Layer，安全套接字层）/TLS（Transport Layer Security，传输层安全），管理连接池，以及管理托管环境。

完成初始处理后，IIS 中间件会根据 URL 模式和配置设定，把请求路由到相应的 ASP.NET Core 应用程序。中间件将请求传送给 ASP.NET Core 运行时，运行时接着调用对应的中间件管道，执行必要的中间件组件，处理这个请求。

2. ASP.NET Core 中间件

ASP.NET Core 的中间件管道由执行诸如认证、授权、请求/响应转换、日志记录、缓存等任务的各种组件组成。管道中的每个中间件组件都可以根据需求检查、修改甚至是终止进出管道的请求/响应。

请求经过中间件管道处理后，生成的响应会通过 IIS 中间件返回，然后再由 IIS 中间件将其传递给客户端。简而言之，ASP.NET Core 中的 IIS 中间件充当了 IIS Web 服务器和 ASP.NET Core 应用程序之间的桥梁，协助处理 HTTP 请求并管理托管环境。

在 ASP.NET Core 中间件管道中，关键的一步是实际处理请求，以生成对调用者的响应（例如，HTML、JSON、文件内容）。这就是整个应用程序的表示层发挥作用的地方。

3. ASP.NET Core 应用程序网关

每个转发到给定 ASP.NET Core 应用程序的请求都由内置的路由中间件管理，它会检查 URL 并将其与一组配置的路由模板进行匹配。每个路由模板都指定了一种模式，定义 URL 应如何匹配特定路由。整个路由表由 URL 模式和放置在单个控制器方法上的路由属性生成。

当找到匹配项时，路由中间件会为请求设置端点，从 URL 中提取相关信息（如路由参数），将其存储在请求的路由数据中，以便后续的中间件在需要时使用。

端点代表要执行的用于处理请求的特定操作。以下是一个典型的使用 MVC 和 Blazor 页面端点的 ASP.NET Core 应用程序的启动类的片段：

```
app.UseEndpoints(endpoints =>
{
        endpoints.MapControllerRoute(
                name: "default",
                pattern: "{controller=home}/{action=index}/{id?}");

        // If necessary, place SignalR endpoints here
    endpoints.MapHub<YourSignalrHub>("some URL here");
});

// If server-side Blazor is used, reference the built-in here
// SignalR hub and fallback page
app.MapBlazorHub();
app.MapFallbackToPage("/_Host");
```

4.3.2 ASP.NET 应用程序端点

ASP.NET 应用程序有三种类型的端点：MVC 方法、Razor 页面（带和不带 Blazor 服务器层），以及直接的最小 API。有趣的是，ASP.NET Core 应用程序并不局限于仅暴露一种类型的端点。实际上，为了向读者演示端点的用法，Renoir 项目包含了所有三种类型。暴露多种类型的端点既不是必需，也不应该一拍脑袋就做出决定，而应该取决于具体场景。但从技术上讲，暴露多种类型端点是可行的。

1. MVC 方法

对外公开可调用的操作是 ASP.NET 应用程序的经典模式。这种模式大致受到了 MVC 模式的启发，根据这种模式，请求被路由到定义了处理它的操作的控制器类。控制器类定义的方法可以触发业务逻辑，并与模型和视图交互以生成响应。

在接收到请求和实际调用可执行的控制器方法之间，运行时环境做了很多工作。这主要是为了在逻辑处理、数据管理和响应打包之间提供灵活性和清晰的 SoC。由于处理请求的逻辑与用户界面是分开的，所以控制器方法允许更复杂的路由规则、行为定制和更容易的单元测试。控制器在处理请求的代码和负责渲染用户界面的视图之间提供了清晰的分离。

有时候，所有这些灵活性和严格的结构性会以牺牲开发的即时性为代价。为此，有了 Razor 页面，以及最近出现的最小 API 端点。

2. Razor 页面的代码后置类

Razor 页面是 ASP.NET Core 中的一种基于页面的编程模型，它将用户界面和处理请求的代码合并在单个文件中。Razor 页面用于简化开发不太复杂的场景，例如基本的 CRUD 操作或简单的表单提交，这些场景中用户界面和代码逻辑紧密耦合。因为处理请求的代码可以直接放在 Razor 页面文件中，因此它提供了一种更直接、紧凑的方法。

Razor 页面允许直接向内容（也就是页面）发送请求，而控制器方法则通过定义动作方法来处理请求并返回响应。

对于用户界面和逻辑紧密耦合的场景，Razor 页面是一个便捷选择，而控制器方法提供了更大的灵活性和 SoC，这使它适合更复杂的应用程序。特别是如果整个项目还配置为 Blazor 服务器应用程序，这两种类型的端点可以轻松地协同工作——尤其当你采取进一步的小预防措施，如使用代码后置类时，更是如此。

代码后置类是一个独立的文件，包含与 Razor 页面或 Blazor 组件相关的逻辑和事件处理代码，实现了组件的用户界面标记和代码功能之间的分离。从概念上讲，Razor 页面的代码后置类和控制器方法体具有相同的目的：触发业务流程，以产生最终的客户端响应。

3. 最小 API 端点

最小 API 端点提供了一种更加轻量级和简化的方法来处理 HTTP 请求。最小 API 旨在通过减少传统 MVC 所需的烦琐流程和样板代码，简化开发过程。

使用最小 API 时，你可以直接在 Web 应用程序的启动类中通过使用 MapGet、MapPost 等属性直接定义路由和请求处理程序。最小 API 端点更像是一个事件处理程序，所有必要的代码都可以直接嵌入，以协调工作流程、执行数据库操作或生成 HTML 或 JSON 响应。

简而言之，最小 API 端点提供了一种简洁的语法来定义路由和处理请求，使得构建轻量级和高效 API 变得更容易。然而，复杂应用程序所需的广泛 SoC 只有传统 MVC 架构才能提供，最小 API 不太适用于这种场景。

4.4 表示层开发

诚然，在应用开发中，"表示层"一词可能听起来有些误导。尽管它让人联想到旨在传达信息和吸引用户的用户界面视觉和交互元素，但在 Web 应用程序中，情况却大不相同。

Web 应用程序的表示层是在服务器上运行的代码，它与用户界面的唯一具体联系就是它生成的标记。我们把这一层称为前端或表示层，还把它当作是与用户界面相关的组件。但最终，表示层通过控制器或 Razor 页面等组件运行在服务器上并蓬勃发展。

本节探讨了表示层技术层面的内容，以及更重要的一点：如何将表示层链接至下一层，以确保 SoC。

4.4.1 连接到业务工作流

在表示层的编码块（例如控制器方法）中处理进入的 HTTP 请求时，它们的主要目的是触发一个工作流并最终生成响应。从事件建模的角度来看，每一个进来的请求都是一个事件，它触发了一个新的流程实例或推进了一个运行中的流程。

互联网上充斥着讨论控制器（或代码后置）方法最佳代码行数的文章和帖子。让我们尝试为此建立一些清晰的规则。

1. 精简控制器方法

在理想情况下，每一个控制器（或代码后置类）的方法都像下面的示例这样简洁：

```
[HttpGet]
public IActionResult ReviewDocument(long docId)
{
    // Let the application layer build a view model
    // containing data related to the request.
    var vm = _doc.GetDocViewModel(docId);

    // Render out the given view template with given data
    return View("/views/docs/doc.cshtml", vm);
}
```

控制器从 HTTP Get 请求的主体中接收输入数据，这些数据通过 ASP.NET 的机制绑定到方法参数上。在控制器方法内部，应用层服务类的一个实例（上面代码片段中的 _doc）获取并返回包含所有必要数据的视图模型对象。最后，将视图模型对象作为参数传递给负责将选定的视图模板与视图模型数据合并的 View 方法。

对于处理 HTTP Post 请求，控制器方法的结构也大同小异。

```
[HttpPost]
public IActionResult SaveDocument(ReleaseNoteWrapper doc)
{
    // Let the application layer turn the content of the DTO
    // into a domain model object and save it.
    var response = _doc.SaveDoc(doc);

    // Render out the response of the previous operation
    return Json(response);
}
```

控制器方法通过一个定制的数据传输对象接收所有必要的数据（需要保存的文档内容），并将其传递给应用层进行进一步处理。它收到一个指令响应（通常是一个自定义类），其中包含了需要进一步处理的详细信息（如果有的话）。至少，响应对象会包含一个布尔值以指示操作最终成功与否。

2. 应用层依赖

理想情况下，所有可公开访问的端点都应该连接到应用层中的一个方法，此方法负责执行特定的任务。图 4-6 所示为 ASP.NET Core Web 应用程序中表示层与应用层之间的关系。

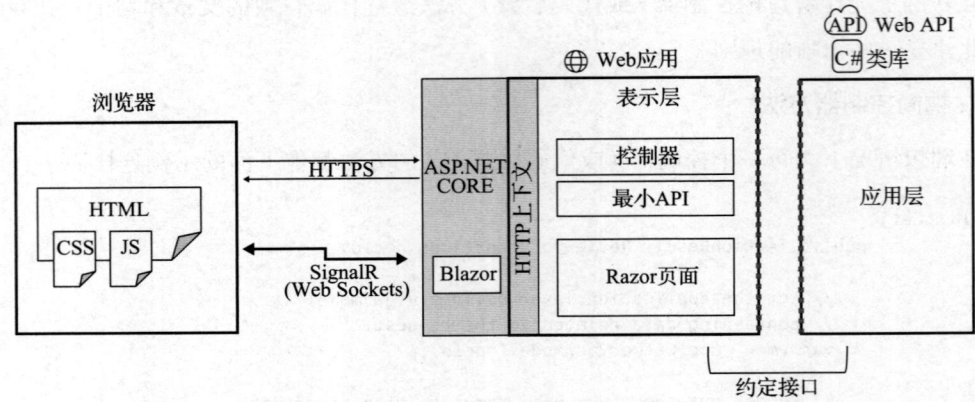

图 4-6 从表示层到应用层之间的关系

表示层是 Web 应用程序中唯一可以直接获取 HTTP 上下文信息的地方，这些信息包括 HTTP 头、已登录用户、会话或 cookie 数据。业务需要在表示层之外传播的 HTTP 上下文中的任何部分都应该从 HTTP 数据包中提取出来，以普通数据的形式传递。

```
public IActionResult SaveDocument(ReleaseNoteWrapper doc)
{
    // Obtain the email of the currently operating user
    var currentUserEmail = User.Logged().Email;
    // Save the document along with a reference to the actual user
    var response = _doc.SaveDoc(doc, currentUserEmail);
    return Json(response);
}
```

控制器和应用层之间存在一个约定的编程接口。理想情况下，此约定通过一个接口表示，应用服务通过依赖注入的方式将接口的实现提供给控制器。

```
public class DocController
{
    private IDocService _doc;
    public DocController(IDocService doc)
    {
        _doc = doc;
    }

    // More code
}
```

总之，表示层应该仅仅作为将外部命令与内部用例实现的传递层。它应该尽可能地简单，把工作委托给下方的其他层。在依赖关系方面，它应该只引用应用层，而表示层与应用层之间的数据交换应该通过应用层公开的 DTO 来进行。

3. 打破规则

幸运的是，控制器的内部实现并没有严格的规定，上述任何实践都不具有法律效力。你应该将这些实践视为指明方向的矢量并遵循它们，但只要完全了解上下文，就可以自由地简化（在某些情况下甚至过度简化）并使用捷径或完全另辟蹊径。

控制器中打破规则的典型情况如下：

- 代码中直接使用应用服务的对象实例而非接口。
- 在表示层不使用 DTO，而是直接操作领域模型对象。在这种情况下，表示层将依赖领域模型库。
- 直接在控制器方法内部编写一些非常简单的操作。常见的操作包括静态仓库方法中定义的基本 CRUD 操作，以及诸如跟踪用户代理和地理位置参数（如果授权的话）等日志/审计操作。

为了保持控制器类的可测试性，许多人建议通过接口和依赖注入来注入应用服务。在控制器内部使用应用服务可以确保明确的 SoC，控制器负责处理 HTTP 请求和响应，应用服务负责处理业务逻辑。使用应用服务的必要性毫无疑问，但我质疑将它们封装在一个接口中是否真的带来了具体的好处，还是仅仅增加了使用额外领域接口层的需求。许多人会争辩说不使用接口会使得控制器难以测试。确实如此，但你真的愿意测试控制器吗？如果正确地引入了应用服务，为什么还要测试控制器呢？

关于 DTO 和领域模型对象，如下几个原因说明了为什么应首先使用 DTO：SoC，可测试性挑战，表示层和领域层之间的紧密耦合，甚至包括数据注入带来的潜在安全风险。不过，DTO 同样也意味着需要添加、维护和测试另外一层代码。像往常一样，需要权衡使用 DTO 的利弊。

4. 通过中介者连接

你可以采用两种方法中的一种来连接表示层和应用层：

- 直接调用方法：一个组件明确地调用另一个组件的方法，以实现期望的行为。这是一种在跨层组件之间进行通信的简单直接的方式。
- 使用中介者：中介者作为一个集中化的枢纽，协调和控制组件间的互动，而不让这些组件直接相互通信。各方不直接调用彼此的方法，而是与中介者进行互动，中介者随后将指令传递给适当的组件。这种方法的一个好处是它将组件彼此解耦，促进了松耦合。

在 .NET 领域，一个流行的中介者库是 MediatR，可在 https://github.com/jbogard/MediatR 网站找到。当在 ASP.NET 应用程序的表示层中使用 MediatR 时，控制器方法通过打包消息与中介者进行交互，如下面的代码所示。控制器对应用程序层或最终处理指令的代码一无所知。

```
[HttpPost]
public async Task<IActionResult> SaveDocument(ReleaseNoteWrapper doc)
{
    // MediatR reference inject via configuration
    await _mediator.Send(new SaveDocumentCommand(doc));
    return StatusCode(201);
}
```

在 MediatR 中，消息被定义为代表请求、指令或通知的对象。这些消息被用来在请求发起者和处理者之间进行通信。请求发起者负责通过向 MediatR 管道发送消息来发起请求，而处理者则负责处理来自请求发起者的消息。每种消息类型都可以有多个与之关联的处理者。处理者实现特定逻辑来处理消息并产生期望的结果。

```
public class SaveDocumentHandler : IRequestHandler<SaveDocumentCommand>
{
    // Some code
}
```

此外，MediatR 还支持发布/订阅场景，并且可以通过自定义行为和管道进行扩展，以便将横向关注点（例如日志记录或校验）添加到请求/响应处理流程中。

然而，就像编程和生活中的其他所有事物一样，中介者方案并非没有缺点。例如：

- 它为可能本来简单明了的操作增加了复杂性。实际上，对于每个操作，都必须编写实际的例程、指令以及处理程序类。
- 由于中介者负责协调多个组件之间的通信，随着组件数量和消息类型的增加，它可能会变得更加复杂。这种复杂性可能会影响中介的响应能力，尤其是当它需要处理大量消息或执行复杂的消息路由逻辑时。
- 中介者是一个单一故障点。如果它出现故障或过载，可能会影响整个系统的通信。
- 处理大量数据时，中介者本身必须采用优化、缓存和可扩展性等技巧。

归根结底，使用中介者到底得到了什么？是表示层和应用层之间的松耦合吗？尽管在某些情况下，这一层面上的松耦合是一个不错的特性，但在大多数常见情况下，表示层和应用层需要协同工作，因此必须彼此了解。简单的 SoC 就已经足够了。

> **提示**
>
> 在复杂场景中，比起使用中介者，你可能更想考虑使用支持指令和处理程序的企业级消息总线，它并且更加健壮且具有更好的性能（加上高级缓存/存储功能）。换句话说，中介者模式（MediatR 库是其中一个功能强大的实现）可以在单个应用程序上下文中充当消息总线。

4.4.2 前端及相关技术

既然已经确认了 ASP.NET Web 应用程序的表示层是服务器端代码，只负责输出 HTML 标记，那么让我们来看一些常见的相关场景。

1. 服务器端渲染

自从发明 SPA 以来，发生了很多事情。SPA 之前，最常见的技术是普通的老式服务器端渲染（Server-Side Rendering，SSR），也就是在服务器上生成只包含最基本渲染功能的 HTML，然后直接提供给客户端浏览器显示。

随着 SPA 浪潮的兴起，新框架快速占领了市场主流，前端开发和微前端开发等术语逐渐变得家喻户晓。这种趋势导致客户端承担了越来越多的任务，但由于缺乏严格的编程规范，结果产生了极其复杂的代码结构，项目对大量鲜为人知的 JavaScript 模块过度依赖，用户在首次加载页面时面临漫长的等待时间。

你猜怎么着？那些曾经自豪地支持纯 API 后端和倡导前后端清晰分离的开发者，开始怀念那些能在服务器上生成 HTML 并立即提供给用户的日子了。如今，所有受欢迎的前端框架都提供了生产环境中实现 SSR 的能力，即使暂时没有这个功能，也已经在进行规划了。因此，截至本书撰写之时，Web 开发的未来（再次）回归到了服务器上，这是个好消息。

2. Blazor 服务器应用

虽然听起来可能很令人惊讶，但在 .NET 领域，最古老的业务应用程序仍然是用 Web Forms 或 Windows Forms 构建的。那些开始更新项目的公司在大多数情况下采用了像 Angular 和 React 这样的流行前端技术。然而，这些框架的启动成本非常高，在有强大 ASP.NET 背景的团队中甚至更高。

在 .NET 栈中，实现表示层视觉部分的一个绝佳替代方案是 Blazor，特别是 Blazor 的服务器托管模式。它允许开发者完全复用 ASP.NET 技能，将 C# 提升为全栈语言，并将 JavaScript 恢复到仅作为一个纯脚本语言的原始角色。通过这种方式，Blazor 服务器可以构建出更好的 ASP.NET 应用程序，特别是在响应性和快速原型设计方面。响应性方便的优势体现在受益于底层的 SignalR 传输，无须显式刷新整个页面（除了需要导航到其他 URL 外）；快速原型设计方便的优势则是因为 Razor 页面和 Blazor 对组件化的出色支持。.NET 8 版本的 Blazor 很好地符合了这一发展趋势。由于以下特性，它是未来几年处理视觉表现的有力候选者：

- 基于 HTML 的快速初始加载。
- 异步后台任务。
- 面向组件。
- 无须整页刷新。

在我看来，纯客户端前端注定将成为过时技术。SSR 是 Web 技术之间无休止战争的（暂时）赢家。在 Web 应用程序中组合使用 ASP.NET 控制器和 Blazor 页面是一个极为合理的解决方案。

3. Wisej 模式

除了 Angular、React 和 Blazor，前端领域还有其他可选项吗？一个值得考虑的有趣商业产品是 Wisej（https://wisej.com），一个使用 C# 构建 Web 应用程序的 .NET 开发平台。

使用 Wisej，开发者能够打造外观和功能上类似桌面软件的 Web 应用程序，包括可调整大小的窗口、可停靠的窗口、桌面式菜单、工具栏以及键盘快捷操作等功能。Wisej 遵循 SPA 架构，它一次性加载所有必要的用户界面组件和逻辑，后续交互无须整页刷新，与 Blazor 的做法非常类似。同时，Wisej 的编程模式也在很大程度上借鉴了 Windows Forms 的设计。

在 Wisej 中编写的所有代码都在服务器上执行，与传统的客户端 JavaScript Web 框架相比，这可以提供更好的性能和可扩展性。Wisej 还允许你利用 .NET 框架的强大功能，使用现有的 .NET 库和组件。最后，Wisej 与 Microsoft Visual Studio 无缝集成，提供设计时体验，并充分利用了智能感知、调试和代码重构等功能和工具。

4.4.3 纯 API 表示层

除了 HTML 标记，ASP.NET 表示层还可能向客户端提供 JSON 数据。有时会使用 Web API 这个术语来表示纯 API ASP.NET 服务器，即只提供 API 接口不返回 HTML 标记的服务器。一个普通 ASP.NET 应用程序如果只有返回 JSON 数据的端点，那它和 Web API 应用程序就没有任何区别，Web API 这个术语纯粹是为了方便记忆。无论叫什么名字，应用程序都会有控制器或最小 API 端点。

1. 通过 Web 公开 API

从技术上讲，一个仅仅（或主要）公开 JSON 接口而没有用户界面的 ASP.NET 应用程序，与拥有视觉前端的普通 ASP.NET 应用程序具有相似之处。但是，一个 Web API 库有一些特别的关注点：

- 支持非 cookie 认证方式。
- 提供更少的运行时服务。
- 更仔细地定义访问入口。
- 支持 Swagger 接口。

在 Web API 中，身份认证通常通过 API 密钥或更复杂的 JSON Web Token（JWT）来实现。API 密钥更容易实现，当主要关注授权而非收集和分析用户特定信息时，它是一个很好的选择。JWT 更像是身份校验 cookie 的替代品。它们是加密和带签名的，有过期时间，在成功登录后颁发。在一个 JWT 中，可能会包含关于用户的声明，比如用户的角色和其他附带信息。

最后，Swagger 是一个开源软件框架，提供了一种标准化的格式来描述、测试和展现 RESTful API。Swagger 与 ASP.NET 管道相连接，能够生成交互式 API 文档和测试端点。Swagger 使 Web API 能够共享给开发团队之外的人员。

2. 最小 API 端点

谈到 Web API，之前提到的最小 API 端点再次登场。它们是可访问的 URL，执行某些操作并返回一些数据，但不受控制器的繁文缛节和灵活性的约束。最小 API 不便于对请求做授权检查，但也并非不能做。它们为系统以非常快速和直接的方式向外部客户端公开操作提供了另一种选择。

4.5 本章小结

自诞生之初，Web 应用程序就被设计成在服务器上完成大部分工作。客户端仅用于显示预先生成的标记，并通过小段 JavaScript 代码来增加动画效果和交互性。在电子商务和互联网爆炸式增长的十年后，我们今天所知的互联网转向了 SPA 模型，试图增加更多交互性，创造更流畅和更愉悦的用户体验。

这一尝试虽然出发点很好，但现在正在走向衰落。为什么呢？因为那些为了支持用"人造"（因为它们是量身定做的）编程语言编写代码而造出来的庞大且复杂的框架，导致应用加载极慢，开发和维护起来非常痛苦。

如今对服务器端渲染技术的重新评估正把社区带回到原点，即在服务端上渲染的多页应用，但同时加入了一些改进的机制，以在浏览器中提供丰富的交互体验。因此，Web 应用程序的表示层（再一次）负责收集外部输入并渲染后续的视觉界面。Web 应用程序的表示层存在于服务器上，与其他层分离，但很好地连接在一起。

本章介绍了将在后续章节中进一步开发的示例应用程序——Renoir 项目。本章还总结了将对应用程序的基本理解转化为具体功能和项目的方法。该参考应用程序的设计遵循了 DDD 和分层架构原则，可以实现整洁架构的愿景。在下一章中，我们将开始更多关注于 Visual Studio、架构图和代码。

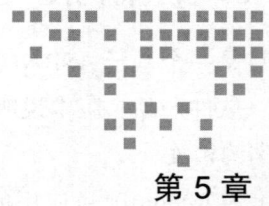

第 5 章

应 用 层

简单是可靠性的先决条件。

——艾兹赫尔·W. 迪科斯彻（Edsgar W. Dijkstra）

传统的三层架构模式——表示层、业务逻辑层和数据层——通常让架构师（有时也包括开发者）承担决策的重任，即确定各种组件应该放置在哪一层。如果说表示层和数据层的位置毋庸置疑，那么中间层的内容——尤其是边界——却一直没有明确。坦率地说，业务逻辑更像是一个涵盖性的术语，而不是一个具有明确定义的概念。它代表了一组相关的概念，包括规则、流程和操作等，这些概念共同定义了一个组织如何开展业务。

这样的定义——虽然在较高的抽象层面或许相当清晰——但在规划项目组件时会变得模糊不清。这就是为什么，在我看来，DDD 带来的最具影响力的变化之一，就是简单地将业务逻辑分成了两个不同的部分：应用逻辑和领域逻辑。领域逻辑在整个上下文中是一个不变量，在上下文图中的任何关系里处于一种强势地位（技术上作为一个上行节点）。它表达了业务实体是如何被表示和运作的。相比之下，应用逻辑依赖于表示层，并提供了从外部触发的每一个单一用例的端到端实现。

因此，应用层就成了现代追求清晰架构理想系统的跳动心脏。在这一层中，各种组件和功能的复杂互动得以展现，使得能够创建出有效反映现实世界流程的应用程序。

本章将深入探讨应用层，探讨诸如任务编排、横切关注点、数据传输、异常处理和部署场景等关键概念。我们先从 Renoir 项目的用例开始。

5.1 Renoir 项目架构图

Renoir 项目是一个基于 ASP.NET Core 实现的 Web 应用程序。它主要围绕三个基本的业务实体进行：软件产品、版本说明和路线图文档。因此，所有用例都与创建、编辑和查看这些实体的实例相关。

图 5-1 所示为 Renoir 项目应用的整体功能导向视图。登录子系统是用户必须通过提供有效凭证才能跨越的障碍。一旦跨越，每个用户将根据其被分配的权限获得可访问的产品列表。除此之外，每个用户都将拥有自己的菜单，用于对分配给他们的产品和文档执行 CRUD 操作。

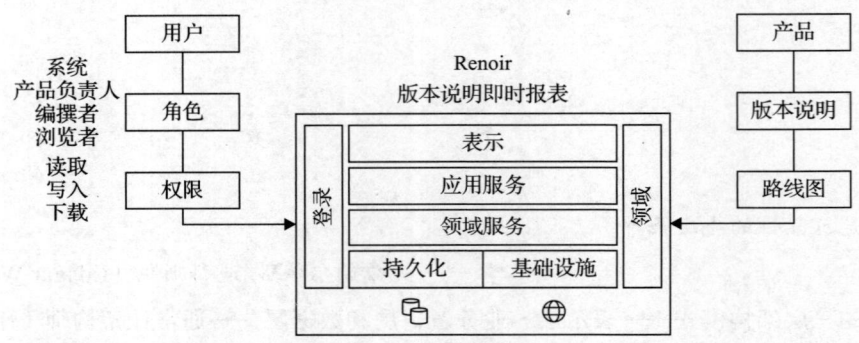

图 5-1　Renoir 项目应用的整体功能导向视图

5.1.1　访问控制子系统

在应用程序中，用户、角色和权限在管理和调整用户交互和权限方面起着至关重要的作用。在 Renoir 项目中，管理员子系统负责在首次使用应用时进行准备，定义产品和为每个产品分配默认的产品负责人。产品负责人——一个对产品拥有管理员权限的普通用户——随后可以自由地创建新用户，并为这些用户分配任何他们所需的权限。

提示

每个用户在刚创建时，都只是系统中的访客，除了能够登录之外和查看空白页面外，不能执行任何操作。

---

1. 用户身份验证

每个用户都通过电子邮件地址进行识别，并使用密码进行身份验证。用户的个人资料可能包含一张照片、一个显示名称，以及一些个人备注。每个用户记录还有一个标志，用来表示可能的锁定状态。被锁定的用户可以尝试登录，但会被拒绝访问。只有系统管理员有权锁定和解锁用户。

Renoir 项目支持基于 cookie 的身份校验，这意味着在凭证成功通过验证后，一个唯一的用户标识符会被存储在 cookie 中，浏览器会在后续的任何请求中提供该标识符。Renoir 项目被设想为文档敏感型应用，因此建议检查用户的锁定状态，而不管是否存在有效 cookie 的证据。由于这种方法需要在每次请求时直接访问用户记录，因此除了标识符之外，不会将任何声明保存到 cookie 中。

2. 用户–角色关联模式

一般来说，角色定义了在系统中分配给用户的一组固定权限。通过角色，我们可以根据他们的操作需求，将用户组织成逻辑类别。例如，在电子商务系统中，常见的角色可能包括管理员、客户和供应商。

然而，这种基本模式只适用于相对简单的访问控制场景。例如，在 Renoir 项目中，产品负责人角色能够执行多种操作，如添加编撰者和管理文档。

任何产品负责人是否都可以访问所有产品吗？这个问题并没有绝对正确或错误的答案，这完全取决于业务需求。如果一个角色的所有用户都可以对整个数据集执行所有可能的操作这点是可以接受的，那么则可以使用用户–角色关联模式，将这个角色直接分配给用户。否则，就需要一个更灵活的机制——用户–资产–角色关联模式。

3. 用户–资产–角色关联模式

用户–资产–角色关联模式是指用户的个人资料并不包含角色信息，但是有一个单独的表格用来记录用户、资产和角色之间的绑定关系（见图 5-2）。因此，当用户使用相同的唯一凭证登录时，他们会看到一个他们可以操作的资产列表，尽管角色可能会有所不同。通常，每个角色都有一个与之关联的允许执行的操作菜单，可能还有一个专门的控制器来将它们集中在一个地方。在这个功能列表中，应该有一些用于编辑绑定表格和创建/删除绑定的功能。

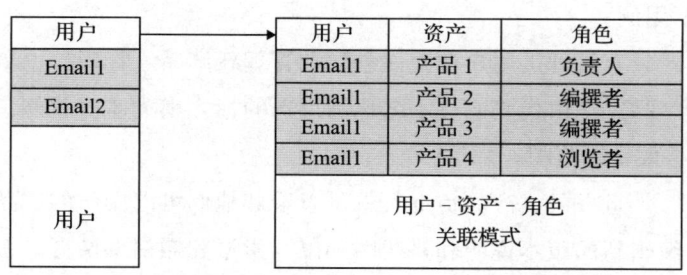

图 5-2　用户–资产–角色关联模式

> **提示**
>
> 为了更进一步采用这种方法,你可以考虑在绑定表中添加几列,设置开始和结束日期,或者添加一个布尔标志(Booleanflag)来表示绑定的状态(活动/非活动)。这样做的好处是你可以保持绑定的历史记录,并完整记录每个用户的信息。

4. 更细粒度的权限控制

权限是赋予用户的访问权,定义了用户可以(或不可以)执行的操作。权限通常与系统内的特定资产或功能相关联。例如,新用户可能被赋予产品所有者的角色被添加到系统中,但被拒绝添加新编撰者的权限。同样,拥有编撰者角色的用户可能被授予向同一资产添加新编撰者的权限(见图 5-3)。

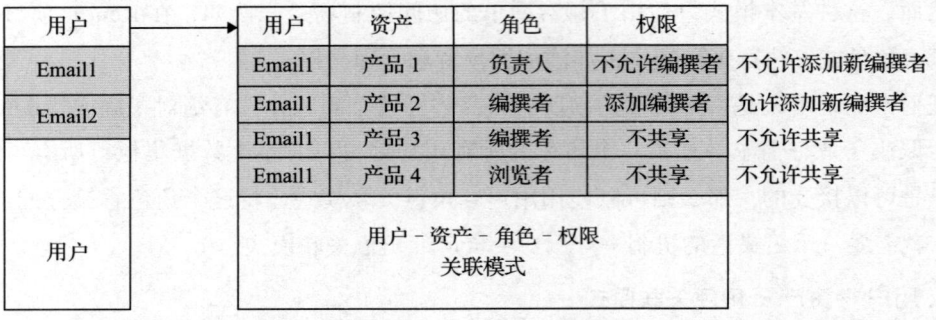

图 5-3 用户–资产–角色–权限关联模式示意图

权限比角色更为精细,可以对用户行为进行精确控制。这确保了数据安全,并为客户提供了必要的灵活性。总的来说,权限是一种覆盖角色特性的方式。

5.1.2 文档管理子系统

Renoir 项目的用户们在产品(软件应用程序)上工作,并管理与这些产品相关的文档。应用层实现了以下用例:

- 产品创建:只有管理员用户被允许创建和管理新产品。管理员也负责添加产品负责人。一个产品完全由代码、显示名称和可选的标志来描述。此外,它还可以赋予一个开始/结束日期范围。
- 文档权限:一旦登录,产品负责人就可以看到他们可以操作的产品列表。负责人有权创建和编辑新的版本说明和路线图,以及指派和撤销编撰者。编撰者的操作基于所接收的权限,如表 5-1 所示。权限的粒度可以根据需要进行调整。例如,你可以授予所有特定类型的文档的权限，或者仅仅是特定的文档。

表 5-1　Renoir 项目支持的权限列表

权限	描述
CREATE	允许创建新文档（版本说明或路线图）
EDIT	允许修改现有文档（版本说明或路线图）
DELETE	允许删除现有文档（版本说明或路线图）
VIEW	允许浏览现有文档（版本说明或路线图）
DOWNLOAD	允许下载现有文档（版本说明或路线图）

❑ 文档共享：文档以条目列表的形式呈现。每个文档都绑定到一个产品上，它有一个代码来识别它的类型（版本说明或路线图）、发布日期、状态以及各种描述符。一个文档条目有一个类型列（例如，错误修复、内部特性、需求或新的公共特性）和对功能的描述。共享文档——无论是打印出来的，一个 PDF 文件，或者可能是一个 Word 文件——都会面临如何将数据行组成一个具有人类可读结构的单一容器的问题。图 5-4 所示为 Renoir 项目中文档的持久化模式。

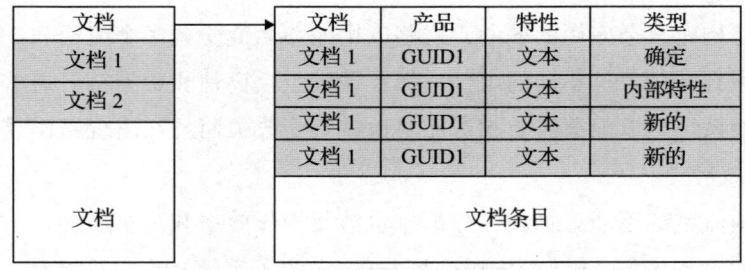

图 5-4　Renoir 项目中文档的持久化模式

Renoir 项目也引入了"文档渲染器"的概念，这是一种策略模式实例的实际实现，目的是获取数据记录并返回一个可打印的对象。默认的渲染器使用 Razor 模板来生成一个可以以 HTML 或 PDF 形式打印的文档。也许，另一个渲染器可以构建一个 Word 文档。

5.1.3　在 Visual Studio 中打开 Renoir 项目

图 5-5 所示为在 Visual Studio 中实时运行的 Renoir 项目解决方案的示例。该解决方案包括七个不同的项目：启动的 ASP.NET Core Web 应用程序和六个类库项目。（这些项目节点在图 5-5 中被折叠起来。）如你所见，这些项目遵循一致的命名规则，都以 Youbiquitous.Renoir 为公共前缀，后面分别跟着 App（应用）、Application（应用程序）、DomainModel（领域模型）、Infrastructure（基础设施）、Persistence（持久化）、Resources（资源）和 Shared（共

享）后缀。

本章的剩余部分主要关注应用层及其主要目标：协调任务以提供具体的用例实现。

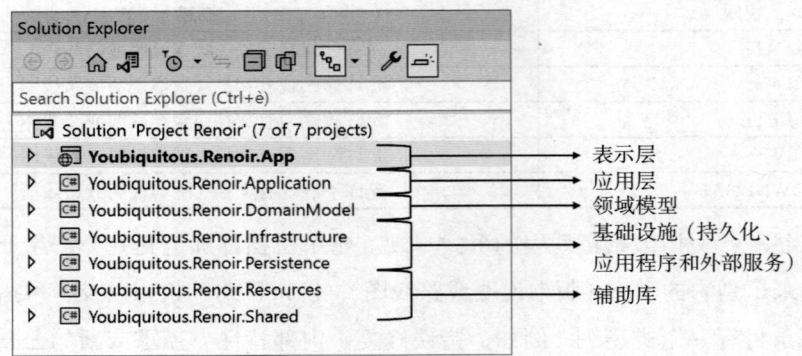

图 5-5　在 Visual Studio 中一览无余的 Renoir 项目

5.2　任务编排

任务编排是构建复杂应用的核心，这些应用能够无缝协调多个流程和工作流。从管理复杂的操作序列到同步各种不同的组件，任务编排包括设计和实施符合需求和业务流程的有效系统，这些系统可以根据需要相对简单地进行修改，而且在出现错误或误解业务规则的情况下，可以轻松修复。

随着系统内流量的不断增加，任务编排也涉及操作效率和可扩展性。不过，除非你正在研究如何扩大大型应用（比如 Netflix 或 Amazon 的子系统）的处理能力，否则任务编排通常是比较简单的，可以通过一个包含少数几个链式操作的简洁流程图来展示，其中一个操作的输出会成为另一个操作的输入。更常见的情况是，任务只是一些孤立的操作，它们的结果组合在某个响应对象中。

本节主要关注任务的抽象定义和常见做法，而不是组织任务的最佳实践（因为"最佳"很难定义）。

5.2.1　任务简介

在当前的分层软件架构的背景下，任务是应用程序中的一个有凝聚力的功能模块，它代表了领域中的一个有意义的特定工作单元。任务就是一段接收一些输入并返回一些输出的代码，本质上就是这么简单。理想情况下，任务在尽可能少的依赖其他层和服务的情况下执行其工作。

在分层架构的背景下，任务通常是一个独立的服务类或者是跨特性服务类中的一个方法。这个类存在于应用层库中。任务是由外部的请求触发的，通常是一个 HTTP 请求、表单提交或者是一个预定的动作。

如果任务完全由其自身的服务类表示，那么这个服务类就被设想为一种命令处理程序，只有一个可以公开调用的方法来触发操作，以及一些受保护的辅助方法来完成实际的工作。在更简单的情况下，任务可以只是跨功能服务类中的一个方法。

抽象地说，任务封装和调和用户界面层与业务领域层之间的互动，以实现特定的业务目标。它充当用户界面与领域模型之间的桥梁。应用层中的任务是用户场景的最终实现。用户故事是从最终用户的视角来描述一个功能或特性的高层描述。它以用户为中心地捕捉需求的对象、内容和目的。用户故事刻意保持简短，它并不深入到可能的技术实现细节。相反，它只是开发团队与利益相关者沟通、明确需求和期望的基础。

一旦定义了用户故事，开发团队会将其分解成多个工作单元。应用层的任务就是这些工作单元中的一个——协调大部分其他工作单元功能的根单元。不在应用层的其他工作单元通常与设计用户界面和编写数据访问逻辑有关。

由某些用户界面元素触发来执行业务操作的任务并不是由一段独立的代码片段。尽管我们把任务定义为对业务流程进行集中协调的核心——这在概念上属于最高层次的抽象——但在实际操作时，任务往往需要分解为若干个部分。也就是说，任务总是一个单独的工作单元，但在具体实现时，却不总是一个端到端的流程图。相反，它可能被拆分为异步调用的子任务。接下来的部分，我们会进一步探讨分布式任务和独立任务这两种不同的情况。

5.2.2 分布式任务示例

为了理解将任务分解成不同的异步子任务，我们以电子商务应用中的经典结账任务为例。一般来说，结账操作在数据库中插入新的订单记录时达到峰值。但在此之前，通常还会发生很多事情。在所有数据都被收集之后，应用层任务就会触发。以下是结账流程图的一些可能步骤：

1）校验输入数据，看看它是否符合业务规则和预期。

2）检查发出请求的客户的付款历史，如果有问题，就向其他子系统发出警告。

3）检查订购的商品是否有库存。同时，也要检查在完成这个订单后，商店是否会出现缺货的情况，如果会，就要通知系统的其他部分。

4）进行付款，并与任何外部支付网关进行交互。

5）如果一切顺利，创建任何必要的数据库记录。

6）在适当的时候给客户发送邮件确认订单。

所有这些步骤都由应用层的结账任务（Checkout task）来协调。考虑到操作的复杂性，它可能会被编码在一个独立的结账服务类（CheckoutService）中，如下所示：

```csharp
public class CheckoutService
{
    // Checkout flow chart (until payment)
    public static CheckoutResponse PreProcess(CheckoutRequest request)
    {
        if (Validate(request))
            return CheckoutResponse.Fail();

        CheckPaymentHistory(request.Customer);
        CheckGoodsInStock(request.Order);

        // Time to pay...
    }

    private bool Validate(CheckoutRequest request)
    {
        :
    }

    private void CheckPaymentHistory(Customer customer)
    {
        :
    }

    private void CheckGoodsInStock(Order order)
    {
        :
    }

    :
}
```

让我们退一步，看看在表示层的哪个部分触发了这个任务：

```csharp
public class OrderController : Controller
{
    public IActionResult Checkout(CheckoutRequest request)
    {
        var response = CheckoutService.PreProcess(request);
        if (response.Success)
            return Redirect("/payment-gateway");
    }

    public IActionResult PostPayment(PaymentResponse paymentResponse)
    {
        var response = CheckoutService.Finalize(paymentResponse);
        return View("success", response);
    }
}
```

在现实中的电子商务系统里，支付过程往往不受应用程序的直接控制，而是依赖于不同支付网关的具体工作流程。在某些情况下，如果需要被重定向到某个用户界面，则控制器必须成为编排的一部分。如果网关公开了 API，则所有这些都可由应用层进行协调。

支付网关可能会返回一个直接的 JSON 响应，或者调用一个端点。在前一种情况下，支付的后处理以及订单的实际创建和确认邮件的发送都会在应用层内部进行。在后一种情况下，新的请求会到达表示层，然后必须转发到结账服务的另一个部分——在之前的例子中，就是 PostPayment 控制器方法。

5.2.3 Renoir 项目中的任务示例

在 Renoir 项目中，除了可能使用 PDF 打印服务，没有用例需要与外部服务进行交互。创建或编辑文档只是执行一系列数据驱动的操作——大多数情况下是在 SQL 事务中进行。得益于 .NET Core 中可用的众多数据访问 API（例如 EF、Dapper 和 ADO.NET），底层数据库被抽象化，任务得以全部实现在一个独立的方法内。以下是该任务的可能框架：

```
public class DocumentService
{
    public static CommandResponse SaveChanges(ReleaseNote doc)
    {
        if (!doc.IsGoodToSave())
            return CommandResponse.Fail();

        return DocumentRepository.SaveReleaseNote(doc);
    }
}
```

这的确是一个简单的场景，但与许多现实世界的情况并无太大差异。大多数应用程序都是业务系统，大部分情况下，只需要对数据库表进行 CRUD 操作。对于所有这些情况，任务都会与 SQL 事务密切相关。任何实现任务协调的方法都会使用同一个数据库连接或每个操作使用不同的连接来调用一个或多个仓库。用例实现充当表示层和基础设施层之间的桥梁，并在用户界面和持久层之间来回移动数据。接下来我们了解一下数据传输和数据表示。

5.3 数据传输

对于由相对集中且小型的服务组成的大规模分布式应用程序来说，数据传输相当简单。完全就是将普通的 C# 类序列化成 JSON 在端点之间传输。在这种情况下，DTO 的概念显得尤为重要。

DTO 是一种轻量级、不可变的数据处理容器，用于在软件应用程序的不同部分之间交换信息。DTO 促进了数据通信的简单性和安全性——简单性是因为 DTO 是一个包含数据且不包含行为的普通的老式类对象类，安全性是因为它是被序列化并在网络中传输的惰性数据，而不是可能有害的代码。

5.3.1 从表示层到应用层

对于每一个对 Web 应用的请求，表示层都会管理来自两类来源的数据——一类是显式数据源，一类是隐式数据源。显式数据源是通过查询字符串、路由参数或请求主体接收到的数据。它以纯文本形式封装在 HTTP 请求中。隐式数据源是 HTTP 上下文，可能包含有关会话状态、HTTP 头、cookie 和认证状态的信息——也就是关于当前登录用户的声明。在遵守 SoC 的原则下，一个层面的信息不应直接从另一个层面获取。同时，任何需要转发的信息都应通过简单的 DTO 进行呈现。

1. 在 C# 中实现 DTO

从概念上讲，DTO 是一个简单的 C# 类，但是 C# 可以有三种数据结构来编写 DTO：

- 类（Class）：一种引用类型，它代表了创建对象的蓝图。类的实例通常在堆上分配，而类类型的变量则持有对实际对象的引用。类支持继承并且默认是可变的，这意味着在创建实例后可以改变它们的字段和属性的值。一个类可以包含方法、属性、字段和事件。
- 结构体（Struct）：一种值类型。结构体的实例通常在栈上分配，这使得它们通常比类更轻量级。结构体适合表示小型、简单的数据类型，如点、矩形或简单的数值类型。它们不支持继承，但可以实现接口。默认情况下，结构体是可变的，但你可以使用 readonly 修饰符创建不可变的结构体。结构体是按值传递的，这意味着它们在传递给方法或分配给其他变量时会被复制。结构体的默认等价比较是基于值比较的。两个具有相同字段值的结构体被认为是相等的。
- 记录（Record）：一种类似于类的引用类型，但它针对不可变性和等价比较进行了优化。记录提供了一种简洁的语法来声明属性，并自动生成基于值的等价比较。默认情况下，记录是不可变的，也就是说，它们的属性在创建后不能被改变。如果你想修改属性，你必须使用 with 关键字来创建一个带有所需修改的新记录。

你应该为 DTO 选择哪种方式呢？以上方式都可以。记录是 2020 年 C#9 引入的特性，旨在为以数据为中心的类和 DTO 提供了一种量身定制的解决方案。

2. 断开与 HTTP 上下文的连接

通常，当前请求的 HTTP 上下文中的大部分信息都在表示层的边界内生存和消亡。不过，也有一些例外。

当我们进行审计，记录下每个重要操作的执行者时，登录用户的唯一识别信息（如电子邮箱地址或用户名）往往沿着栈深入到数据库仓库级。以 Renoir 项目为例，你需要记录下每份文档每个版本的创建者。这个过程中，创建者的姓名会从身份校验用的 cookie 中以纯文本的形式提取出来，然后贯穿整个系统的各个层级。

任何使用会话状态的 Web 应用都是因为存储的信息需要被栈的其他层所使用。一个很好的例子是商店应用（例如，售票平台），它需要追踪用户的会话 ID 来检索购物车的内容。

从 HTTP 上下文中提取并传播的另一个小信息可能是正在使用的语言，无论它是来自专用的文化 cookie 还是浏览器的设置。最后，如果需要，还有一个数据块需要捕获并传播的是调用者的 IP 地址。

通常，HTTP 上下文中的信息不应越过表示层的边界。因此，任何需要在表示层之外使用的信息都应被提取出来，并明确地作为参数传递，如下所示：

```
public IActionResult Checkout()
{
    var cart = (ShoppingCart) Session["ShoppingCart"];
    CheckoutService.PreProcess(cart);
    :
}
```

更现实的是，在处理现代 Web 应用中的会话状态时，你需要非常小心。会话状态是指在 HTTP 请求之间在服务器上存储用户特定的数据。这是一种简单且安全的做法，它在互联网时代之前的三十年被广泛使用。然而，如今它面临着一个巨大的缺陷：会话状态原本设计为存储在特定服务器的内存中，但在多服务器的场景下，这种状态是不可靠的，而这种场景在今天非常常见。

对此，可以选择"黏性会话"方案。在这种方案中，负责在服务器场中分配流量的负载均衡器也负责在同一会话期间将用户请求一致地路由到同一台服务器。另一种方案是通过分布式存储（如 SQL 数据库或缓存平台，例如 Redis）来实现会话。一个被广泛接受的方案是直接使用分布式缓存而不是会话，并且可能仅使用会话 ID 作为在缓存中索引数据的唯一标识符。

3. 输入视图模型

在 ASP.NET 网页应用程序中，任何用户单击或 API 调用都会启动由控制器类处理的请求。每个请求都会转化为一个操作，这个操作映射到控制器类上定义的一个公共方法。但输入数据又是如何处理的呢？

如前所述，输入数据被封装在 HTTP 请求中，无论是在查询字符串中、任何形式的已发布数据中，还是可能在 HTTP 头或 cookie 中。输入数据指的是提交给系统以供其执行操作的数据。

输入数据可以被当作松散值处理，并映射到基元变量（例如整数、字符串或日期时间）上，或者分组到充当容器的类中。如果使用了类，则 ASP.NET 模型绑定子系统会自动按名称将 HTTP 参数和绑定类上的公共属性进行匹配。

```
// Parameters to build a filter on some displayed table of data are expressed as loose values
public IActionResult Filter(string match, int maxRows)
{
    var model = FilterTable(match, maxRows);
    :
}

// Parameters to build a filter on some displayed table of data are expressed as a class
public IActionResult Filter(Query query)
{
    var model = FilterTable(query.Match, query.MaxRows);
    :
}
```

输入类的集合构成了应用程序的整体输入模型。输入模型以与用户界面的预期完全匹配的方式在系统核心中传输数据。采用独立的输入模型使得以强业务导向的方式设计用户界面变得更加容易。应用层随后会解包任何数据并根据需要进行使用。

4. 响应视图模型

任何请求最终都会产生一个响应。通常，这种响应是一个 HTML 视图或一个 JSON 负载。在这两种情况下，你都可以找到一个响应 DTO 类，该类用于完成对请求的处理。如果响应是一个 HTML 视图，响应类则保存要嵌入到 HTML 视图中的数据。如果响应是一个 JSON 负载，响应类只需持有要序列化的数据。

在 ASP.NET MVC 中，HTML 视图的创建由控制器负责，该控制器调用系统的后端并接收一些响应。然后，它选择要使用的 HTML 模板，并将模板及任何数据传递给一个临时的系统组件——视图引擎。视图引擎随后将模板和数据混合，生成浏览器的标记。

总而言之，应用层接收输入模型类并返回视图模型类：

```
public IActionResult List(CustomerSearchInputModel input)
{
    var model = _service.GetListOfCustomers(input);
    return View(model);
}
```

> **重要提示**
>
> 通常，数据持久化的理想格式和数据表示的理想格式是不同的。表示层负责明确限定可接受数据的清晰边界，而应用层则负责以这些特定的格式接受和提供数据。

5. 能否直接使用领域实体

对于领域实体执行简单的 CRUD 操作时，是否可以绕过输入模型和视图模型类，直接使用领域实体？以下是一个例子：

```
[HttpPost]
public IActionResult Save(ReleaseNote doc)
{
    var response = _service.Save(doc);
    return Json(response);
}
```

在某些控制器中的 Save 方法接收数据以保存（或创建）版本说明文档——一个在 Renoir 项目应用中的领域实体。内置的 ASP.NET 模型绑定能够将 HTTP 值与领域实体属性进行匹配。

这种方式推荐吗？一般来说，不推荐，原因有两个：

- 它并不是完全安全的。
- 它生成的代码比实际所需的更冗长。

在安全性方面，将领域实体作为端点的目标，从而将 HTTP 输入数据绑定到实体属性的任务委托给了 ASP.NET 模型绑定子系统。在这种方式下，注入领域实体中的状态并不完全受你的控制。

如果控制器方法可以从你编写的 HTML 页面（或 JavaScript 代码）中有效地调用，那么一切正常。但是，如果有人设置了 HTML 表单注入攻击呢？HTML 表单注入攻击是指攻击者在 HTML 表单的字段中注入恶意内容，以操纵应用程序的行为或修改用户数据。例如，传递给仓库的实体可能会设置你不希望被设置的字段，或者可能会传递危险参数。这种风险无疑是存在的，但如果你在进行存储或操作前要求对实体的内容进行适当校验和清理，那么你几乎可以将其风险降至为零。

避免将领域实体放在控制器前端的另一个原因是，在概念上，领域实体并不是一个 DTO。按照设计，DTO 拥有公有的获取/设置方法以及自由地通过属性接收和返回数据。然而，领域实体可能是一个完全不同、更为微妙的存在，在这种实体中，你几乎不会有公有的设置器，并且要通过行为方法来改变状态。因此，为了能够让模型绑定在领域实体上，领域实体必须公有其属性的设置器，这可能会破坏业务领域的设计。

说了这么多，这种方式可行吗？从实用主义出发，是的，它是可行的。但是实用主义要有度，这个度取决于具体业务场景和团队对你的支持。

提示

领域类中公有的设置器之所以重要，其涉及的范围远不止我们目前讨论的内容，因为它关乎 EF 或其他数据访问框架用于向某种存储持久化数据的持久化模型设计。我们等会将回到这个话题，并在下一章更详细地讨论。

5.3.2 从应用层到持久化层

应用层从表示层接收 DTO 并编排业务任务，例如处理在仓库类中编码的数据库操作和为 HTML 视图或 JSON 负载构建响应模型。数据必须从应用层流向更内层，执行各种计算，然后返回并在面向视图的模型中进行处理。

1. 与仓库类交换数据

通过设计，仓库类封装了访问明确定义的数据聚合所需的逻辑。仓库将常用的数据访问功能集中化，同时将用于访问数据库的基础设施层与所有其他层解耦。理想情况下，每个聚合根应该拥有一个仓库类。

聚合根是 DDD 中的一个术语，它指的是领域实体集群的主要（根）实体，这些实体最好被当作单一数据单元来处理，以便进行 CRUD 操作。例如，在 Renoir 项目中，版本说明实体是一个聚合根，它包含了版本说明条目实体。通俗地讲，你不想给版本说明条目单独设置一层独立的 CRUD 操作层，因为如果一个条目没有绑定到版本说明上，业务领域本身是不认可这个条目的。因此，任何涉及版本说明条目的 CRUD 操作必须通过版本说明的聚合根来进行。（下一章将会有更多相关内容。）

提示

按照设计，仓库类的方法接受并返回作为领域实体列表或实例的数据。

在更新操作的情况下，基本上由你决定是将预先构建的领域实体传递给仓库让它们盲目处理，还是仅传递松散的值并让仓库创建任何必要的领域实体。你委托给仓库的工作越多，就越难产生一个能显著减少所需类数量的通用仓库类结构。

在查询的情况下，应用层从持久化层获取表示为领域实体的数据。这些数据可以毫无顾忌地流向渲染模型。如果渲染模型产生 HTML，那么其服务器端 Razor 视图会处理这些

HTML，为浏览器准备静态 HTML。如果渲染模型产生 JSON，那么领域实体就会被序列化成静态数据，并简化为一个简单的 DTO。

提示

对于从领域实体的序列化中获取的 JSON 负载，你可能会遇到其他问题。领域实体本质上是复杂的，它们的类会相互引用，以遵循现实世界业务领域的连接。在进行序列化时，你可能会得到相当大的数据块，或者更糟的是，产生循环的数据。因此，建议你在将领域实体序列化为 JSON 之前，始终将领域实体的相关数据导出到专门的 DTO 中。

---

2. 持久化模型与领域模型

抽象地说，领域模型是一个简单的软件模型，旨在反映业务领域。它与持久化没有严格的关系，但它的最高目的是实施业务规则。然而，在某些时候，数据必须从存储中读取并保存。那么这是如何实现的？

如果你使用非 ORM 框架（例如存储过程或 ADO.NET）来保存数据，那么对于领域模型的角色就不会产生混淆。此外，其设计可以遵循业务领域的特征，不会出现冲突或限制。然而，如果你使用 ORM，情况可能会有所不同——尤其是当你使用的 ORM 是一个相当强大和侵入性的框架时，比如 EF。ORM 需要它自己的数据模型来映射到数据库表和列。从技术上讲，这是一个持久化模型。

领域模型和持久化模型有什么区别？专注于逻辑和业务规则的领域模型不可避免地包含有工厂、方法和只读属性的类。工厂相比于构造函数，更能表达创建新实例所需的逻辑。方法是根据业务任务和行为改变实体状态的唯一方式。最后，属性仅是读取领域模型实例当前状态的一种方式。

领域模型不一定是实体关系模型。它可能仅仅是一组稀疏而松散的类，包含了数据和行为。相比之下，持久化模型需要与目标数据库完全匹配。其类必须遵守数据库表之间的关系，并将属性映射到列。此外，持久化模型的类没有行为，实际上是简单的 DTO。

如果持久化模型和领域模型是不同的实现类，那么两者是否都是必需的？从技术上讲，两者都是必需的，并且应该引入映射类，以便从富类的版本说明 `ReleaseNote` 实体，转换到代表某些（关系型）数据库表上的版本说明数据的贫血类。这通常很麻烦。不过，还是有一些可行的折中方法：使用部分纯净的领域模型。

领域模型最初是设计为纯净和面向业务的，具有值类型、工厂、行为和私有设置器。但是后来 EF 不支持对领域模型的保存和加载，因为它缺少默认构造函数或公有设置器。只要解决了这些限制，并将数据库映射隔离在一个独立的局部类中，你就得到了一个折中的方法：一个足够优雅且独立的领域模型，同样也能作为一个良好的持久化模型。（更多信息将在下一章介绍。）

3．处理业务逻辑错误

在应用层中，任何服务类方法都会被调用以执行命令或查询当前应用状态的某个部分。在后一种情况下，如果操作失败，它所期望返回的仅是这么一个响应对象：该对象为空或处于默认状态。如果请求的操作是一个命令，它应该返回一个应用特定的对象，该对象代表了对命令执行的响应。Renoir项目使用了如下的一个类：

```
public class CommandResponse
{
    public bool Success { get; }
    public string Message { get; }
    :
    public CommandResponse(bool success = false, string message = "")
    {
        Success = success;
        Message = message;
    }
    public static CommandResponse Ok()
    {
        return new CommandResponse(true);
    }
    public static CommandResponse Fail()
    {
        return new CommandResponse();
    }
}
```

这个类可以通过多种方式进行扩展和扩充——比如，接收一个异常对象，并附带表示ID、URL或甚至错误代码的额外字符串。它主要有两个用途：报告错误信息和报告一个明确指示操作是否成功的标志。

5.4 实现细节

大约在2010年，ASP.NET平台转向MVC模式。自那时候起，控制器——表示层的核心——被设计成了一个相当厚重且高度灵活的代码层。因此，每一个请求都需要经过很长的一段时间，通过中间件来到达一个动作方法的最终目的地。在ASP.NET Core中，几乎所有的中间件服务都是可选的，从而开发者能够完全掌控连接HTTP请求与某个动作方法的管道长度。

进入操作方法的边界，一个广泛接受的做法是将与用例实现相关的工作转交给应用服务。但是，你应该如何具体编写一个应用层呢？

5.4.1 应用层概要

本章前面，图 5-5 展示了使用 Visual Studio 打开的 Renoir 项目解决方案，其中可以清楚地看到应用层是一个独立的类库项目。在这个类库项目中，我们可以预期会有一系列的应用服务类。这些类中的每个方法都提供了一个用例的端到端实现。

应用服务类（以及解决方案文件类）的唯一目的是将用例工作流分组成一致且连贯的聚合体。这里重要的粒度是公共方法而不是公共类。也就是说，通常，你可能会希望在控制器和应用服务类之间建立一对一的关系，例如，DocumentController 将其用例转交给 DocumentService 的一个实例及其方法。

1. 应用服务蓝图

现在我们尝试为一个应用服务构建一个框架，这个框架将作为应用中所有类的蓝图。在 Renoir 项目中，所有的应用服务类都继承自一个公共的基类：ApplicationServiceBase。这种继承设置的唯一目的是为了轻松地在所有应用服务类之间共享功能子集。

```
public class ApplicationServiceBase
{
    public ApplicationServiceBase(RenoirSettings settings) :
        this(settings, new DefaultFileService(settings.General.TemplateRoot))
    {
    }

    public ApplicationServiceBase(RenoirSettings settings, IFileService fileService)
    {
        Settings = settings;
        FileService = fileService;
    }
    /// <summary>
    /// Reference to application settings
    /// </summary>
    public RenoirSettings Settings { get; }

    /// <summary>
    /// Reference to the app-wide file service
    /// (i.e., required to load email templates from files)
    /// </summary>
    public IFileService FileService { get; }
}
```

这个示例基类与它的所有继承者共享两个函数：应用程序设置和文件服务。我们稍后会回到应用程序设置的部分。现在，让我们关注文件 I/O 服务。

2. 抽象文件访问

IFileService 可选接口抽象了对文件系统的访问，以便在必须从磁盘读取和保存纯文本文件时使用。文件服务的一个可能的使用场景是读取作为 Web 应用程序部署的磁盘文件中的电子邮件模板或任何类型的配置数据。

```csharp
public interface IFileService
{
    string Load(string path);
    void Save(string path, string content);
}
```

如果你的应用程序大量使用文件，你可以根据需要扩展这个接口。只要你需要的只是文本文件，你可以从以下最简实现开始：

```csharp
public class DefaultFileService : IFileService
{
    private readonly string _root;
    public DefaultFileService(string root = "")
    {
        _root = root;
    }

    public string Load(string path)
    {
        var file = Path.Combine(_root, path);
        if (file == null)
            return null;

        var reader = new StreamReader(file);
        var text = reader.ReadToEnd();
        reader.Close();
        return text;
    }

    public void Save(string path, string content)
    {
        throw new NotImplementedException();
    }
}
```

任何 IFileService（文件服务）的实现都存放于基础设施层，并作为一个系统服务来管理对应用程序可见的文件系统，但它主要由应用层来管理。

3. 实现用例的工作流程

为了清晰地理解构成应用层类的代码，让我们关注一个常见情境：密码重置。如果用户忘记了密码，他们会在登录页面单击一个链接，以启动一个控制器方法，如下所示：

```csharp
public partial class AccountController
{
    [HttpGet]
    [ActionName("recover")]
```

```
public IActionResult DisplayForgotPasswordView()
{
    var model = SimpleViewModelBase.Default(Settings);
    return View(model);
}

// More code
}
```

用户随后输入他们想要接收重置密码链接的电子邮箱地址，并提交表单。以下行为方法捕获了这一动作：

```
public partial class AccountController
{
    private readonly AuthService _auth;
    public AccountController(HospiSettings settings, IHttpContextAccessor accessor)
        : base(settings, accessor)
    {
        // Alternatively, add AuthService to DI and inject the reference in the constructor
        _auth = new AuthService(Settings);
    }

    [HttpPost]
    [ActionName("recover")]
    public IActionResult SendLinkForPassword(string email)
    {
        var lang = Culture.TwoLetterISOLanguageName;
        var response = _auth.TrySendLinkForPasswordReset(email, ServerUrl, lang);
        return Json(response);
    }

    // More code
}
```

`_auth` 变量引用了一个负责账户相关用例的应用层类的实例，该类名为 `AuthService`（认证服务）。密码重置工作流是在 `TrySendLinkForPasswordReset`（尝试发送密码重置链接）方法中进行的。此方法接收请求用户的电子邮箱地址、当前应用的根 URL 和当前线程设置的语言的 ISO 代码作为松散参数。该方法返回一个命令响应对象，其中包含一个布尔标志以表示成功或失败，以及一个可选的错误消息以展示给用户。

```
public async Task<CommandResponse> TrySendLinkForPasswordReset(
    string email, string server, string lang)
{
    // 1. Get the user record using the email as the key
    // 2. Generate a token (GUID) and save it in the user record
    var user = UserLoginRepository.PrepareAccountForPasswordReset(email);

    // 3. Prepare the text of parameters to be inserted in the email text
    var parameters = EmailParameters.New()
        .Add(EmailParameters.Link, $"{server}/account/reset/{user.PasswordResetToken}")
        .Build();
```

```
// 4. Finalize and send email
var message = _emailService.ResolveMessage<PasswordResetResolver>(lang, parameters);
var response = await _emailService.SendEmailAsync(email, "subject ...", message);
return response;
}
```

在 Renoir 项目中，消息解析器是一个抽象组件，它能够从磁盘文件（通过 FileService）或数据库表获取实际的电子邮件模板。该模板接受通过恰当构建的字典提供的参数。电子邮件服务是另一个基础服务设施，它作为实际电子邮件 API 的包装器，在 Renoir 项目中，这个 API 是 SendGrid。

简而言之，应用层类的任何方法都实现了执行特定业务操作所需的所有步骤，通过协调一个或多个仓库和基础设施服务的行为来实现。它针对查询操作返回简单的数据，对于更新操作则返回一个命令响应。

4. 解决横切关注点

在追求构建可维护和可扩展的应用程序的过程中，开发者经常会遇到横切关注点。横切关注点跨越单个组件，影响多个层面和功能。因为所有工作流程都是从应用层触发的，所有对横切函数的引用也应该能够从这一层访问。典型的横切关注点包括日志记录、权限、错误处理和缓存。但在探讨这些之前，让我们先谈谈共享全局应用程序范围的设置。

5.4.2 应用程序设置

应用程序设置是指可以在应用程序内调整的可配置参数和选项，用以控制应用程序的行为、外观和功能。这些设置不应与用户设置混淆。应用程序设置是全局性的，一旦加载便会保持不变，直到开发团队更改并重启应用程序。

在 ASP.NET Core 应用程序中，应用程序设置是在应用程序启动时加载。其相关数据是从多个来源收集——主要是来自 JSON 文件，但不仅限于此——并且组织成一个对应用程序其余部分可访问的数据结构。

1. 从多个来源合并数据

在 ASP.NET Core 中，设置首先组合在一个图对象中，通过专门的 API 来检查和设置。你使用基于路径的寻址模式来访问图中的任何所需元素。该图是通过合并来自多种数据源的数据生成的。这里有一个从 Renoir 项目的 Startup 类中摘取的例子：

```
private readonly IConfiguration _configuration;
public RenoirStartup(IWebHostEnvironment env)
{
    _environment = env;
```

```
            var settingsFileName = env.IsDevelopment()
                ? "app-settings-dev.json"
                : "app-settings.json";

            var dom = new ConfigurationBuilder()
                .SetBasePath(env.ContentRootPath)
                .AddJsonFile(settingsFileName, optional: true)
                .AddEnvironmentVariables()
                .Build();

    _configuration = dom;
}
```

代码中的 `_configuration` 成员访问由 JSON 设置文件的内容及所有可用的环境变量构建的图。当然，你可以添加更多的 JSON 文件，也可以添加来自你拥有或构建的任何有效设置提供者的数据。

具体视个人偏好而定，我个人的立场是，通过 `IConfiguration` 接口的成员访问加载的设置这种方式既烦人又不舒服。

它有两种替代方式：使用 `IOptions<T>` 接口和直接绑定。这两种方式都让你能够将应用程序设置作为强类型对象来操作。区别在于 `IOptions<T>` 接口在实际设置周围应用了一个额外的抽象层。

2. 与设置相关的类

无论你是使用直接绑定还是 `IOptions<T>`，你都需要将类型 T 定义为 C# 类层级结构，以建模应用程序必须要知道的设置。在 Renoir 项目中，我们有以下根类：

```
public class RenoirSettings
{
    public const string AppName = "RENOIR";
    public RenoirSettings()
    {
        Languages = new List<string>();
        General = new GeneralSettings();
        Run = new RunSettings();
    }

    public GeneralSettings General { get; set; }
    public List<string> Languages { get; set; }
    public RunSettings Run { get; set; }
}
```

`GeneralSettings` 和 `RunSettings` 是两个类似的类，它们专注于应用程序设置的一个子集——`GeneralSettings` 关注的是项目信息，而 `RunSettings` 关注的是操作行为（例如，在调试模式下模拟的功能、启用的额外日志记录等）。`Languages` 属性显示用户界面支持的语言。

配置文档对象模型（Document Object Model，DOM）的内容通过使用 `IOptions<T>` 方法或直接绑定映射到设置类的层次结构中：

```csharp
public void ConfigureServices(IServiceCollection services)
{
    // Need IOptions<T> to consume, automatically listed in DI engine
    services.Configure<RenoirSettings>(_configuration);

    // Direct binding, explicitly added to the DI engine
    var settings = new RenoirSettings();
    _configuration.Bind(settings);
    services.AddSingleton(settings);
}
```

因此，无论是通过 `IOptions<T>` 还是直接绑定，应用程序的设置最终都可以通过 ASP.NET Core 的依赖注入系统获得。

3. 在应用服务注入设置

通过与依赖注入系统相连，设置被注入到控制器中，并从那里传递给所有应用服务。应用服务访问全局设置的能力对于以一种与业务需求一致且连贯的方式协调任务至关重要。

以下是一个示例应用服务的摘录，这个服务负责处理 Renoir 项目中的认证。该服务将由 `AccountController` 类调用：

```csharp
public class AccountService : ApplicationServiceBase
{
    public AccountService(RenoirSettings settings) : base(settings)
    {
    }

    public AuthenticationResponse TryAuthenticate(AuthenticationRequest input)
    {
        // More code
    }
    :
}
```

对于任何继承自 `ApplicationServiceBase` 的应用服务类，都可以使用在启动时注入所有设置的单例对象。如果需要在整个技术栈下游（例如，在仓库或领域服务中）使用设置，可以作为松散值传递任何所需的数据。具体示例代码如下：

```csharp
public CommandResponse TryConfirmAccount(ConfirmAccountRequest input)
{
    return AccountRepository
            .ConfirmAccount(input.Email, Settings.Run.ConfirmTokenLifetime);
}
```

以上代码负责处理用户确认账户链接是否还有效。其中有效期（`Settings.Run.ConfirmTokenLifetime`）在全局设置中指定，并作为松散值传递。

4.应用程序设置的热重载

到目前为止，无论是通过 `IOptions<T>` 加载还是直接绑定的应用程序设置，在生产环境中重启应用服务或在 Visual Studio 内部的本地主机中重新启动调试会话之前，这些设置都是不可变的。但如果你想要能够随时替换依赖注入系统中的单例设置对象，而不停止程序的运行，该怎么办呢？

无论你选择哪种方法来实现这一点，都必须考虑到一个事实：一旦 ASP.NET Core 的依赖注入容器确定下来后，就不能更改其中嵌入的注册信息。无论你在代码中做了什么（例如，实时重新计算设置），都无法替换已经通过 `IOptions<T>` 或直接绑定存储在容器中的实例。不过，这里有一些可能的解决方法：

- 使用 `IOptionsSnapshot<T>` 替代 `IOptions<T>`。只需简单地重命名接口即可。`IOptionsSnapshot<T>` 使用临时实例而不是单例来加载设置。因此，每个请求都会重新计算设置。虽然这会带来额外的性能损耗，但你可以始终拥有最新的设置。
- 使用 `IOptionsMonitor<T>` 替代 `IOptions<T>`。它会在内部管理配置 DOM 的变化，以确保你总是获取最新的值。
- 在你的直接绑定逻辑中复制和应用 `IOptionsXXX` 接口的底层模式。

在代码层面上，`IOptionsXXX` 接口和直接绑定逻辑之间的主要区别在于，前者控制器并不直接接收设置引用，而是接收一个对其的封装器：

```
public AccountController(IOptions<RenoirSettings> options)
{
    // Dereference the settings root object
    Settings = options.Value;
}
```

如果接口是 `IOptionsMonitor`，你就需要使用 `CurrentValue` 而不是 `Value`。那么这种机制是如何绕过 ASP.NET DI 容器的限制的呢？即如何绕过在启动阶段之后不允许更改配置这个限制的呢？其实很简单，它通过将实际的设置包装在一个容器类中来实现这一点。容器类的引用被添加为依赖注入系统中的一个单例并且永远不会改变。不过，其内容，也就是实际的设置，可以在任何时候通过编程方式替换，并且能够立即生效。按照这个思路，你还可以在直接绑定的情况下实现设置的热重载。（更多细节请参见 Renoir 项目的源代码。）

5.4.3 日志记录

日志记录对于跟踪应用程序行为、诊断报告问题和监控性能至关重要。它提供了有价值的见解,包括错误、事件和用户互动,有助于有效的故障排除,确保应用程序的稳定和可靠。对于任何应用程序,你都应该认真考虑构建一个覆盖整个应用程序的日志记录基础设施,该基础设施能够处理生产中出现的异常,并审计在各种应用程序任务期间采取的步骤。在 ASP.NET Core 中,日志记录是通过量身定做的日志记录组件执行的。所有的日志记录实例都通过系统提供的日志工厂传递——这是默认添加到 DI 系统中的少数服务之一。

> **提示**
>
> 在 ASP.NET Core 应用程序中,只有通过 `UseExceptionHandler` 中间件处理的异常才会被自动记录日志。这对于任何应用程序来说都是远远不够的,因为它会让应用程序在生产环境中完全没有日志记录,因为在生产环境中通常会使用其他中间件。

1. 注册日志记录器

除非你重写了 program.cs 文件里面的 `WebHost builder`(这是任何 ASP.NET Core 应用程序的启动器),否则将会自动注册一些日志记录器(见表 5-2)。

表 5-2 ASP.NET 默认日志记录器列表

日志记录器	存储方式与描述
Console	在控制台窗口显示事件。不会存储日志事件
Debug	将日志事件信息写入到应用程序所在宿主平台的调试输出流中。在 Windows 操作系统中,它会将信息发送到一个注册的跟踪监听器,通常在 IDE 中会有一个专门的视图来显示这些信息。而在 Linux 系统中,这些信息会被写入到一个系统文件日志中
EventSource	将日志事件信息写入到一个专门为应用程序所在宿主平台设计的日志记录平台中。在 Windows 系统中,则为 Event Tracing for Windows(ETW)
EventLog	将日志事件信息写入到 Windows 事件日志中。请注意,这个日志记录器只能在 Windows 操作系统中使用

默认配置可能不适用于大多数常见应用程序。在启动阶段,你可以随意编辑已注册日志记录器的列表。下面的代码来自启动类的 `ConfigureServices` 方法,它清除了所有默认的日志记录器,并且只添加了选定的日志记录器:

```
services.AddLogging(config =>
{
    config.ClearProviders();
    if(_environment.IsDevelopment())
    {
        config.AddDebug();
        config.AddConsole();
```

            }
        });

你可能已经注意到，在前面的代码片段中，只有当应用程序被配置为在标记为开发目的的主机环境中运行时，才添加控制台（Console）和调试（Debug）日志记录器。因此，使用以上代码的话，应用程序在生产环境下不会注册任何日志记录器。

2. 生产环境的日志记录器

Debug 日志和 Console 日志在开发阶段都很有用，尽管它们的目标输出不同。Debug 日志专门用于与调试器一起使用，而 Console 日志则旨在直接在命令行界面中显示日志消息。这两种日志都允许开发人员在本地工作时快速查看日志消息。然而，这些日志器都不适合生产环境。幸运的是，还有其他选择。

表 5-3 所示为日志记录器为生产环境提供了更全面、更强大的日志记录和监控服务，能够深入洞察应用程序性能和用户行为。它们不是 .NET Core 框架的一部分，需要单独的 NuGet 包和 Azure 订阅。

表 5-3 微软提供的生产级日志记录器

日志记录器	存储方式与描述
AzureAppServicesFile	将日志信息写入到 Azure App Service 应用程序的文件系统创建的文本文件
AzureAppServicesBlob	将日志信息写入到 Azure Storage 账户的 blob 存储
ApplicationInsights	将日志信息写入到 Azure Application Insights 服务中，这个服务不仅可以记录日志，还可以提供查询和分析遥测数据的工具

提示

虽然听起来可能很奇怪，但 ASP.NET Core 实际上并不自带能够将日志写入普通磁盘文件的日志提供程序。要实现这一点，你必须依赖于第三方日志提供程序，如 Log4Net、NLog、Serilog 或其他许多选项。尽管每个库用法不一样，但使用大多数第三方日志器只需要比使用内置提供程序多几步操作——具体来说，就是向项目中添加一个 NuGet 包，并调用框架提供的 `ILoggerFactory`（日志工厂接口）扩展方法。

表 5-3 中的 ApplicationInsights 是为生产环境设计的。它使你能够深入了解应用程序在真实世界中的表现情况，帮助你主动识别和解决问题。通过 ApplicationInsights，你不仅可以收集、存储和分析显式编写的日志记录，还包括异常、请求指标和自定义遥测数据等多种类型的数据。ApplicationInsights 还提供了复杂的查询和可视化能力，使其成为一个强大的解决方案，用于大规模监控和排除应用程序故障。

以下是在启动类设置 ApplicationInsights 遥测的方法：

```
public void ConfigureServices(IServiceCollection services)
{
    // Telemetry
    var key = "...";
    if (_environment.IsDevelopment())
        services.AddApplicationInsightsTelemetry(key);
    else
        services.AddApplicationInsightsTelemetry();

    // More code
}
```

如果你将应用程序部署到 Azure App Service，你可以在 Azure 门户中配置你的 Application Insights 订阅。否则，你需要明确提供检测密钥。但请注意，Application Insights 有一个免费的本地模拟器可用，它允许你首先测试功能，并在之后迁移到实时服务（然后才开始支付费用）。

总的来说，在开发过程中使用控制台和调试日志，而在生产环境中使用 ApplicationInsights 是相当合理的。在生产环境中，你可以自动记录未处理的异常、各种遥测数据以及通过日志程序指示的任何其他数据。

提示

你不需要将应用程序托管在 Azure 上才能使用 Application Insights。你确实需要有一个有效的 Azure 订阅来获取 Application Insights 资源，但你的应用程序可以托管在其他任何地方，只需将日志发送到 Azure 即可。

---

3. 配置日志记录器

你可以为日志记录器配置一个关键方面：消息的相关性。通过 **LogLevel**（日志级别）属性来表达，可以在 0～6 之间设置相关性，其中 0 记录活动，5 只记录关键错误，而 6 意味着不进行日志记录。在这之间，还有用于记录调试消息（1）、信息性消息（2）、警告（3）和错误（4）的级别。

通常你可以通过设置文件中的一个 JSON 属性来设置日志级别，具体如下所示：

```
"Logging": {
    "LogLevel": {
        "Default": "Warning" // Logs only warnings and errors
    }
}
```

以上设置的意思是"忽略所有类别的消息和所有注册的日志记录器中，低于警告级别的日志消息。"当然，你还可以为每个类别和日志记录器分配不同的日志级别，例如：

```
"Logging": {
  "LogLevel": {
    "Default": "Warning"
  }
},
"Console": {
  "LogLevel": {
    "Default": "Information",
    "Microsoft.AspNetCore": "Warning"
  }
}
```

以上设置的意思是"对于所有类别的消息和所有注册的日志记录器，忽略所有低于警告级别的日志消息，但对于控制台日志记录器（Console）例外。对于控制台日志记录器，从信息级别（Information）开始记录日志，但忽略那些标记为来源于微软的 ASP.NET Core（Microsoft.AspNetCore）的信息性消息。"

日志记录器配置不需要映射到根应用程序设置对象上。你需要做的就是像下面这样加入这一个或多个调用，其中你可以根据需要修改参数值（如 Logging、Console 等）：

```
services.AddLogging(config =>
{
    config.ClearProviders();
    config.AddConfiguration(_configuration.GetSection("Logging"));
    if (_environment.IsDevelopment())
    {
        config.AddDebug();
        config.AddConsole();
    }
});
```

如果你在 JSON 文件中添加了与其他记录器语法完全相同的 `ApplicationInsights` 部分，Application Insights 会自动获得自己的设置。但是，Application Insights 的默认设置是仅捕捉所有类别中高于警告级别的日志。

4. 记录应用程序的事实

日志记录器会将消息写入各自的存储目的地。所记录的日志是一组通过名称识别的相关消息。应用程序代码通过 `ILogger` 接口的服务写入日志。

创建日志记录器有好几种不同的方式。一种方式是直接从工厂开始。下面的代码片段展示了如何创建一个日志记录器并赋予它一个唯一的名字。通常，日志记录器是在控制器范围内进行日志记录。

```
public class DocumentController : Controller
{
    private ILogger _logger;

    public DocumentController(ILoggerFactory loggerFactory)
    {
        _logger = loggerFactory.CreateLogger("Document Controller");
        _logger.LogInformation("Some message here");
    }
}
```

在以上例子中，**CreateLogger** 方法获取日志名称并通过注册的日志记录器创建它。**LogInformation** 方法只是众多允许你写入日志的方法之一。**ILogger** 接口为每个支持的日志等级暴露出一个日志方法，例如，**LogInformation** 用于输出信息性消息，而 **LogWarning** 和 **LogError** 用于更严重的消息。**Logging** 方法可以接受纯字符串、格式字符串，甚至是异常对象来序列化。

另一种方式是直接通过依赖注入系统解析 **Ilogger<T>** 的依赖，从而绕过日志工厂，如下所示：

```
public class DocumentController : Controller
{
    private ILogger _logger;

    public DocumentController(ILogger<DocumentController> logger)
    {
        _logger = logger;
    }
    // Use the internal member in the action methods
    ...
}
```

在这种情况下创建的日志会使用控制器类的全名作为前缀。以下是在发生（受控）异常时记录消息的方法：

```
try
{
    // Code that fails
}
catch (Exception e)
{
    // Apply logic to determine the message and logs as error
    var text = DetermineLogMessage(e);
    _logger.LogError(text);
}
```

为每个控制器创建一个日志记录器可能既烦琐又容易出错。让我们来看看如何将这些内容抽象化，并将日志记录器保存在一个公共的控制器基类中。

5. 在基础控制器中嵌入日志记录器

在应用程序中，通过让所有控制器类继承自一个基类来创建是一个很好的做法。这样，一些通用的信息就可以方便地打包在一个地方，从而使得它们可以轻松地从任何操作方法中访问。

```
public class RenoirController : Controller
{
    public RenoirController (AppSettings settings,
                IHttpContextAccessor accessor,
                ILoggerFactory loggerFactory)
    {
        Settings = settings;
        HttpConnection = accessor;
        Logger = loggerFactory.CreateLogger(settings.General.ApplicationName);
    }

    // Helper properties: server base URL
    protected string ServerUrl => $"{Request.Scheme}://{Request.Host}{Request.PathBase}";
    // Helper properties: current culture
    protected CultureInfo Culture => HttpContext
                    .Features
                    .Get<IRequestCultureFeature>()
                    .RequestCulture
                    .Culture;
    // Helper properties: standard logger
    protected ILogger Logger { get; }
}
```

> **提示**
> 除了应用程序设置和 HTTP 访问之外，日志功能也是需要在基础控制器级别启用的另一项功能。

5.4.4　处理和抛出异常

在复杂的软件世界中，异常是不可避免的。健壮的异常处理机制对于维持系统稳定性和确保优雅的错误恢复至关重要。本节深入探讨了应用层中的异常处理的复杂性，包括异常传播和容错等话题。

1. 异常处理中间件

ASP.NET Core 的异常处理中间件充当了一个安全网，使用你的自定义逻辑来捕获所有未处理的异常，然后显示一个适当的错误用户界面。

```
app.UseExceptionHandler("/app/error");
```

UseExceptionHandler 中间件的作用很简单，就是将控制权重定向到一个特定的 URL，这个 URL 负责展示任何用户界面和错误信息。虽然你可以访问并向视图添加任何上下文信息，但在开发过程中，建议使用如下所示的另一个中间件。

```
if (settings.Run.DevMode)
    app.UseDeveloperExceptionPage();
else
    app.UseExceptionHandler("/app/error");
```

UseDeveloperExceptionPage 自动提供异常发生时的堆栈跟踪信息和 HTTP 上下文的快照。这些信息在开发过程中对追踪意外行为至关重要。除了前面代码之外，中间件条件选择的常见模式如下：

```
if (environment.IsDevelopment())
    app.UseDeveloperExceptionPage();
else
    app.UseExceptionHandler("/app/error");
```

总的来说，我更倾向于完全控制决定条件选择的条件。与系统信息相比，使用自定义设置更容易做到这一点。你需要正确处理两种类型的情况：

❑ 测试生产错误页面。
❑ 临时启用生产系统上的开发模式功能，以诊断报告中的问题。

当遇到这两种情况时，第一种可以通过简单将目标环境从 Visual Studio 更改为其他环境来实现。而第二种需要更多地控制和设置热重载。

2. 访问异常细节

错误处理页面（在前面的代码中为 /app/error）是一个单一入口点，它不接收任何附加参数，并且需要我们自行尝试找出出错的原因。以下是该方法在控制器类中的可能实现：

```
public IActionResult Error()
{
    var exception = HttpContext.Features.Get<IExceptionHandlerFeature>()?.Error;
    var model = new ErrorMainViewModel(Settings, exception);

    // NOTE: You're recovering here, so log-level may be less than error
    // and the message may be customized
    Logger.LogWarning(exception.Message);

    return View(model);
}
```

HTTPContext.Features 服务可以检索到最后一次设置的错误。从那里，你可以检索到记录的异常并将其打包，以便后续的 Razor 视图使用。

3. 自定义异常类

使用特定于应用程序或团队的基础异常类可以让你灵活地构建错误页面，并使异常在可能很长的系统日志中更容易被找到。一个自定义的异常类可能不仅仅是一个简单展现不同名称的薄层代码。例如，下面是 Renoir 项目的一个例子：

```
public class RenoirException : Exception
{
    public RenoirException(string message) : base(message)
    {
        RecoveryLinks = new List<RecoveryLink>();
        ContinueUrl = "/";
    }

    public RenoirException(Exception exception) : this(exception.Message)
    {
        ContinueUrl = "/";
    }

    // Optional links to go after an exception
    public List<RecoveryLink> RecoveryLinks { get; }

    // Default URL to go from an exception page
    public string ContinueUrl { get; private set; }

    // Add recovery URLs (with display text and link target)
    public RenoirException AddRecoveryLink(string text, string url, string target = "blank")
    {
        RecoveryLinks.Add(new RecoveryLink(text, url, target));
        return this;
    }
    public RenoirException AddRecoveryLink(RecoveryLink link)
    {
        RecoveryLinks.Add(link);
        return this;
    }
}
```

仅仅展示一个能从异常中恢复的错误页面是不够的。如果这个错误是可以容忍的，并且用户可以继续在应用程序内操作，提供一份可单击链接的列表会更好。

4. 何时上报、重抛或吞没异常

通常，一个应用层类的多个操作是协同完成的。但是，如果其中一个方法——工作流中的一个给定步骤——失败并抛出异常会怎样呢？

在某些情况下，你可能希望整个工作流失败。在某些情况下，你可能更希望工作流继续执行到最后，并报告哪些步骤没有成功完成。这意味着，任何抛出的异常有三种可能的结果：

❑ 它不断上升，直到被应用程序的错误安全网捕获。

- 它被捕获并以不同的名称和/或信息（重新表述）重新抛出。
- 它被吞没了，消失得就像从未发生过一样。

现在我们探讨几个情境，从最常见的情况开始——代码发现了一些不一致的情况并抛出了一个异常，当前模块停止执行，恢复的责任转移到了调用者身上：

```
public bool TrySaveReleaseNote(Document doc)
{
    if (doc == null)
        throw new InvalidDocumentException()
            .AddRecoveryLink(...)
            .AddRecoveryLink(...);

    // More code
}
```

捕获异常可以像下面这样简单，只需设置一个空的 **try/catch** 块：

```
try
{
    // Code that may fail
}
catch
{
}
```

通常，代码助手会将上面这样的空 **try/catch** 标记为警告，这是有其原因的。然而，如果你是完全有目的地去这么做而不是仅仅为了压制一个讨厌的错误，那么吞没异常可能是可以接受的。改述并重新抛出一个异常的代码如下：

```
try
{
    // Code that may fail
}
catch(SomeException exception)
{
    // Do some work (i.e., changing the error message)
    throw new AnotherException();
}
```

特别是在应用层中，你通常希望屏蔽异常，但又需要跟踪并在响应对象中报告相关事实和数据。例如，假设应用层方法触发了一个三步骤的工作流程。以下是一段很有参考意义的代码：

```
public CommandResponse ThreeStepWorkflow( /* input */ )
{
    var response1 = Step1(/* input */ );
    var response2 = Step2(/* input */ );
    var response3 = Step3(/* input */ );
```

```
        var title1 = "Step 1";
        var title2 = "Step 2";
        var title3 = "Step 3";
        return new CommandResponse
                .Ok()
                .AppendBulletPoint(response1.Success, title1, response1.Message)
                .AppendBulletPoint(response2.Success, title2, response2.Message)
                .AppendBulletPoint(response3.Success, title3, response3.Message);
}
```

以上代码中的 `AppendBulletPoint` 方法是一个 HTML 字符串构建器，根据相关的 `CommandResponse` 对象的状态，创建由不同颜色的项目符号组成的消息（见图 5-6）。

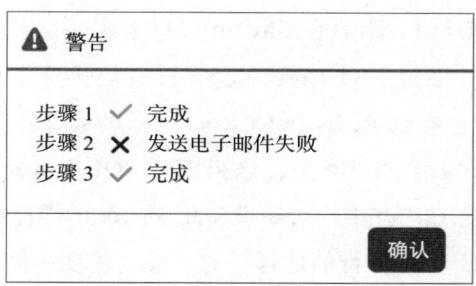

图 5-6　一个多步骤工作流中被静默的异常消息框示例

5.4.5　缓存及其模式

缓存是这么一种技术：它将频繁访问的数据存储在临时内存位置而不是原始来源中，以便更快速地访问。通常，缓存会将数据保存在内存中，减少了每个请求都需要查询数据库的需求。使用缓存机制可以提高系统的响应速度，并且可以减少处理时间和网络负载。

1. 内存缓存

在 ASP.NET Core 中，最基本的缓存形式是基于 `IMemoryCache` 接口构建的，它仅仅是存储在 Web 服务器内存中的缓存。`IMemoryCache` 仅仅是一个复杂的单例字典，可以共享给所有请求。字典里面的条目以键值对的形式存储。

`IMemoryCache` 不仅限于简单的读写操作，还包括诸如条目过期等高级功能。条目过期意味着每个存储的条目都可以被赋予一个（相对或绝对的）过期时间，并在某一时刻被移除。这样做可以控制缓存的大小并减少数据陈旧的情况。

当使用了 `IMemoryCache` 的应用程序在拥有多台服务器的服务器场中运行时，确保会话具有黏性是非常关键的。实际上，黏性会话保证来自同一客户端的请求总是被定向到同一台服务器。为了避免网络集群中的黏性会话，需要转向使用分布式缓存来避免数据一致性问题。

2. 分布式缓存

分布式缓存是指共享给多个应用服务器且存储于这些服务器外部的缓存。分布式缓存提供两个主要好处：

- 它通过将全局数据集中存放在一个地方来实现高效的数据共享，无论一个网络集群或云环境中有多少服务器。
- 它减少了从数据库等主要来源获取冗余数据的行为。

此外，将内存缓存转移到一个外部进程，能够优化响应时间，从而提供一个更高效的应用体验。

ASP.NET Core 通过 `IDistributedCache` 接口来统一缓存的编程模型，不管缓存实际使用的是什么存储方式。ASP.NET Core 本身并没有提供这个接口的实现。然而，有一些免费的 NuGet 包可用，也有如 Redis 和 NCache 这样的商业产品。此外，你还可以使用 `AddDistributedSqlServerCache` 类，该类使用 SQL Server 数据库作为其后端存储。Redis 和 NCache 把数据存储在内存中，与基于 SQL Server 的缓存相比，它们都显著地更快。

如今，内存缓存已经不再是可行的选择。对于任何需要中间缓存的情况，分布式缓存（如 Redis）已成为事实上的标准。然而，缓存的本地或分布式特性只是整个问题的一面。本地和分布式指的是数据的存储位置。相比之下，缓存模式指的是应用层代码如何检索缓存数据。有两种缓存模式：旁路缓存和写入式缓存。

提示

确切地说，ASP.NET 提供了一个在内存中提供分布式缓存的类：`AddDistributed-MemoryCache`。然而，它实际上并不能作为真正的分步式缓存，因为数据是保存在每个服务器的内存中。它仅适用于测试目的。

---

3. 旁路缓存模式

旁路缓存模式是一种极其流行的方法。使用这种模式时，当应用程序需要从数据库读取数据时，会先检查缓存中是否有该数据。如果在缓存中找到了数据（换句话说，发生了缓存命中），则返回缓存中的数据，并将响应发送给调用者。如果缓存中没有该数据（即发生了缓存未命中），应用程序会查询数据库以获取数据。检索到的数据会被存储在缓存中，然后返回给调用者。

旁路缓存模式仅缓存应用程序请求的数据，这使得缓存大小相当具有成本效益。此外，它的实现很简单，性能好处也立即显现。不过，值得一提的是，在旁路缓存模式下，数据只有在缓存未命中后才会被加载。因此，任何导致缓存未命中的请求都会因为额外的往返和数据库操作而花费更多时间来完成。

提示

尽管旁路缓存模式的有效性似乎是毋庸置疑的,但它并不是适用于所有情况。在请求的数据可能发生显著变化的情况下,保留之前请求的数据在缓存中会带来超出资源和性能的成本。在这种(相当边缘的)情况下,花更多时间优化数据库访问并完全跳过缓存层是一个更合理的做法。

---

4. 写入式缓存模式

在写入式缓存模式中,数据更新首先写入缓存,然后立刻传播到底层数据存储(例如数据库)。当应用程序修改数据时,它会更新缓存,并等待缓存更新成功提交到存储后,才确认写操作完成。这确保了缓存和数据存储保持一致。

尽管写入式缓存提供了数据完整性,并减少了数据丢失的风险,但它可能会由于必须等待数据同时写入缓存和存储而导致写操作的延迟变高。

5. 设置缓存位置

在分层架构中,缓存通常位于表示层和数据存储层之间。因此,应用层是首先可以考虑设置缓存的地方——也许。

通常,缓存机制会在数据请求从应用程序传达到数据存储层之前拦截这些请求。当有数据请求时,缓存机制会检查这些数据是否已经被缓存。如果已经缓存,那么缓存中的数据就会返回给应用程序,这样就避免了通过仓库访问原始数据源的需要。如果没有缓存,缓存机制就会从数据存储层检索数据,为将来使用而缓存它,然后再将它传递给应用程序。以下是一些用以说明这个过程的伪代码:

```
public AvailableDocumentsViewModel GetAvailableDocuments(long userId)
{
    // This is likely just one step of a longer workflow

    // Cache-aside pattern being used
    var docs = _cache.Get("Available-Documents");
    if (docs.IsNullOrEmpty())
    {
        docs = DocumentRepository.All();
        _cache.Set("Available-Documents", docs);
    }

    // Proceed using retrieved data
    ...
}
```

以上这段代码是行得通的,但有点过于冗长了,因为每次访问缓存数据的部分都重复了相同的几行代码。还有另外一种方法：将缓存程序嵌入到仓库中。具体代码如下：

```
public AvailableDocumentsViewModel GetAvailableDocuments(long userId)
{
    // This is likely just one step of a longer workflow

    // Cache injected in the data repository (as an instance of IDistributedCache)
    var docs = DocumentRepository.All(_cache);

    // Proceed using retrieved data
    ...
}
```

我们可以看到，第二种方法的代码要紧凑得多。从应用层的角度来看，只需要向一个对应方请求数据，代码十分简单！

提示

为了简化起见，这段代码虽然完全可用，但并没有使用依赖注入。依赖注入可以帮助你保持代码的清晰和更易于测试，但它并不增加编程能力。同时，它也会让构造函数变得臃肿并且难以阅读。虽然这种说法听起来可能很奇怪，但依赖注入是一种权衡，但清晰的边界是必不可少的。

---

6. 在缓存中组织数据

缓存是一个平面的键值字典。在分布式场景下，它也是一个远程字典。在这种情况下，任何缓存的数据都要通过网络传输，因此数据必须被序列化。序列化过程包括遍历现有对象，提取它们的数据，然后将这些数据转换成序列化数据。

这种方法的主要难点在于确保缓存对象可以序列化，无论是二进制还是 JSON 流。一个常见的问题是处理复杂对象中的循环引用。循环引用可能迫使你通过简单的 DTO 来处理数据，并且还需要添加另外一层适配器来与原生领域实体进行转换。

与序列化相关的是，如何将传统 SQL 数据库的实体－关系模型中的缓存数据扁平化为字典的键值空间。你可以考虑以下几种方法：

- 尝试使缓存数据与数据库表一一对应，并在内存中进行任何数据连接和分组。
- 创建临时的可序列化图，频繁使用它们，并按原样缓存它们。
- 使用领域实体而不是数据库实体组织数据，这些领域实体被各种用例使用。

在第一种方法中，在仓库中打包缓存是一个不错的选择。对于其他两种方法，推荐在应用层和基础设施/持久化层之间新增加一层，即数据访问层。如果缓存数据的结构类似于领域实体，那么数据访问层可以与第 7 章提到的领域服务层合并。

5.4.6 注入 SignalR 连接中心

SignalR 是微软开发的一款实时开源库，用于为 Web 应用程序添加双向通信功能。SignalR 能够实现实时更新和从服务器向连接的浏览器发送通知等功能。在这里，我想讨论一个场景，即建立一种机制，让后端能够通知客户端关于可能长时间运行的操作的进展情况，无论是端到端的操作还是发后即忘的操作。

1. 设置监测中心

我们可以在启动类的 `Configure` 方法中使用以下代码建立了一个 SignalR 中心。中心是一种高级编程抽象，作为服务器和连接客户端之间的主要通信管道。它是实时发送和接收消息的中心点。中心管理连接生命周期，包括建立连接、维持连接状态和重新连接。

```
App.UseEndpoints(endpoints =>
{
    endpoints.MapControllerRoute(
        name: "default",
        pattern: "{controller=home}/{action=index}/{id?}");

    // SignalR endpoint for monitoring remote operations
    endpoints.MapHub<DefaultMonitorHub>(DefaultMonitorHub.Endpoint);
});
```

SignalR 中心实际上是服务器端的一个类，它继承自库提供的 Hub 类。在这个 Hub 类中，开发者可以定义方法，这些方法可以被客户端调用来向服务器发送数据，同时也可以定义服务器调用以向连接的客户端回传数据的方法。大多数情况下，你只需要继承基类的核心服务即可。因此，对于单纯报告服务器操作的进度，你可以使用以下方法。

```
public class DefaultMonitorHub : Hub
{
    public static string Endpoint = "/monitorhub";
}
```

SignalR 需要在客户端页面上运行一些 JavaScript，以触发长时间运行的操作并接收有关进度的反馈。触发任务的控制器只需接收 SignalR 连接的唯一 ID。

2. 传播 SignalR 中心

以下是一个示例控制器，包括了如何处理 SignalR 连接，并报告从 Renoir 项目文档生成 PDF 文件的进度：

```
private readonly IHubContext<DefaultMonitorHub> _monitorHubContext;

public PdfController( /* other */, IHubContext<DefaultMonitorHub> monitorHubContext)
        : base(/* other */)
```

```
    _monitorHubContext = monitorHubContext;
}
```

通过 POST 调用的示例方法 **GeneratePdf** 接收标识 SignalR 打开连接的 GUID。它将连接的 GUID 和对中心的引用打包到一个容器类中，然后将其传递给协调长时间运行任务的服务方法。

```
[HttpPost]
[Route("/pdf/export")]
public IActionResult GeneratePdf(long docId, string connId = "")
{
    // Pack together what's needed to respond
    var signalr = new ConnectionDescriptor<DefaultMonitorHub>(connId, _monitorHubContext);

    // Invoke the potentially long-running task to report progress
    var response = _pdfService.Generate(docId, signalr);
    return Json(response);
}
```

ConnectionDescriptor 类是一个简单的 DTO，具体如下所示：

```
public class ConnectionDescriptor<T>
       where T : Microsoft.AspNetCore.SignalR.Hub
{
    public ConnectionDescriptor(string connId, IHubContext<T> hub)
    {
        this.ConnectionId = connId;
        this.Hub = hub;
    }

    public string ConnectionId { get; set; }
    public IHubContext<T> Hub { get; set; }
}
```

接下来发生的事情取决于长时间运行的任务是如何编排的。

3. 将通知发送到客户端浏览器

如果我们需要向用户界面报告一个可能会长时间运行的任务进度时，我们可以发送一条消息给客户端页面上的 SignalR 监听器，这条消息包括完成的百分比或当前步骤的描述。发送消息的代码是这样的：

```
public CommandResponse Generate (long docId,
           ConnectionDescriptor<DefaultMonitorHub> signalr)
{
    // Update status on the client
    signalr.Hub
           .Clients
           .Client(signalr.ConnectionId)
```

```
            .SendAsync("updateStatus", new object[] {"STARTING"});

    // Step 1
    ...

    // Update status on the client
    signalr.Hub
            .Clients
            .Client(signalr.ConnectionId)
            .SendAsync("updateStatus", new object[] {"STEP 1"});
    // More steps
    ...
}
```

本质上,你是在想要报告的操作步骤之间穿插更新消息。但如果步骤并没有完全在服务方法中执行怎么办?例如,如果一个步骤涉及对某个仓库的操作,其中包含多个重要报告的步骤,该怎么办?在这种情况下,你只需在仓库中也注入连接中心。

最后补充一下对 `updateStatus` 标志的说明:这仅仅是将会接收处理更新用户界面消息的 JavaScript 函数的名称,你可以根据实际情况修改。

5.5 应用层的边界和部署

在第 6 章提到的领域层是应用程序的核心,而应用层则是应用程序的神经中枢。无论是通过用户界面还是公开的 API 发出的请求动作,都由应用层从头到尾进行处理。

5.5.1 依赖列表

应用层需要与领域模型、基础设施层以及持久化层建立连接。如果实现了缓存数据访问层,那么它也需要访问这一层。同时,应用层不应依赖于 HTTP 上下文或认证详情。任何访问控制逻辑应当应用于控制器的入口。如果出于某种原因,应用层需要知道已登录用户的细节(例如,用户 ID)、cookie 项或请求头,这些必须以松散值的形式传递。

5.5.2 部署选项

应用层的编码方式有很多,它们都是合理的——除了常见的 Web 应用程序之外还有其他方法。接下来我们将讨论包括与 Web 应用程序紧耦合的三种方法。

1. 与 Web 应用程序紧耦合

最简单的方法是将服务以类的形式编码在 Web 应用程序项目中的通用应用程序(Application)文件夹下(见图 5-7)。这种方法是目前为止最直接、编码最快的方式。然而,它有一个缺点：因为代码位于同一个 ASP.NET Web 项目中，它与主 Web 应用程序共享相同的依赖关系。因此，这里完全靠自律来确保没有任何隐性的额外依赖悄悄滑入这一层。所以说，紧耦合有好（简单）也有坏！

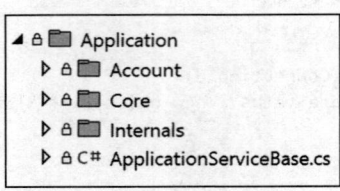

图 5-7　应用层的项目目录

2. 独立的类库

经过几十年的高级咨询和技术传播工作之后，我回到了（或者可能只是开始了）实际的核心开发工作。初始阶段，我们是一个五人的小团队，监控编写的代码的每一个方面既简单又不昂贵。因此，为了简单直接，我们的第一个项目将应用层与 Web 应用程序的其他部分紧耦合。

现在团队的规模已经是最初的五倍，监控代码的每一个方面变得更加困难。自律现在真的变成了个人自控的问题。我的观点发生了变化，紧耦合的应用层不再是解决问题的方法。相反，我们转而将应用程序作为一个独立的类库项目，然后放在与主 Web 应用程序相同的解决方案。这个方法也被选为 Renoir 项目的方案。

应用层作为一个类库，强制你显式添加外部依赖，并为审查者提供一种快速检查方式，以确定是否有错误或不必要地引用了某个东西——NuGet 包或嵌入的项目。

提示

作为类库实现的应用层可以方便地封装成一个内部 NuGet 包，从而在多个项目之间复用。但是，要注意的是，应用层设计上是与表示层耦合的。这意味着，虽然不禁止复用，但它不应成为你的主要目标。换句话说，在不同项目中复制应用层，无论是全部还是部分，本身并不是一件坏事。

---

3. 独立的（微）服务

类库与主 Web 应用程序在同一进程中运行，不会给云服务账单增加任何额外费用。由于它是在进程中运行的，与作为一个独立的、自主的服务部署相比，它还能提供更好的性能。但是，将应用层部署为一个独立的应用服务是一个合理的做法吗？通常情况下，这取决于具体情况。

让我们首先考虑这么一个场景，在这个场景中，你将整个应用层部署为一个独立服务。你只需将类库移到一个新的 ASP.NET Web 应用项目中，添加一个或多个控制器类或最小 API 端点，连接必要的点，然后就可以运行了。在这种情况下，任何部署的服务都有自己的部署管道、扩展策略和资源配置。这样做的好处是它允许团队同时处理不同的服务。但这样做的坏处是它增加了成本和维护操作，而且每次对应用层的调用都会经历网络延迟。

如果你想将应用层与应用程序的其余部分分离，那么你可能应该考虑将其拆分成更小的部分，朝着真正的微服务解决方案迈进。这是一个重大的决定，因为它涉及对现有架构的根本性改变，包括在某处增加消息队列和通过使用事务脚本或工作流实例实现事件驱动的业务逻辑。这并不像只是创建一个新的 Azure 应用服务并将应用程序部署到上面那么简单！

5.6　本章小结

应用层作为现代软件系统开发的关键基础，通过探索任务编排、横切关注点、数据传输、异常处理、缓存以及部署，本章为开发人员提供了构建健壮、可扩展且可维护应用程序所需的知识和洞察。通过掌握应用层的复杂性，开发人员可以解锁创新的新领域，并创建满足用户和企业不断发展需求的软件。

应用层在概念上与表示层紧密结合，理想情况下会根据使用的前端而有所不同。从历史上看，前端类型包括了网页、移动设备和桌面，但是 LLM 的近期大幅进步（其中 GPT 仅是最流行的一个），已经催生了第四种前端类型：基于聊天机器人的对话式前端（效果比以往都好）。

将应用层部署为独立的微服务意味着将一个单体应用拆分成更小、更易于管理的服务。通过这种方式，应用的核心业务逻辑和功能位于各个微服务之内。这促进了更好的模块化、可扩展性和可维护性，但也带来了一长串新问题。

本书讲述的是整洁架构，它本质上是一种分层架构。分层架构并不意味着微服务。尽管如此，本书的主要目的除了阐述整洁架构外，还在于解释和表示层与层之间边界的分隔。使用微服务是为了强制实现物理分离，而分层架构关注的是设计和逻辑分离。如果业务真正需要，你当然可以从分层架构过渡到微服务，但反之则需要完全重新设计。我最好的建议是考虑从模块化的分层（单体）架构开始，然后跟随业务的自然进化。

下一章将继续我们对分层整洁架构的探索，直达其核心部分：领域层。

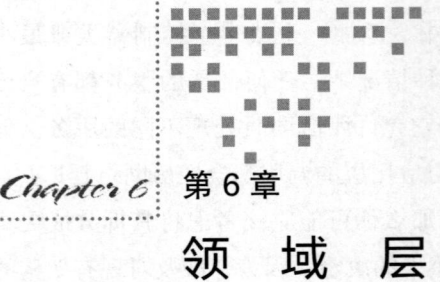

Chapter 6 第 6 章

领 域 层

> 我不是一名伟大的程序员，我只是一名有着一些优秀习惯的还不错的程序员。
>
> ——肯特·贝克（Kent Beck）

在 DDD 中，领域层的概念至关重要，它强调了理解业务核心领域，以及对其进行建模，这也说明了在技术与非技术相关方之间建立共识的重要性。通过聚焦于领域层，DDD 旨在以一种与现实世界紧密对应的方式，体现和实现业务逻辑，促进对问题更丰富、更具意义的表示。这有助于创建更易于维护和扩展的软件系统，并反映出它们所服务的业务领域的复杂性。

本章的目的是阐明与术语"领域层"相关的概念，并提供一套实用指南，指导读者创建模拟业务领域实体行为的 C# 类库。

6.1 分解领域层

从纯粹的架构角度来看，领域层专注于软件解决方案中核心业务不变的部分。然而与表示层和应用层不同，领域层不仅仅只有一个核心，相反，它有两个：业务领域模型和辅助领域服务。两者各自独立，但又密切相关。

6.1.1 业务领域模型

领域模型是对业务领域的概念性表示，其中实体和值对象相互关联，可模拟现实世界中的概念，并支持现实世界中的业务流程。业务领域模型是将业务需求转化为可运行软件的工具，或者也可以称为魔法。

从抽象角度来说，领域层中的模型只是在软件系统中表示业务领域概念的一个模型。模型的定义必须以软件形式实现，以便构建和运行应用程序，但它与任何已知的编程范式（如函数式或面向对象）无关。因此，领域模型就是业务领域的软件模型，通常（但不总是）被实现为一个面向对象模型。

此外，遵循 DDD 原则，面向对象模型并不是简单对象模型，而是带有一系列额外约束的对象模型。

1. 透视领域层

图 6-1 所示为从原始需求到领域层通过对 UL 的分析实施 DDD 的整体视图。通过理解业务语言可以找出限界上下文，并将整个设计拆分成适当的部分。每个限界上下文可以进一步划分为一个或多个模块，每个模块与一个领域模型和一系列领域服务相关联。

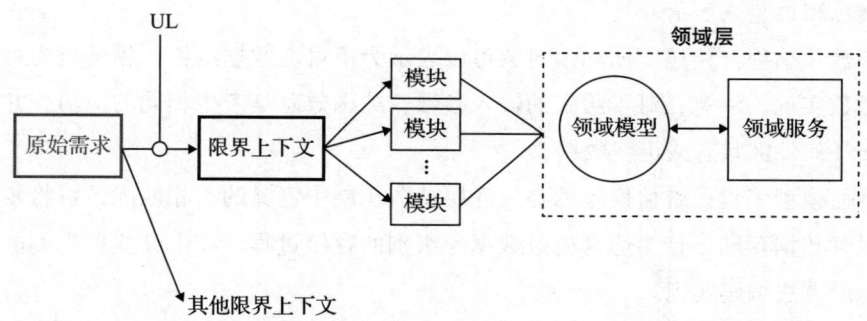

图 6-1　通过对 UL 的分析实施 DDD 的整体视图：从原始需求到领域层

图 6-1 如何与分层架构中的软件元素对应起来呢？限界上下文对应了整个应用程序，而模块则与应用服务密切相关。第 2 章提到，每个限界下文都拥有其各自的领域模型。既然现在我们已经更接近实现层面，这句话可以稍微修改成：每个限界上下文都拥有一部分领域模型。那么，现在我们更接近实现层面。换句话说，领域模型既可以是被多个限界上下文（甚至可能是多个不同应用程序）共享的单一工件，也可以为了方便起见，将领域模型分成若干组，使每个限界上下文各自拥有一组领域模型。该架构决策有助于构建一个服务于所有限界上下文的单一模型，同时不会使其过于复杂、脆弱或难以管理。

2. 领域模型的内部构造

在领域模型的范畴中，你会在软件中找到以下概念的对应物：

❑ 实体：表示领域中的主要成员，它们具有唯一标识和生命周期。实体拥有行为，并封装了与其状态和交互相关的业务规则。

- 值对象：表示领域中最核心的特性和属性，它们没有唯一标识且是不可变的。值对象用于封装复杂的数据结构，通常会被多个实体共享。
- 聚合体：出于如实反映业务流程的目的，可将一组实体和值对象组合而成单一集群。聚合体提供事务一致性，并在领域内定义边界，以强制执行业务规则和不变约束。

3. 领域模型范式

DDD 并没有规定必须使用特定的软件范式或编程语言。相反，DDD 提供了一套原则、模式和概念，以指导设计和开发一个能够准确表现业务领域的领域模型。因此，你可以根据开发团队的需求和偏好，使用多种软件范式来构建领域模型。以下是一些常见的选项，并按照流行度排序：

- OOP：这可能是最自然的范式，因为像实体、值对象和聚合体这样的概念很容易融入 OOP 范式的类中。同样，行为可以很自然地定义为类的方法，而关系可以通过继承和封装来表示。
- 函数式编程：领域实体和值对象可以表示为不可变数据结构，领域行为可以使用纯函数实现。注意，对于给定的输入参数，纯函数总是产生相同的输出，并且不依赖于任何外部状态或可变数据。
- 贫血模型编程：贫血模型的类与底层持久化层中定义的类相匹配，可将领域模型映射到数据存储。行为通常通过数据库级别的存储过程，或由某些独立类的公有专用全局方法编码实现。

你最终选择的软件范式取决于诸多因素，如所使用的编程语言和框架、团队的专业技能、领域的特性，以及项目的具体需求。

提示

在本书的剩余部分，当提到领域模型时，指的是面向对象的模型（除非另有说明）。

---

4. 领域模型持久化

从现实角度而言，所有领域模型都必须具备持久化功能，但它并不直接处理自身的持久化。事实上，尽管加载或保存数据等操作对于创建领域实体的实例和实现业务逻辑至关重要，但领域模型并不包括对这些操作的引用。

为了代表实体处理持久化，需要使用一种名为仓库的特定类型的组件。仓库负责管理实体的持久化。它们一般从领域模型外部被调用，比如从应用层或者从领域层内的其他组件（比如领域服务）被调用。仓库的具体实现属于一个单独的层。这个层可以是一个专门的持久化层（如在 Renoir 项目中所做的那样），也可以是更大、更通用的基础设施层中的一个模块。

提示

基于到目前为止的讨论，可以这样说仓库负责的工作是持久化实体。然而，仓库其实并不直接持久化实体，而是持久化一种叫作聚合体的实体子集，它们只是有时与普通实体相吻合。如果这听起来有些晦涩，不用担心，下面就会介绍聚合体和实体的概念。

---

5. 领域模型中的横切关注点

让我们考虑四个常见的横切关注点：校验、日志记录、缓存和安全性，并探讨它们如何影响领域模型的开发。实际上其中的缓存和安全性并不适用于领域模型。就缓存而言，它根本不是领域模型所关心的问题。至于安全性，应该在领域模型的入口处实施，使其成为更高层的责任。简单来说，任何未经授权的调用都不应触及领域模型。在入口处实施安全性意味着尽可能早地在调用栈中实施安全限制，通常是在用例初始阶段的应用服务中。

关于日志记录，决定记录什么以及在哪里记录完全取决于你。如果你认为从领域模型内部进行日志记录是必要的，那么将需要直接在领域模型中引用日志记录基础设施。然而，应该尽量避免在领域模型与日志记录组件之间创建强依赖关系，这样才能保持足够的灵活性和模块化。为了实现从领域模型进行日志记录而又不产生紧耦合，可以将一个日志接口注入模型类中。这样，领域模型就不知道具体的日志实现细节。相反，日志的具体操作可以在基础设施项目中完成，并且可以根据需要进行定制和配置。

最后，校验是领域模型的一个主要关注点。领域模型的类自身应该具备进行彻底检查的功能，并在遇到错误时抛出特定异常。领域模型不应该对传入并保存的数据保持宽容；相反，它应该在某些行为偏离预期时迅速发出警报。至于错误信息，领域模型应该定义自己的一套异常，并让更高层（如应用层）可以访问它们。应用层随后将决定如何处理这些特定领域的异常，既可以直接将异常传播到表示层，也可以重新抛出它们，还可以在内部处理掉异常。然而，错误信息的实际文本内容应该留给表示层构造。领域模型只需要聚焦于业务逻辑并确保应用的不变约束得到维护，而表示层更适合根据最终用户或特定的用户界面需求定制错误信息。

6.1.2 辅助领域服务

领域模型中的类与持久化无关，在初始化时它从外部接收要处理的状态。同时，领域模型中的类封装了数据，并通过方法暴露其行为。然而，并非所有情况都如此。一个领域所预期的全部行为很容易被扩散到多个类中，这就是辅助领域服务发挥作用的地方。

1. 填补行为缺口

辅助领域服务只是一些辅助类，它们的方法实现了不适合放在特定实体中的领域逻辑，或者（更有可能的是）跨越多个实体的领域逻辑。领域服务协调实体、聚合体和仓库的活动，目的是实现业务操作。在某些情况下（如在需要发送电子邮件或短信时），领域服务可能需要使用基础设施中的额外服务。

2. 桥接领域和基础设施层

所有业务领域都由流程构成，很难将这些流程映射到特定实体的单一行为上。有时，这些流程对于该领域至关重要，涉及专门的计算、数据聚合和数据访问。

你着手使用领域实体和聚合体的仓库来编写预期行为。如果某些功能无法自然地融入这些领域实体和仓库中，那么它们很可能是领域服务的绝佳候选者。当你需要一个独立的、特殊的代码块来连接领域层和基础设施层时，它也就成了一个领域服务。

具体而言，如果不需要持久化，领域服务可以是领域模型中的一个类；或者如果需要数据查询和更新操作，它可以是持久化层的一部分。这里有一个非常典型的适合使用领域服务的功能示例。想象一个在线商店通过发放积分来奖励客户的购买行为。当积分超过某个阈值时，客户的会员状态会发生变化，成为银牌或金牌会员。客户类中很可能会定义一个反映当前状态的属性和几个布尔方法，比如 `IsGold()` 和 `IsSilver()`。当从数据存储中查询客户类时，这些状态值来自哪里？它并不是客户的一种自然属性；相反，它是从系统中的客户购买行为衍生出来的信息。它可以通过以下两种方式中的任何一种来处理：

- 从数据存储中加载一个实体的实例时，运行一个单独的查询来检查购买列表和分配积分，确定客户的会员状态。
- 每当完成一次购买时，客户的状态就会被计算并保存到客户表（或者甚至一个单独的关联表）中。通过这种方式，可以保证用户状态始终是最新的。

无论使用哪种方法，你都需要一段代码能遍历购买历史并更新积分总和。这是最适合领域服务的工作。

提示

领域服务不包含状态。它们是无状态的，每次调用之间不会保持任何数据。它们只依赖于执行操作时接收的输入参数。

6.2 构建领域模型

领域模型是对领域概念和行为的表达。模型应该反映实际的问题空间以及支配它的规则,并使用 UL 来表达。从设计角度来说,领域模型中的实体与持久化层无关,假定后者将以某种方式填充数据。它们的状态通过代表业务行动的公有方法来改变,而不是通过在外部某个逻辑中修改模型的可写属性来改变的。简而言之,DDD 将设计重点从数据转移到了行为上。

重要提示

理解 DDD 所带来的转变的一个关键点是领域实体如何获取它们的状态。因为它们拥有决定工作状态的属性,所以领域实体绝对是有状态的对象。然而,这样的状态必须从存储中检索出来,并以某种方式注入领域实体的机制中。换句话说,实体根据状态展现行为,但状态本身是一个外部参数,状态的持久化由其他地方管理。下面将通过示例进一步进行阐述。

6.2.1 将焦点从数据转向行为

在主要由业务领域特性驱动的系统设计中(如 DDD),重点从直接映射数据库中的数据结构,转变为构建一个有意义、富有表现力的领域模型。但这样做的意义何在呢?

如果业务领域不够复杂,那么使用 DDD 就没有什么意义。对于相对简单的领域,DDD 不会实质性地带来颠覆性的好处。尽管 DDD 的原则普遍有效,且能让代码更加易于维护和灵活,但如果模型并不复杂,你将看不到任何具体的好处,代码的表现力也不会有任何提升。

尽管如此,采用领域驱动的方法仍有两大好处:一是能够处理不断增长的复杂性和细节,二是改善技术人员与非技术人员之间的沟通。这两大好处显然是相互关联的。

1. 持久不衰的以数据为中心的模式

自关系型数据库出现以来,构建软件系统的主要方法或多或少都会按照下面的步骤进行:

1)收集需求并进行分析,找出相互关联的实体和涉及的操作流程。

2)基于这一理解设计一个物理数据模型,这种模型几乎总是关系型的,用以支持这些业务流程。

3)在确保关系一致性(主键、约束、规范化、索引)的同时,针对模型中代表关键业务实体的数据表,构建软件组件。

4)有时会使用数据库特定的功能(比如存储过程)来实现实体的行为,同时对数据库结构在上层代码中进行抽象处理。

5）选择一个合适的数据表示模型，与表示层进行数据传输。

这种对业务领域建模的方法本身并没有错，它是一种成熟且经过验证的实践。更重要的是，它行之有效。此外，每个开发者都对它有所了解，因为所有编程课程中都会教授这种方法。

那么，为什么要从一种行之有效且稳定的做法转向一种不同的方法呢？毕竟新方法虽然拥有像 DDD 这样吸引人且高大上的名字，但仍然代表着进入一片未知之地。答案就在埃里克·埃文斯（Eric Evans）于 2003 年出版且极具影响力的书籍 *Domain-Driven Design: Tackling Complexity in the Heart of Software*（领域驱动设计：软件核心复杂性应对之道）的副标题中。

提示

关系型数据库模型是由在 IBM 圣何塞研究实验室工作的计算机科学家埃德加·F. 科德博士（Dr. Edgar F. Codd）在 1970 年提出的。科德引入了将数据表示为带有行和列的表格的概念，以及数据规范化、通过主键和外键在表格之间建立关系、以及使用查询语言（结构化查询语言，即 SQL）与数据交互等原则。这项工作为现代 RDBMS 的发展奠定了基础，如今，这类系统在软件产业得到了广泛应用。

我与 DDD 的渊源

我从 2006 年开始学习 DDD。坦白说，最初我的兴趣主要是因为需要随时掌握前沿话题来写作和与人讨论。然而，我发现 DDD 很有吸引力，于是决定在一些小型项目中尝试使用它。

那是我犯下的第一个错误。在小型项目中，人们实际上体验不到 DDD 的强大力量。我的第一个项目是一个典型的待办事项应用程序，我把所有时间花在试图弄明白哪些应该被视为实体，哪些应该被视为聚合体或聚合根。我还努力挣扎着尝试理解持久化的意义，"是什么加载和保存了实体的状态？"

然而在某个时刻，我对 DDD 的理论和实践终于有了清晰的认识。这对我撰写有洞察力的书籍和文章非常有帮助，但我仍然缺乏那种直接的能让我真正感受到 DDD 魅力的经验。为此，我知道我需要等待一个机会，一个在复杂项目上夜以继日工作的机会。

2020 年，当我的公司开始为一个重要的职业网球巡回赛构建一个新的实时记分平台时，机会来了。这个平台的终极目标是在每场赛事的每场比赛中，将裁判员平板计算机上的每一次触屏转化为数据，并将其传输到一个中央枢纽，该枢纽为博彩公司提供服务。为了实现这一目标，需要处理诸如比赛日程、球员、裁判、球场、参赛名单、抽签、赛程和比赛等多个实体。此外，还有各种其他实体来支持特定的业务规则和流程。而且每年在新赛季开始时（有时甚至是在赛季中期），我们还需要更新规则和流程。

最终，我们将整个业务领域划分为三个主要的限界上下文，每个上下文由一系列独立部署的服务组成，这些服务大多数是承载 ASP.NET Core 应用程序的 Azure 应用服务。领域模型在项目中非常重要，它由单个团队维护，遵循了第 2 章讨论的客户方/供应方关系，并发布成所有关联项目共享的内部 NuGet 包。转向关注实体行为的做法使我们避免了陷入需求、实现和误解的困境之中。

2. 模型定义以及为何需要模型

在软件相关的讨论中使用"模型"一词是有风险的。它的含义完全取决于上下文，因此很有可能无法给出准确的定义。DDD 中的模型是对业务领域的一种表示。在"业务领域"这个词中，关键在于"业务"而非"领域"。为领域构建的模型必须忠实有效地反应核心业务。

举个例子。假设你正在开发一个物流应用程序，需要计算世界上两地之间的最短距离。为此，你可能会使用一个现有的服务，例如必应地图、谷歌地图、ESRI 或 OpenStreetMap。但这些服务内部是如何工作的呢？它们使用的是世界在地图上的图形化表示，但那并不代表真实世界！

主要的在线地图提供商使用的是 Web Mercator，它是自 16 世纪以来使用的原始墨卡托投影的一个经过修改且适配 Web 的版本。Web Mercator 投影使得在网页上展示地图数据变得容易，就像原始的墨卡托投影特别适用于航海导航一样。然而，墨卡托投影是一个世界地图的模型，它并不能真实反映真实世界的模样。实际上，它扭曲了面积和长度，越靠近两极，比例尺增加的幅度越大。这导致某些区域看起来比它们实际的更大或更小。例如，格陵兰看起来与整个南美洲一样大，而实际上南美洲的面积是格陵兰的八倍多。然而，由于墨卡托投影测量航向和方位角的角度保持恒定，它对于航海制图极具价值。尽管它根本不适用于作为对世界地图的精确展现，但它有效地服务了其特定的目标。

地图提供商需要一个模型来表示地球表面各点之间的距离和路径，但并不需要这个模型原原本本地反应出真实世界。相反，他们使用了一个特定于具体业务领域的模型。

3. 持久化无关性

持久化无关性是 DDD 的一项原则，它主张保持领域模型类与持久化层的相对独立。领域模型类不应该直接知道它们如何被存储到/如何取自数据库或存储设备。同样，它们也不应该暴露需要调用持久化层去执行保存或实例化操作的方法。

通过坚持持久化无关性，领域模型专注于表示业务领域及其行为，而不受特定持久化机制的约束。这种关注点的分离为代码库带来更大的灵活性和可维护性。处理持久化的责任通常委托给专门的基础设施层或仓库，它们与领域模型互动来处理数据库操作，确保领域模型类无须关心持久化问题。

通过解耦领域模型与持久化层，代码变得更容易复用和测试，也便于阅读和理解。这促进了更好的 SoC，防止领域逻辑被持久化代码污染。

6.2.2 领域模型的组成部分

DDD 领域模型的基本构件包括实体、值对象和聚合体。实体代表业务领域的一个概念；值对象代表特定于业务的基元类型；而聚合体则是一组关联实体的集群，为了业务和持久化的便利将它们作为单一聚合单元进行处理。与它们紧密相关的组件有领域服务（它们封装了不属于实体或值对象的领域逻辑）和仓库（它们处理领域实体的持久化）。

1. 领域实体

所有业务概念都有自身的属性，但并非所有概念都能通过自身的属性集合来体现这个业务概念的唯一性。当属性不足以保证其唯一性，同时在特定业务概念中唯一性又很重要时，我们在 DDD 中就会引入领域实体。换句话说，如果业务概念需要一个 ID 属性以在整个生命周期内跟踪它，那么此概念就需要一个身份，于是它也就因此可以被认为是一个实体。

领域实体的关键特征包括：

- 可标识性：每个实体都拥有一个在其生命周期内保持不变的独特标识。这个标识通常由一个唯一识别符表示，比如一个 ID 或者一组能够唯一标识实体的属性组合。一旦这个标识被保存到关系型数据库表中，它往往成为主键。
- 可变性：实体具有可变性，这意味着它们的内部状态是可以随着时间的推移而变化的。我们可以通过实施一系列符合特定行业标准的业务规则和操作，来修改实体对象。这些修改操作通常在代码中以方法的形式出现，而属性则应当设计为公有只读属性。
- 生命周期：实体具有生命周期，以创建开始，并以可能的删除或归档结束。它们能够独立存在，并且可以与领域内的其他实体关联。持久化在领域模型之外进行管理。
- 一致性：实体通过强制实施不变约束和业务规则来保持领域内的一致性。实体的行为和属性被设计成确保领域保持在有效状态。不过，一致性可能是为了实用主义而被迫牺牲的第一个约束。

在实现层面，将业务概念识别为一个实体是否会改变一些事情？在面向对象的领域模型中，实体通常是一个简单的类，它具备一些可选但推荐的特征，例如从通用基类继承的通用行为。

2. 领域值类型

值类型（或值对象）表示一个更简单的业务概念，它具有属性但不具备独特标识。换句话说，值类型完全由其属性的值来定义。

值类型的关键特性包括：

- 不可变性：值类型是不可变的。它们的状态在创建后不能改变。如果需要修改一个值对象，就只能创建一个带有更新属性的新的值对象。
- 基于属性的相等性：值类型的相等性是基于它们的属性值而不是它们的业务标识来确定的。如果两个值对象的所有属性值都相同，则认为它们相等。
- 没有生命周期：值类型没有明显的生命周期。它们在需要时被创建，不再使用时被丢弃。它们经常被用作实体状态的一部分或用在聚合体内部。
- 一致性和不变约束：值类型可以强制实施与其属性相关的不变约束和业务规则。这些规则确保值对象始终保持在一个有效的状态。
- 不可变集合：值类型经常包含其他值类型或基础数据的集合。这些集合通常是不可变的，即集合内的元素不能被直接修改。

一个典型的值类型例子是用来表示货币金额的 Money 值对象的概念。每个 Money 值对象可能拥有诸如 `CurrencyCode` 和 `Amount` 等属性，并且可以基于属性值进行比较以进行相等性判断或用于计算。由于 Money 值对象是不可变的，像加法或减法这样的操作会生成包含新值的新 Money 实例，而不是修改原始 Money 实例。

提示

值类型是特定业务的基元类型。通用编程语言具有像 int 或 string 这样的基元类型，这是因为编程语言本身并不是为了构建特定业务场景的应用而设计的，而是出于一种通用目的和面向数学的思维模式而设计，这使得它们足够灵活，能够适应任何业务场景。然而在真实的业务领域中常常会有一些概念，虽然它们也可以被直接表示为 int 或 string，但又并非是通用意义上的数字或者文本表达式。在业务领域，你可能会遇到温度、质量或数量这样的概念，它们虽然可以通过像 int 这样的编程语言基元类型来表示，但在业务领域内，它们是一种具有自身独特概念的"基元类型"。这就是值对象发挥作用的地方。

---

3. 聚合体和聚合根

术语"聚合体"的抽象概念是指将多个领域实体聚合在一起而形成的一个具有明确边

界的单一单元。聚合的主要目的是在领域内强制实施一致性和不变约束，确保聚合体内的实体保持在有效且一致的状态。

相比之下，"聚合根"是指聚合体内的一个特定实体，它是访问和操作聚合内其他对象的入口。聚合根是唯一可以从聚合体外部访问的对象，它确保对聚合内对象的所有修改都以一种受控且一致的方式进行。

聚合体的主要特性包括：

- 一致性边界：聚合体内所有领域实体都被设计为遵循该聚合体的不变约束和业务规则。
- 事务边界：聚合体内的实体变更被视为一个工作单元，这些变更要么作为一个整体被持久化到数据库中，要么整体回滚。
- 隔离：聚合体内的实体与聚合体外的对象是隔离的。只有通过聚合根才能访问聚合体内的对象。
- 关系：聚合体可以与其他聚合体建立关系，但这些关系通常是通过引用聚合根而不是直接访问聚合体内的对象来实现的。

作为一个聚合体的例子，设想一个在线书店拥有两个领域实体：Book 和 Author。在这个领域中，每本书都可以有一个或多个作者。聚合体的伪 C# 代码如下所示：

```csharp
class Book : IAggregateRoot
{
    // Book properties
    int BookId { get; private set; }
    string Isbn { get; private set; }
    string Title { get; private set; }
    :

    // Authors
    IReadOnlyCollection<Author> Authors { get; private set; }

    // Book methods
    Book SetTitle(string title)
    { ... }
    Book AddAuthor(Author author)
    { ... }
    :
}
```

伪代码中的 **IAggregateRoot** 接口不必是一个具有真实契约的完整接口。它可以只是一个简单的标记接口，用于以某种方式标记一个类。例如：

```csharp
public interface IAggregateRoot
{
    // Marker interface, no members
}
```

这种标记接口仅用于限制通用仓库类只接受聚合根类：

```
public class BaseRepository<T> where T : IAggregateRoot
{
    ...
}
```

提示

聚合体应该定义为一个专门的聚合类（例如 **BookAggregate** 类），还是在根实体内部直接实现聚合（也就是在聚合根中直接包含其他子聚合）？在我考虑过的所有实现中，我从未使用过单独的聚合类。直接指定根实体为聚合根的选项也更接近现实世界中使用 EF 进行持久化的情形。在这种情况下，聚合由数据库层面的数据表关系和约束产生。

---

4. 将状态加载到领域实体

基于持久化无关性原则，领域实体的设计不应该允许直接访问存储或通过引用软件包间接访问存储。这是正确的，但例如，Book 实体的实例要从哪里获取状态，使其能包含作者、ISBN 和标题等信息呢？由于实体的持久化无关性，状态必须被加载到领域实体中（见图 6-2）。

图 6-2　由于实体的持久化无关性，所有状态都必须被显式注入

一种选择是在实体类中加入一个公有构造函数，这样就可以通过它设置所有数据，就像这样：

```
public Book( /* all properties forming a valid state for the book */ )
{ ... }
```

为了能直接使用，这种构造函数的访问范围必须是公有的。为避免误用，应该清楚地在文档中声明它仅用于数据构建，不应在其他场景下使用。或者，你可以考虑使用工厂模式。

在面向对象领域模型的实际实现中，你可能希望利用像 EF Core 这样的对象数据库映射库，它能自动处理数据填充过程。在基础设施层中，可以直接从数据库查询领域实体。为了便于实现这一过程，请为每个属性添加私有的构造器，并定义一个私有的默认构造函数。然后，EF 将使用默认构造函数实例化对象，并使用反射填充其属性。（你会在本章后面看到这种操作的演示。）

6.2.3 Renoir 项目的领域模型

Renoir 项目的领域模型以 C# 类库的形式在主解决方案中实现。如果想在更大的限界上下文中与其他项目共享它，可以配置构建流水线将其生成并部署为 Azure DevOps 中的私有 NuGet 包。（将类库作为程序集或公开 NuGet 包共享也是一个可选项。）

1. 依赖项列表

领域模型类库没有依赖其他项目。为了便于使用，它引用了一个自制 NuGet 包——Youbiquitous.Martlet.Core 包，这个包提供了一大堆扩展方法，用于处理诸如数字、字符串和日期等基元类型。如果需要实现显示文本与代码分离的资源字符串功能，可以将资源字符串文本放置在嵌入项目的一个资源中，或者对于更大的项目，可以链接到特定的资源项目。

关于项目的目标，你必须决定是选择 .NET Standard 还是特定版本的 .NET Core 框架。通常来说，.NET Standard 被设计为跨平台兼容且能促进不同 .NET 平台之间的代码共享。如果你的模型旨在 .NET Framework、.NET Core、MAUI、Xamarin 等框架之间共享使用，那么选择它吧。另外，如果你的库专门是为某个特定的 .NET 实现而设计的，比如 .NET Core 8，你可能会考虑直接针对特定框架版本。这种方法可能提供了额外的优化机会或使你能够利用平台特有的功能。

2. 库的组成部分

Renoir 项目的领域模型围绕着几个实体和几个聚合体来构建。所有实体都继承自同一个基类，基类提供了一系列预定义属性和可覆盖方法。项目中的实体包括：

- 产品：指创建版本和路线图文件的软件产品。一个产品不从属于任何更大的聚合体，它是一个具有自身唯一标识和生命周期的简单实体。
- 版本说明：表示一个版本说明文件，由多个版本说明条目实体组成。从这个角度而言，它是一个聚合根。它还引用了一个产品实体。
- 路线图：代表一个路线图文件，由多个路线图条目实体组成。从这个角度而言，它是一个聚合根。它还引用了一个产品实体。

Renoir 的领域模型还包括两个部分：与成员身份相关的类（用户账户、角色和权限）以及与实体之间的绑定相关的类，这些绑定对于授权层的持久化是必要的（用户到产品、用户到版本说明、用户到路线图之间的绑定）。

3. 持久化驱动的集合体定义

领域模型库应该被设计为不依赖任何特定的 ORM 框架（见图 6-3）。理想情况下，你拥有一个领域模型和一个完全自由设计的持久化层，以及一些进行必要转换的中间层，由此可方便保存和读取数据（见图 6-3a）。采用这种方法，你不仅是在构建一个领域模型，还同时构建了一个映射器以及围绕数据存储的所有封装组件（比如存储过程）。模型可以完全遵守 DDD 原则进行设计，有专门的代码负责理解它并将其映射到存储结构。要保存到存储，你仍然可以使用 ORM。

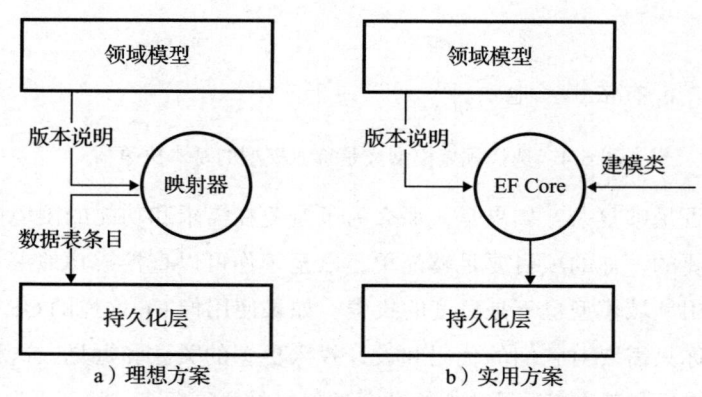

图 6-3　由映射器负责将领域类转化为存储条目

一个更实用的方法是使用像 EF Core 这样的功能强大的 ORM 工具来简化操作，代价是会稍微影响模型的纯粹性。图 6-3b 显示，通过使用 EF Core，只需要一个模型和一个建模类，就可以以声明的方式建立实体和数据库对象之间的对应关系。当使用这个方案时，出于便利考虑，经常会在 ORM 中做出一些小小让步以便于模型的序列化。例如，你可能需要定义一个隐藏的构造函数或者引入一个附加属性和一些脚手架，以启用数组或枚举类型的序列化。属性设置器的访问范围可以是私有的，但它必不可少。

我们的最终目标是创建一个尽可能不依赖（理想情况下是完全不依赖）于基础设施层的领域模型。虽然由于特定的序列化需求或其他实际考虑，保持完全独立可能并不总是可行，但一个现实的目标是将领域模型对基础设施层的依赖性保持在绝对最低限度。在 Renoir 项目中，我们选择了一种务实的方法，作为领域模型呈现的同一套模型也被用作让 EF Core 将数据持久化到数据库的持久化模型。

6.3　领域漫游指南

使用领域模型而非贫血类（贫血类本质上就是 DTO）并不能保证更快的开发速度或者写出没有错误的代码。这种做法的好处是更好的代码可读性以及随后处理复杂性的潜力。图 6-4 所示为选择领域模型或是贫血模型的基本决策树。

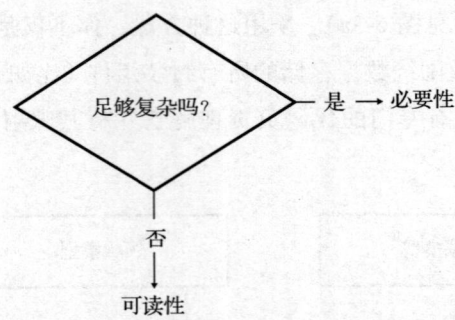

图 6-4　选择领域模型或是贫血模型的基本决策树

你的项目是否足够复杂？如果是，那么为了避免在需求和功能的困境中挣扎，选择使用领域模型是必要的。你的项目要足够简单，以至于你可以直接成功地编写功能代码。即便如此，学习使用领域模型也不是过度的投资。如果使用像 EF 这样的 ORM，你已经有了一堆现成的类；你只需要对它们的代码和设计投入更多的关注和远见。这种做法并不是为了成为一个伟大的开发者或有远见的架构师，这仅仅是关乎拥有"好习惯"。

> **提示**
>
> 现代商业中，复杂性是一个单调递增的函数，随着你从一个项目跳转到另一个项目，或者随着同一个项目的发展和扩展，复杂性不断上升。

6.3.1　治疗软件贫血症

软件贫血症通常通过类中存在的行为数量来评估。在一个仅仅基于数据库结构而产生的模型中，通常存在很少的行为，这使得模型变得贫血。然而，软件贫血症真的是一个严重的问题吗？

1. 技术威胁

在人体中，贫血是由红细胞缺乏引起的，红细胞负责将氧气输送到身体组织来提供活力和能量，所以贫血会导致疲劳。在软件领域，贫血意味着缺乏应对变化的能量，但它并不被视为一种疾病。如果开发团队能够管理好领域的复杂性及其演化，贫血模型仍然可以有效地运作。

从根本上来说，贫血模型本身并不是一个错误。但就像达摩克利斯之剑一样，它对你的代码构成了威胁。根据希腊神话，达摩克利斯坐在宝座上，一把巨大的剑悬挂在他头上，仅由一根头发支撑。这个比喻很贴切：只要剑保持悬挂在空中，就万事大吉。因此，贫血模型不是确定无疑的技术债务；相反，它是一种技术威胁，有一天（在不久的将来）它可能成为技术债务。出于这个原因，DDD 专家们认为模型不应该是贫血的。

2. 优先选择方法而非属性

DDD 原则中强调行为的目的主要有两个：一是创建具有公有接口的对象，这些对象与现实世界中可观察到的实体非常相似；二是促进更容易的建模，使其与通用语言的名称和规则保持一致。

在建模时，一种逆向思维驱使我们首先关注属性，这或许是因为关系数据模型总是引导着我们的学习路径。我们会使用具有公有获取器和设置器类属性来标记模型属性。在这之后，再添加能够改变属性状态的方法似乎毫无用处。但这正是需要改变的地方。

这里有一个简单的例子。假设有一个 UserAccount 类，它模拟了某个软件系统中注册用户的概念。用户忘记了密码，系统设法重置了密码，用户存储的状态应该变更为包含一个密码重置令牌以及请求重置的时间，然后，用户会收到一封带有包含令牌链接的电子邮件。当用户单击该链接时，系统使用令牌确认身份，检查链接的有效期，并设置新密码。

你可能会使用这样的代码，来对初始请求引起的状态更改进行编码：

```
user.PasswordResetToken = Guid.NewGuid();
user.PasswordResetRequested = DateTime.UtcNow;
```

但是改成使用下面这种方法怎么样？

```
User.RequestPasswordReset();
```

方法的内部只包含上面所展示的两行设置属性的代码。有什么不同吗？你从以数据为中心的视角转变为以行为为中心的视角。可读性体现在哪里？体现在操作名称上。可维护性体现在哪里？体现在能够通过简单地重写方法就能改变密码重置的实现方式的能力中。

6.3.2 实体类的共同特征

一个领域实体是一个简单的 C# 类，旨在包含数据（属性）和行为（方法）。虽然实体可能有功能性的公有属性，但它不应该仅仅被视为一个数据容器。

1. 一般性指导原则

以下是使用 C# 类作为领域模型时应遵循的一些通用原则：

- ❏ 行为通过方法（包括公有和私有方法）表达。
- ❏ 状态通过只读属性暴露。
- ❏ 限制使用基元类型，鼓励使用值对象。
- ❏ 相比于定义多个构造函数，更推荐使用工厂方法。

首先明确一点：这些只是指导原则。举个例子，使用基元类型而非值对象，使用构造函数而非工厂方法，并不会导致任何项目失败。尽管如此，指导原则的存在是有其目的的。引用字典中的定义，指导原则是一套全面的推荐指南，为有效和适当地执行任务或做出决策提供指导和方向。它是达到期望结果或标准的参考做法。

2. 顶层基类

Renoir 项目有一个顶层基类，用于实体，为所有派生类提供了审计、状态校验和软删除的功能。以下是代码：

```
public partial class BaseEntity
{
    public BaseEntity()
    {
        Deleted = false;
        Created = new TimeStamp();
        LastUpdated = new TimeStamp();
    }

    protected bool Deleted { get; private set; }
    public TimeStamp Created { get; private set; }
    public TimeStamp LastUpdated { get; private set; }
}
```

示例中的 `TimeStamp` 类是一个辅助类，用于记录是谁以及何时进行了状态变更（包括创建或更新）。以下是保存到另一个局部文件中的方法列表：

```
public partial class BaseEntity
{
    public virtual bool IsValid()
    {
        return true;
    }

    public bool IsDeleted()
    {
        return Deleted;
    }

    public void SoftDelete()
    {
        Deleted = true;
    }

    public void SoftUndelete()
    {
        Deleted = false;
    }
}
```

特别是，`IsValid`方法可以被派生类重写，以添加特定实体必要的任何不变逻辑。

3. 对标识符信息的需要

领域内每个实体通常都被期望具有一个独特的标识符，用于将其与其他实体区分开来，即便它们具有相同的属性值。例如，领域模型中有一个`Person`类，每个单独的人都拥有一个唯一标识，通常由一个 ID 或一组属性组合作为它的唯一标识符。实体的标识符让系统可以跟踪和管理单个实例，支持诸如检索、更新和删除等操作。

标识符的类型因实体而异。大多数情况下，它的类型是 GUID、递增数字、字母数字字符串，或者这些类型的某种组合。

4. 针对特定应用的基类

针对特定应用的实体基类还能在核心实体基类之上添加什么？除了要将基类放在一个单独的库或包中之外，可以添加的并不多，对于任何一个特定应用，实体基类都大同小异，需要的更多或更少。只要所有的源代码都在领域模型类库中，另一个应用的基类就可以添加一些对它而言重要的东西，特别是有多租户应用程序中。在这些情况下，租户的身份可以被封装在应用程序的领域基类中，由所有其他实体共享。除此之外，还可以添加一些辅助方法，以下是一个例子：

```csharp
public class RenoirEntity : BaseEntity
{
    public RenoirEntity()
        : this(new Tenant())
    {
    }

    public RenoirEntity(Tenant owner)
    {
        Owner = owner;
    }

    [Required]
    [MaxLength(30)]
    public string OrganizationId
    {
        get => Owner.OrganizationId;
        set => Owner.OrganizationId = value;
    }

    [Required]
    [MaxLength(30)]
    public string DeptId
    {
        get => Owner.DeptId;
        set => Owner.DeptId = value;
    }
```

```
    public int Year
    {
        get => Owner.Year;
        set => Owner.Year = value;
    }
    public Tenant Owner { get; protected set; }
    public string ToName()
    {
        return $"{Owner}";
    }
}
```

租户标识符被定义为包括组织、部门和年份的三元组。所有继承自 `RenoirEntity` 的类都会得到 `Owner` 属性及一些辅助方法。

5. 数据标注的使用

在前面的代码片段中，你可能已经注意到，我们使用特性对一些属性进行了标注，比如 `Required` 和 `MaxLength` 属性。这些特性是 .NET Core 的一部分，具体来说，属于 DataAnnotations 命名空间。要使用它们，不需要向领域模型类库添加任何外部依赖项。

那么为什么要使用它们呢？作为装饰符，它们不会给你的代码增加任何特殊功能。然而，这些装饰确实帮助了 EF 的代码将领域类映射到数据库结构，以确定要使用的列属性。特别是，`MaxLength` 可以避免将你的 nvarchar 表列设置为 MAX。除非指定了 `MaxLength`，否则 EF 会为字符串属性生成类型为 nvarchar(MAX) 的表列。

不过要注意的是，通过 `Required` 和 `MaxLength` 特性在数据库结构上实现的效果，也可以在基础设施层实现对象关系映射的类中，使用流式代码来实现。（更多内容见第 8 章。）

重要提示

将字符串表列设置为最大可能长度（2 GB）简化了数据处理，因为你不必担心要存储的字符串有多长。但同时，你必须谨慎使用 nvarchar(MAX) 字段。实际上，除非能证明其合理性，否则应当将使用 nvarchar(MAX) 视为一个错误。在字段中存储大量数据相比于使用固定长度字段，可能会降低性能查询或索引表的性能。此外，它可能会显著增加数据库的大小，影响备份、恢复和存储操作。最后，大型 nvarchar(MAX) 字段可能导致页面碎片化，影响数据检索性能。

6.3.3 代码礼仪

尽管整洁代码并没有一个准确的定义，但其结果是明确的。整洁代码就像一本写得好的小说那样娓娓道来。易于阅读的代码便于理解，从而实现低成本高收益的维护和扩展。代码从不属于某一个人，在某个时候，其他人也需要获取到那段代码。除了代码的功能有效性之外，可读性介于礼貌和职责之间。这是一种代码礼仪。

本节包含了10条值得仔细考虑的基本编码建议。这些建议包括减少嵌套、最小化循环、简化复杂逻辑、避免使用硬编码数字，以及在代码中优先考虑简洁和清晰。遵循这些规则可以确保你不会违反代码礼仪。

1. 早返回原则

早返回原则要求代码在满足某个条件或获得特定结果时，立即从方法返回。与其使用嵌套的 if...else 语句，不如使用早返回来分别处理每种情况。以下是一个例子：

```
public string BuildReport(int year)
{
    if (year < 2021)
        return null;
    // Proceed
    ...
}
```

与早返回原则相关的是方法的前置条件。在每个方法的开始，一个良好的实践是快速排除所有已知的不可接受或不支持的情况，并直接返回默认值或抛出异常。

2. 减少 if 嵌套

作为一种条件结构，if 语句与循环和赋值一样，是编程的基石。但在现代代码中，由于其丰富的细微差别和复杂性，传统的 if...then...else 语句虽然对控制代码流程至关重要，但显得过于冗长且太占空间。为了减少 if 污染，你有三个非互斥的选项：

- 反转条件：如果 then 分支比 else 部分大得多，反转检查的条件，应用早返回原则，减少一层嵌套。也就是说，将 else 分支提前为检查条件，然后直接编写 then 分支的代码。
- 使用 switch 代替 if：if 和 switch 都是条件语句。if 按顺序处理多个条件，并执行第一个为真的分支。然而对于一大组条件，switch 的语法更简短也更清晰。switch 非常适合基于离散值的决策，而 if 提供了更大的灵活性。人类天生倾向于以 if 为思考方式，但当需要处理三个条件时，转向 switch 是一个选择。
- 合并多个 if 语句：将业务规则转化为代码时，我们通常会逐步推理，有时每个推理步骤都是一个 if 语句。我们可能意识不到将两个甚至更多的 if 条件合并起来，其实并不会影响结果。合并 if 语句可以减少条件和分支的数量，使代码更清晰。

3. 模式匹配

在 C# 的最新版本中，模式匹配已成为一项极其灵活的特性，它通过匹配数据的形状、结构或属性来进行条件检查。模式匹配远远超出了传统的等式检查，能有效地处理不同类型的结构。

使用模式匹配可以将 `is` 和 `when` 运算符与传统的条件语句（如 `switch` 和 `if`）结合起来，编写简洁、易读的条件语句；否则这些条件将更加复杂，难以理解。以下是一个示例：

```
if (doc is ReleaseNote { RelatedProduct.Code: "PUBAPI" } rn)
{
    // Use the rn variable here
}
```

上面示例中的模式匹配执行了多个操作。首先，它检查变量 `doc` 是否是 `ReleaseNote` 类型，然后检查表达式 `RelatedProduct.Code` 是否等于 `PUBAPI`。如果这两项检查都成功，它将返回一个名为 `rn` 的新变量，用于处理产品 `PUBAPI` 的版本说明文档。

然而，模式匹配还提供了更多的灵活性。假设你需要将以下业务条件应用于搜索操作：在 2015—2022 年之间、但不包括 2020 年发布的所有文档。下面这种传统风格的代码可以正常工作：

```
if (doc != null &&
    doc.YearOfRelease >= 2015 &&
    doc.YearOfRelease < 2023 &&
    doc.YearOfRelease != 2020)
{
    // Do some work
}
```

下面演示了如何将上面的代码以模式匹配运算符进行改写：

```
if (doc is
    { YearOfRelease: >=  2015 and
                     <   2023 and
                     not 2020 })
{
    // Do some work
}
```

这段代码和前面描述检查业务条件的文字段落非常相似。

总体而言，我认为模式匹配的问题在于其极其灵活的语法可能比简单的 `if...then...else` 语法更难掌握，即使对于经验丰富的开发者也是如此。然而，代码助手工具在默默建议类似的更改方面做得非常出色。（稍后将对此进行更多讨论。）

4. 使用LINQ（Language Integrated Query，语言集成查询）减少循环语句

LINQ的语法类似于自然语言，使表达查询的意图变得更加容易。此外，LINQ可以将多个操作链接在一起，创建一个操作管道。这使开发者能够将复杂任务分解为更小、更易于管理的步骤。更重要的是，使用LINQ避免了显式的循环语句。像 `if` 语句一样，循环是编程的支柱，但往往会因嵌套块而使代码变得混乱，并占用太多行的代码编辑器。

使用LINQ，无须编写显式的循环语句（例如 `for` 或 `foreach`）来对集合执行操作。查询运算符封装了迭代逻辑，减少了样板代码，增强了清晰度。

这是不使用LINQ生成一个偶数列表的示范：

```
var numbers = new List<int> { 1, 2, 3, 4, 5 };
var squares = new List<int>();
foreach (int n in numbers)
{
  if (n % 2 == 0)
  {
    var squared = n * n;
    squares.Add(squared);
  }
}
```

提高可读性的一个简单方法是反转循环中的 `if` 语句。但是使用LINQ可以用更少的代码做得更好：

```
var numbers = new List<int> { 1, 2, 3, 4, 5 };
var squares = numbers.Where(n => n % 2 == 0).Select(n => n * n);
```

LINQ主要用于处理集合，因此并非所有的循环都可以转换为LINQ调用。例如，基于条件的通用 `while` 或 `do-while` 循环不能直接转换为LINQ调用。`for` 循环也是如此，除非它们仅仅是遍历一个集合（并且可以用 `foreach` 替换）。最后，具有复杂嵌套结构的循环，特别是如果它们与多个变量和条件交互，就不能轻易地用单一的LINQ管道表达。总的来说，LINQ更适合于单次传递的转换和过滤操作。所有属于这个范畴的循环都可以有效地被LINQ替换，使代码更加简洁。

5. 重构之提取方法

提取方法这种重构模式是一种改善代码结构和可读性的技术。它将方法中的一组语句移动到一个新的、独立的方法中，并为方法起一个反映其用途的有意义的名称。

设想一个场景，假设需要将序列化成用逗号分隔的字符串导入到 `RoadmapItem` 实体中。在某个时刻，你需要编写代码来实例化一个 `RoadmapItem`，并将所有序列化后的内容复制进去：

```csharp
public IList<RoadmapItem> ImportFrom(IList<string> csvLines)
{
    var list = new List<RoadmapItem>();
    foreach(var line in csvLines
    {
        var tokens = line.Split(',');
        var rmi = new RoadmapItem();
        rmi.ProductCode = tokens[0];
        rmi.Text = tokens[1];
        rmi.Eta = tokens[2];
        list.Add(rmi);
    }

    return list;
}
```

它仅仅只有 15 行代码，也远远称不上晦涩难懂，但借助 LINQ 和提取方法，仍然可以通过重构使之更清晰简洁。首先，将涉及创建 `RoadmapItem` 的代码移动到实体类的一个工厂方法中，如下所示：

```csharp
public static RoadmapItem FromCsv(string line)
{
    var tokens = line.Split(',');
    var rmi = new RoadmapItem();
    rmi.ProductCode = tokens[0];
    rmi.Text = tokens[1];
    rmi.Eta = tokens[2];
    return rmi;
}
```

接下来，使用 LINQ 消除循环语句。整段代码现在只有四行，如果选择将长指令拆分成多行以进一步提高清晰度，那么会多出两行：

```csharp
public IList<RoadmapItem> ImportFrom(IList<string> csvLines)
{
    return csvLines
            .Select(RoadmapItem.ImportCsv)⊖
            .ToList();
}
```

在这里，创建路线图条目的细节被隐藏在主视图中，但如果深入挖掘，仍然可以获取到。此外，实体中添加了一个工厂，接受这样一个事实：领域中的实体可以根据业务需求从诸如 CSV 文件中创建。因此，此处改进不仅压缩了代码，还使其更加专注于业务（将业务的实现细节向下移动了一个层次），让阅读代码的人立即可以理解代码的意图。

⊖ 原书上面的代码中有一处笔误，RoadmapItem.ImportCsv 应为 RoadmapItem.FromCsv。——译者注

6. 扩展方法

在编程中，语法糖指的是不增加新功能，只为现有操作提供更便捷语法的语言特性。扩展方法符合这一定义，因为它们允许开发者向现有类型添加新的方法，而无须修改其基元类型。例如，以下是如何向 `string` 类型添加一个新的 `Reverse` 方法：

```csharp
public static class StringExtensions
{
    // Extension method for type String that adds the non-native
    // functionality of reversing content
    public static string Reverse(this string theString)
    {
        var charArray = theString.ToCharArray();
        Array.Reverse(charArray);
        return new string(charArray);
    }
}
```

从技术上讲，扩展方法是可以像实例方法一样被调用的静态方法。诀窍在于使用 `this` 关键字作为第一个参数，这让编译器能识别目标类型并成功解析依赖关系。

扩展方法增强了代码的可读性、可重用性和可维护性，使开发人员能够创建和内置无缝集成了第三方类型的自定义方法。要体验扩展方法的强大功能，请看以下代码片段，该片段基于免费的 Youbiquitous.Martlet.Excel NuGet 包（该包又依赖 DocumentFormat.OpenXml 包）：

```csharp
// Get a SpreadsheetDocument using the OpenXml package
var document = SpreadsheetDocument.Open(file, isEditable: false);

// The Read extension method does all the work of preparing a worksheet object
// The injected transformer will turn into a custom class
var data = document.Read(new YourExcelTransformer(), sheetName);
```

使用 OpenXml 库，从文件或流转换为可管理的数据只需要几行代码，并涉及几个 Excel 对象。但归根结底，你需要的不过是指定一个 Excel 引用，和一些访问内容的代码，并将其复制到应用程序的特定数据结构中：

```csharp
public static T Read<T>(this SpreadsheetDocument document,
    IExcelTransformer<T> transformer, string sheetName = null)
        where T : class, new()
{
    if (transformer == null)
        return new T();

    // Extract stream of content for the sheet
    // (Uses another extension method on SpreadsheetDocument)
    var (wsPart, stringTable) = document.GetWorksheetPart(sheetName);
    return transformer.Read(wsPart, stringTable);
}
```

更好的是，在 `transformer` 对象中，你可以使用以下代码将单元格 C23 的内容读取成一个 DateTime 对象：

```
var day = wsp.Cell("C23").GetDate();
```

本质上，扩展方法对于向开发人员无法直接控制的类型（如框架类型或外部库）添加实用方法非常有用。

7. 布尔方法

在本章的前面部分，我展示了如下这段代码作为一项重大改进，原因是使用了 LINQ 来移除原有的循环语句：

```
var squares = numbers.Where(n => n % 2 == 0).Select(n => n * n);
```

不过，说实话，这段代码仍然存在一个可读性问题：布尔表达式。一眼看去，你能说出对数字集合进行过滤的条件是什么吗？以下是为了提高可读性而对它的重写：

```
var squares = numbers.Where(n => n.IsEven()).Select(n => n * n);
```

如果按照诸如 `IsXxx`、`HasXxx`、`SupportsXxx`、`ShouldXxx` 或者 `CanXxx` 这样的惯例来命名，布尔方法比显式的布尔表达式要清晰得多。

示例代码中的 `IsEven` 来自哪里？例如，它可以是一个扩展方法：

```
public static bool IsEven(this int number)
{
    return number % 2 == 0;
}
```

这种方法对于 .NET Core 的基元类型来说已经相当不错，但如果将其扩展到领域实体的层面，它的功能甚至更加强大。向领域实体添加的"行为"肯定包括了用于检查任何所需条件的布尔方法。

8. 自然化枚举类型

你可以将扩展方法和布尔方法规则应用于枚举类型的值。在编程中，枚举类型定义了一组不重叠的命名数值，这使得使用预定义的相关常量更加容易，并提高了代码的可读性：

```
public enum RevisionStatus
{
    Unsaved = 0,
    Draft = 1,
    Published = 2,
    Archived = 3
}
```

如何验证一个特定文档是否已发布？根据迄今为止所述，你可能会选择使用一个实体方法：

```
public class ReleaseNote : RenoirEntity
{
    public bool IsPublished()
    {
        return Status == RevisionStatus.Published;
    }

    // More code
    ...
}
```

很好，但现在想象一下将枚举值作为某个方法的参数传递。请考虑以下情况：

```
public enum BulkInsertMode
{
    SkipExisting = 0,
    Replace = 1
}
public void DocumentBulkCopy(IList<ReleaseNote> docs, BulkInsertMode mode)
{
    // Classic approach
    if (mode == BulkInsertionMode.SkipExisting)
    { ... }

    // More readable approach
    if (mode.ShouldSkipExisting())
    { ... }

    // More code
    ...
}
```

不用说，`ShouldSkipExisting`是另一个作用于单个枚举值的扩展方法：

```
public static bool ShouldSkipExisting(this BulkInsertMode mode)
{
    return mode == BulkInsertMode.SkipExisting;
}
```

惊讶吗？嗯，这正是我发现扩展方法也能用于枚举值时的感受。

9. 使用常量值

在代码中出现没有意义上下文或解释的硬编码值是不应该的。这并不意味着如果在某个地方使用了一个常量，你的百万美元项目就会失败，也不意味着如果在这里和那里发现了一些硬编码的值，就应该抛弃整个代码库。相反，你需要采取一种务实的态度。

只要显式常量被限制在方法、类或甚至整个库的内部，它们基本上是无害的。这个问题更多是一个技术威胁而非技术债务。然而，如果这些常量无序地散步于整个代码库，却没有清晰的地图来指示它们在哪里、如何使用以及为什么使用，那就是另一回事了。因此，一般来说，不要使用魔法数字和魔法字符串。常量是业务领域的一部分，属于领域模型，因此，它们应该被视为值类型。

在业务领域，经常会遇到一些需要处理的常量数字或字符串集合。对于数字，可以使用枚举类型。但对于字符串呢？很少有编程语言原生支持字符串枚举（Kotlin、Rust、TypeScript），C# 不在此列。在 C# 中，可以通过设计一个专门的类来实现字符串枚举，如下所示：

```csharp
// Valid surfaces for tennis matches
public class Surface
{
    private static readonly Surface[] _all = { Clay, Grass, Hard };
    private Surface(string name)
    {
        Name = name;
    }

    // Public readable name
    public string Name { get; private set; }

    // Enum values
    public static readonly Surface Clay = new Surface("Clay");
    public static readonly Surface Grass = new Surface("Grass");
    public static readonly Surface Hard = new Surface("Hard");

    // Behavior
    public static Surface Parse(string name)
    { ... }

    public IEnumerable<Surface> All()
    {
        return _all;
    }
}
```

由于字符串枚举本质上是一个类，只要可以访问源代码，无须使用扩展方法就可以扩展其功能。

10. 避免反模式：数据簇

数据簇反模式描述的是这样一种情况：一组数据项或变量经常在代码的多个部分频繁一起出现。这些数据项紧密耦合，并且经常作为一组参数一起传递给各种方法。

数据簇的问题主要在于，由于数据分散和重复，导致代码更难阅读和理解。此外，相同数据簇在代码的不同部分被复制，也会导致冗余。最后一点，带有数据簇的代码很脆弱。

也就是说，如果数据结构发生变化，必须修改多个地方，这增加了引入错误的可能性。

这是一个数据簇的示例：

```
public IEnumerable<ReleaseNote> Fetch(string tenant,
        int year, string productCode, string author, int count)
{
    // Expected to filter the list of documents based on parameters
}
```

这个方法将一个动态构建的 WHERE 子句应用于获取版本说明文档的基本查询。它最多有五个可能的参数：租户代码、年份、产品代码、文档作者和要返回的最大文档数量。

在 Web 应用程序中，所有这些数据项从 HTML 前端一起传输到表示层，然后从那里通过应用层进入领域服务或仓库。这是一个相对安全的场景，因为数据簇是单向移动并通过应用层传递。这样的代码可能不美观且乏味，但几乎不易出错。但是，如果在某个时候，你需要向簇中添加另一个元素（比如发布日期）呢？你至少需要在不同的几处地方进行修改。

数据簇的出现通常表明了缺乏抽象或需要创建单独的数据结构。幸运的是，解决数据簇反模式很容易，只需要将相关数据封装到一个单独的类中，比如 QueryFilter 类。这有助于更好的组织代码，提高代码可读性，并减少了代码重复。此外，使用具有清晰目的的数据结构可以更容易地理解代码的意图，并使未来的修改更不容易出错。

6.3.4　代码风格规范

除了编程设计实践，遵循通用的代码风格规范也很有帮助。遵循规范所写出的代码更易于阅读和检查。它还促进了开发者之间的正向效仿，因为没有人希望提交看起来丑陋且杂乱的代码。

1. 常识性编码指南

大多数情况下，下面这些不应该被忽视的编码风格实践都只是常识而已。每个开发者在编写代码时都应该遵循它们，在团队中执行这些实践至关重要。指导原则如下：

❑ 保持一致的缩进和大括号使用：为了视觉上对齐代码块并提高可读性，使用一致的缩进（最好使用〈Tab〉键）。大括号的使用也要保持一致。在 C# 中，惯例是 Allman 风格，即与控制语句相关的大括号放在下一行，并缩进到与控制语句相同的级别，大括号内的语句缩进到下一级。

❑ 有意义的命名：为变量、方法和类使用具有描述性且有意义的名称，以反映它们的用途。项目中的文件和目录也应该按照逻辑和一致的方式命名和组织，遵循项目级别的约定。（每个文件通常只应包含一个类。）

- 一致的命名约定：遵循编程语言的命名约定。对于 C#，变量和字段使用 camelCase 风格，类及其属性使用 PascalCase 风格。在非常有限的范围内（比如单个类或方法内部），可以接受例外情况（例如 snake_case 风格）。
- 正确使用空格：在运算符、逗号和其他元素周围使用适当的空格以增强代码的可读性。此外，在相关的方法调用组之间添加一个空行，标记你正在实现的工作流程的关键步骤。

2. 局部类

在 C# 中，局部类用于将单个类的定义分散到多个源文件中。这样，一个大型类可以被划分为更易管理的多个部分，每个部分在位于自己专属的文件中，但在编译时仍将它们视为一个单一的、紧密的整体。局部类在编译过程中被编译为一个单一的类；这种分离只是一项开发特性。请注意，局部类不能用来将非类类型（比如结构体或接口）或方法拆分到多个文件中。

通过使用局部类，相关的代码成员（例如属性和方法）可以被组织在一起，提高在 IDE 内浏览和组织代码的能力。整个代码库变得更加有序，更易于使用。在某种程度上，局部类还有助于团队协作，因为多个开发者可以同时在类的不同的部分上工作，而无须将他们的更改合并到一个文件中。

注意

一般来说，局部类只是一个更好地组织代码的工具；是否选择分割一个类完全取决于你自己。

Renoir 项目中广泛使用了局部类，大多数实体类都分布在两个或更多的局部类文件中（见图 6-5）。Renoir 项目的核心类 `BaseEntity` 和 `RenoirEntity` 被拆分成两个局部类：带有构造函数和属性的主类，以及带有 Methods 后缀的方法的子类。基础设施层（见第 8 章）中的大多数仓库类也将查询和更新方法拆分到不同的局部类文件中。

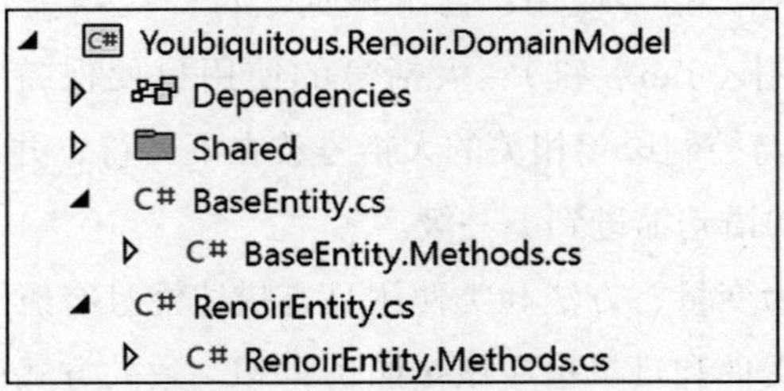

```
C# Youbiquitous.Renoir.DomainModel
   ▷ Dependencies
   ▷ Shared
   ▲ C# BaseEntity.cs
       ▷ C# BaseEntity.Methods.cs
   ▲ C# RenoirEntity.cs
       ▷ C# RenoirEntity.Methods.cs
```

图 6-5　Renoir 项目领域模型中的局部类

注意

当 Visual Studio 解决方案资源管理器的文件嵌套模式设置为 Web 时，具有共同前缀名称的局部类（例如，BaseEntity 和 BaseEntity.Methods）会植根于同一个树状视图节点中，并且可以展开和折叠。

---

3. Visual Studio 区域功能

Visual Studio 的区域是另一个让开发者更有效处理大型类的工具。区域是一种代码折叠功能，允许开发者在文件内组织和分组代码块。它用于创建可折叠的代码块，提供了根据需要隐藏或显示部分代码的方法。

区域通常用于对相关代码进行分组，比如方法、属性或特定的功能部分。它们也可用于文档目的，通过添加注释来解释区域的用途。

局部类（C# 的功能）和区域（Visual Studio 的功能）都有助于组织代码，但两者都应该谨慎使用。特别是过度使用区域可能让人错以为代码的可读性很强，而实际上类（或方法）非常臃肿或杂乱，迫切需要重构。同样，滥用局部类可能会将复杂性分散到多个文件中，再次给人一种虚假高可读性和高组织性的感觉，但最终得到的只是一个巨大的全能类。

注意

区域并不能将代码神奇地变得更模块化。它的使用场景是在逻辑上分组代码并改善代码的组织结构，而不是用来隐藏过度的复杂性和代码异味。因此，你应当节制地使用区域，但也不要不用它。

---

4. 代码行和方法长度

我们经常面临模糊的建议，例如“让每个方法保持简短和专注。”但我们真正从中得到什么样的指导呢？除了简短和专注的一般性建议之外，我们需要对数字和度量进行更具体的说明。例如，单行代码的推荐长度是多少？ C# 编译器没有设定限制，但大多数代码风格指南正确地推荐将最大长度保持在大约 100 或 120 个字符（见图 6-6）。

```
/// <summary>
/// Works out the appropriate title of the view
/// </summary>
/// <returns></returns>
public string GetTitle()
{
    return Title.IsNullOrWhitespace()
        ? $"{Settings?.General.ApplicationName} {Settings?.Secrets.GetBackendModeForDisplay()}"
        : Title;
}
}
```

图 6-6 代码行长度的可视化测量

图 6-6 中最长的代码行如果不分成多行，长度将超过 150 个字符。正如图 6-6 中所示，拆分后最长的一行也达到了 93 个字符，使用 Cascadia Mono 字体和 12 号字号时，在高分辨率笔记本计算机屏幕右侧只留下大约 6cm 的空白区域。因此，除了提高代码的可读性之外，限制行长度还有助于防止水平滚动，并确保代码在不同屏幕尺寸或在版本控制并排查看时更容易阅读。

关于方法的长度，更难以给出一个具体的数字，但它也适用同样的原则。过长的方法可能更难理解且维护。因此，保持方法相对简短并专注于单一任务被认为是一种良好的实践。那么，一个类方法的推荐语句是多少呢？我的参考数字是 300 行，但越短越好。

有多种保持方法简短的技巧。一个技巧是牢记逻辑越少，所需的代码行数就越少，因此要让方法只专注于一个关键任务。另一个技巧是尽可能使用最简洁的语法。（注意，简洁并不意味着晦涩难懂！）最后，可以将代码拆分成更小的组件并使用抽象，以便每段代码只描述其主要任务，并将细节留给其他专用的类或方法来处理。

作为例子，参考以下代码，它使用 Youbiquitous.Martlet.Excel 包的扩展方法将 Excel 文件的内容提取到自定义数据结构中：

```csharp
public partial class YourExcelImporter : IExcelImporter<List<YourDataStructure>>
{
    public List<YourDataStructure> Load(Stream stream, string sheetName = null)
    {
        var document = SpreadsheetDocument.Open(stream, false);
        var obj = document.Read(new YourDataStructureTransformer(), sheetName);

        document.Close();
        return obj;
    }
}
```

Read 扩展方法至少消除了 20 行代码，而注入的用于执行数据转换工作的转换器位于另一个代码文件中。对于一个相当复杂的 Excel 文件来说，这样的转换器将占用超过 200 行。

5. 注释

每个开发者对代码注释的看法都不相同，并没有一种放之四海皆准的方法。不同的开发者和团队可能对于代码中注释的价值和用途有不同的观点。但几乎所有人都认同，写得好的注释能够增强对代码的理解，并提供对代码意图和目的的深入了解。不幸的是，关于什么才算是"写得好"的注释，存在相当多的不同定义。

一些开发者认为代码应该具有自解释性，注释是代码写得不好的标志。他们更倾向于编写清晰且富有表现力的代码，这样的代码不需要注释就能理解其功能。另一些开发者则根据他们的心情和手头的任务随意编写注释。还有一些开发者尽量做到尽可能精确和详尽地写注释，至少在开始时是这样。他们努力的程度不可避免地随着向代码库提交频率的增加而减少。

关于注释，这里有一些需要记住的一般性考虑事项：
- 尽管注释很有价值，但过多的注释可能会使代码变得杂乱，降低可读性。
- 仅仅依赖代码本身的可读性并不是最好的方法，但这可能好过过时或错误的注释。
- 注释有时可能是代码异味的标志，比如过度复杂、缺乏模块化或不清晰的变量/函数名称。
- 通常来说，过度注释从来不是对代码的一个好评价。

以下是我对我所工作的团队的指导原则：
- 总是使用 XML（Extensible Markup Language，可扩展标记语言）注释来描述方法和类公有元素的用途。（我觉得可以跳过方法参数的注释。）
- 无论是否添加注释，都要确保每一组方法的目的和实现对其他开发者（包括几周后的自己）来说都是清晰明了的。
- 添加注释时，要准确而简洁，不要啰唆、愚蠢或冗长。

代码注释的主要受益者是谁？当然是你的同事。因此，注释不是为新手准备的，这意味着你应该合理地预期阅读注释的人具备必要的编程技能和领域背景知识。

6.3.5 编写真正易读的代码

开发者之间有一个普遍的观点："先写（并测试）代码，美化代码的事情留到以后再说。"不幸的是，我在软件行业三十年的经验告诉我，一旦代码被提交，没有人真的会有时间（或意愿）去美化自己的代码。本章开头的引语道出了一切。这不是成为一名伟大程序员的问题，而是成为一个拥有优秀习惯的好程序员的问题，而编写可读性强的代码是最重要的优秀习惯之一。

幸运的是，现代的 IDE（如 Visual Studio、Visual Studio Code、Rider 等）和代码助手插件可以大大加快你吸收本章所讨论技术的过程，并将它们转化为日常习惯。同样，SOLID 框架中的原则也能帮助你实现这一点。本节将讨论这两者。

我与易读代码的故事

我在 20 世纪 90 年代初开始我的职业生涯，最初是一名普通的产品开发者。几年后，我成为一名自由撰稿人、顾问和培训师。在那几年，我专注于技术和演示代码。在撰写书籍、文章和课件时，我将自己假想成一名正在努力掌握任何给定的技术和模式的专业开发人员。大多数时候，这都行之有效。

十年后，我开始偶尔承接一些专业的开发工作，并首次面临了维护代码的各种问题。尽管这些项目是断断续续的，但我参与的项目足够多，以至于我更加适应了作为一名专业开发者的角色，并且能够写出更好、更贴近实际的书籍、文章和课件。

然后在 2020 年末，我完全转向了产品构建。从那时起，我对易读代码的态度和敏感度呈指数级增长。回顾过去，我意识到我花了十多年的时间才将编写易读代码作为我的默认模式。如果我在职业生涯中更专注于开发，虽然仍需数年时间，但我可以更快地达到这一点。

1. 代码助手的作用

那么，我如何编写易读且易于维护的代码呢？我会专注于手头的任务，并在心中构建为了完成任务所需软件构件的心智模型。在我的心智模型中，条件是 `if` 语句，循环是 `while` 或者最多是 `foreach`；我甚至不会考虑模式匹配。然后，我开始编写代码。

编写代码时，我依赖代码助手，特别是 ReSharper。我的代码会不断地接受简洁性和可读性的审查。我会采纳插件可能提出的所有关于风格和模式的建议，并且会积极寻找悄悄收到的所有波浪线提示或建议。

代码助手会建议何时以及如何将复杂表达式拆分为多行，何时反转或合并 `if` 语句，何时使用 `switch` 语句更合适，尤其是何时可以使用 LINQ 或模式匹配表达式重写代码。Visual Studio 和其他工具还提供重构功能来提取方法，以及更重要的，在 DDD 场景中通过重构功能重命名类和成员。这一切都只需单击几下，花上几秒钟。没有任何不这样做的借口。

随着 AI 技术的惊人进步，新一代的代码助手工具正在涌现。GitHub Copilot 采用了经过训练的复杂机器学习模型，这些模型训练使用了 GitHub 公共仓库中的代码。当你在 Visual Studio 中输入代码时，底层的 AI 会检查上下文并实时提供相关建议。此外，你可以输入关于将要编写的代码的注释，并让 AI 使用注释作为提示来即时生成代码。

> **提示**
> 同时使用 Visual Studio 和 ReSharper 会在内存消耗和整体稳定性方面带来问题，但只要有一台配备了足够内存的程序员级别的中档 PC，这些问题是可以解决的。

2. 像对待个人卫生一样对待 SOLID 原则

谈到软件原则时，我认为重要的是要找到一个平衡点，而不是在所有情况下都严格机械地执行原则。因此，我对那些热情洋溢地说明 SOLID 好处的帖子和文章持怀疑态度，这些文章总是说得好像偏离这些原则将不可避免地导致项目失败一样。SOLID 是以下五个原则的首字母缩写：

- 单一职责原则（SRP）：此原则主张一个类（或方法）应该封装单一的功能，避免承担多种职责。其核心思想可以概括成："一心一意做好一件事。"但如何鉴定"一件事"的范围，则需要根据你的专业知识和对问题的敏感度来决定。一个任务的正确粒度是什么？没有人知道，它往往因具体情况而异。我从这句话中没有看到任何严格且具体的指导，比如何时应该反转一个 `if` 语句或何时应使用布尔方法。
- 开闭原则（OCP）：此原则指出，像类这样的软件实体应该对扩展开放，但对修改关闭。这意味着你应该能够通过继承或接口实现来添加新功能，而无须修改现有代码。
- 里氏替换原则（Liskov's Substitution Principle，LSP）：此原则与一个类从另一个类继承有关，具体来说，派生类永远不应该限制父类的公有接口。基类的使用者不需要知道正在使用哪个特定子类，它们应该只依赖于由基类提供的共同接口或契约。

提示

LSP 由 Barbara Liskov 在 1987 年提出，并在二十多年前由 Robert C. Martin 作为 SOLID 原则之一推广开来。如今，如果你违反了 LSP，C# 编译器会发出警告，并且 C# 语言增加了新的关键字以使开发人员能够绕过不佳的继承设计并避免异常。LSP 在设计中仍然是一个有效的观点，但前提是你广泛采用面向对象风格。令人惊讶的是，这在如今并不常见。如今，我们使用类的扁平集合，当进行继承时，大多数是覆盖虚拟成员或添加新的成员。在所有这些常见情况中，LSP 并不适用。

- 接口分离原则（Interface Segregation Principle，ISP）：此原则很明显，不要使类依赖于它们不需要的接口。有时我认为这个原则被包括进来只是因为 SOLID 比 SOLD 更好听。
- 依赖倒置原则（Dependency Inversion Principle，DIP）：此原则建议，高层模块（如应用服务）不应该依赖于低层模块（如数据库访问或对某个父类的特定实现）。相反，两者都应该依赖于抽象，从而让系统具有灵活性且易于修改。

就我个人而言，我会将 OCP 和 DIP 简化为软件设计的一个核心原则：面向接口编程，而不是面向实现编程。然而，这一原则只有在有用时才能提供帮助。但如果盲目采用，它只会导致项目过度工程化。

总体而言，SOLID 原则旨在使软件开发更加模块化和易于维护。问题在于，它们容易理解，但正如前面几点中提出的反对意见所证明的，转换成代码就不那么容易了。这些反对意见并没有完全否定 SOLID 原则的价值；它们只是提出了警告，确保你知道如何在项目中将它们转化为有效的行动。就像个人卫生一样，你必须了解并实践 SOLID 原则，但它并不能从严重疾病中拯救你。

6.4 本章小结

领域层专注于核心业务逻辑中不变的方面,它由两个不同但相互关联的部分构成:领域模型和一组可选的特定于领域的服务。

本章着重讨论了面向对象领域模型的关键点。领域模型体现了软件应用的底层概念框架和基本业务规则。它作为软件旨在解决的问题的抽象描述,包括实体、关系、事件和业务逻辑等元素。

通过描述领域实体的重要性和交互,领域模型帮助开发团队在一致且灵活的解决方案背景下,为业务流程赋予生命和实质。当领域模型设计得当时,它能够增强技术和非技术团队之间的沟通,并有助于创建稳健且以需求为中心的软件。

本章还深入探讨了通过编写可读性强、代码美观的 C# 类库来构建领域模型的过程,同时还探讨了使用 IDE 插件来协助完成这一任务的好处。

下一章将讲述领域服务。正如你将看到的,在简单情况下,领域服务以普通辅助类的形式散布在应用层和基础设施层中。然而,它们在 DDD 的愿景中发挥着作用,我们即将就此开始展开讨论。

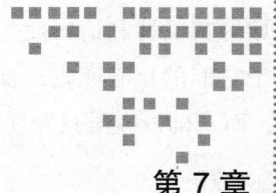

第7章

领域服务层

> 在我来这里之前,我对这个主题感到困惑。听了你的讲座后,我还是感到困惑。但这次是在一个更高的层次上。
>
> ——恩里科·费米(Enrico Fermi)

领域模型的主要关注点是准确地对它所代表的领域中的真实世界概念和过程进行建模。在这个模型中,领域实体是具有唯一标识的对象,它们封装了与领域相关的状态和行为。实体包含了业务逻辑和不变量,确保了它们持有的数据的一致性和完整性。在需要的地方,聚合体将实体和值对象组合在一起,作为事务边界,并确保领域内的一致性。

遗憾的是,领域模型经常无法覆盖所有必要的操作和行为。可能会有一些需要实现的具体流程,这些流程本质上不属于单一实体或聚合体。这些通常是封装了多方面逻辑的操作,涉及多个实体之间的互动,或者要求在系统的不同组件之间进行协调。

现在我们开始讲述领域服务。

领域服务涵盖了对领域功能至关重要的操作,但这些操作并非固有地与任何特定实体相关。与领域实体不同的是,领域服务没有自己的状态,它们是无状态机,仅仅负责检索和处理数据。

在此我直截了当地表示:虽然领域服务在 DDD 框架中有其特定的位置,但在实际的应用中并不是绝对必需的。领域服务旨在承担的任务总是可以分配给应用服务。此外,如果能够将仓库的抽象层次从传统的 CRUD 库的粒度提升到更高的层次,那么部分任务也可以分配给仓库。(关于仓库的更多内容将在下一章讨论。)

那么，为什么要谈论领域服务呢？领域服务不仅提供了纯粹的编程能力，还提供了在软件中表现领域的精确性和清晰度。通过将多方面的领域逻辑封装在专门的服务中，领域实体可以专注于它们的核心职责，保持内聚性并维护清晰的职责分离。同时，应用层仅负责用例的编排，而基础设施层只专注于持久性和外部服务。

7.1 领域服务的定义

Eric Evans 在他的书 *Domain-Driven Design: Tackling Complexity in the Heart of Software* 中认为，一个设计精良的领域服务应该具有以下三个属性：

- 领域服务处理与领域概念相关的任何操作，这些操作将不作为任何领域实体固有的部分。
- 与使用 DTO 进行通信的应用服务相比，领域服务直接操作领域实体。
- 任何执行的操作都是无状态的；流入一些数据，并流出另一些数据。

7.1.1 领域服务的无状态特征

领域服务通常被设计为无状态的，原因有几个。主要原因是为了防止意外的副作用和与系统的其他部分不必要的交互。由于领域服务是无状态的，它们不与任何特定的上下文绑定。因此，无论何时何地调用它们，它们的行为都保持一致。领域服务的整体行为不受可变内部状态的影响，因此它是可预测的和确定的。可预测性使得推断服务对不同输入的响应方式变得简单，从而使得理解、测试和维护变得更容易。

缺乏共享状态还带来了其他好处。例如，多个请求可以同时被处理，而不用担心数据损坏或意外交互的风险。此外，服务可以跨系统的不同部分使用，而无须携带任何上下文负担。实施和测试变得更加简单，从而降低了与状态不一致相关错误的可能性。

提示

总体而言，设计领域服务为无状态的方式，与 DDD 的原则相契合，这些原则强调了清晰的边界、SoC 以及明确的职责。

7.1.2 标记领域服务类别

因为被设计成只与领域实体交互，所以领域服务类保持着不直接被表现层访问的状态。它们只是应用服务可能用来编排用例的工具之一（见图 7-1）。

虽然并非严格必需，但你可以遵循惯例，通过某个 `IDomainService` 接口标记每个领域服务类，并在出现共同功能（例如，日志记录、本地化或应用程序设置）时，使用 `DomainService` 基类。`IDomainService` 接口可以简单地作为一个标记接口，具体如下所示：

```
// A plain marker interface
public interface IDomainService
{
}
```

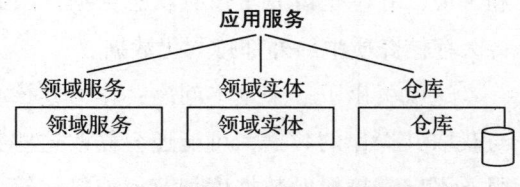

图 7-1　应用服务协调用例，编排领域服务、领域实体和仓库的活动

你可以利用一个公共根，无论是以接口还是基类的形式来在 .NET Core DI 系统中自动注册领域服务为临时实例。即便不通过继承，服务也仍然可以按需注入。

在实现 DDD 时，如果依赖于多种不同的服务类型（应用服务、领域服务和外部服务），那么通过一个明确无误的名称来传达每个类别的明确意图是一个非常好的实践。因此，建议为领域服务赋予清晰且描述性强的名字，这些名字能准确地传达它们的用途。这种刻意的命名方式——尊重通用语言——也促进了团队间的有效沟通。

7.1.3　领域服务和 UL

由于领域服务负责执行涉及多个实体间协调的任务，它们与 UL 词汇中的名称和概念紧密相关。根据设计，领域服务是一段业务逻辑；因此，它必须被恰当地命名，严格遵循业务常规。在出现逻辑或实现错误时，选择合适的业务名称尤为重要，因为这有助于简化领域专家（通常是理解业务需求的非技术利益相关者）与开发人员间的沟通。

在考虑一个电子商务系统时，订单总价格的计算通常涉及折扣、税费和货币兑换。这很可能是一系列实体和值对象的组合，其中并没有一个能够承担全部任务。那么，你应该如何命名 这个领域服务呢？"订单定价服务"（`OrderPricingService`）这样的名称合适吗？这具体取决于利益相关者使用的语言。如果业务术语通常是"完成订单"，那么正确的名称应该是"订单完成服务"（`OrderFinalizerService`）或其变体。不遵循这条规则会在系统中留下漏洞，很可能造成逻辑错误。

7.1.4　领域服务的数据访问

无状态组件（如领域服务）的行为完全由提供的输入决定。领域服务不存储有关过去交互的任何数据，将每个请求视为独立的交互。如果某个操作需要数据，则必须将数据作为输入提供给该操作，且此类外部数据不会被存储。

无状态并不意味着一个组件一点数据都不能有。相反，它指的是组件所需的任何数据都必须在需要时通过方法参数或注入的依赖明确提供。无状态强调的是自主性、可预测性和 SoC，并不是说完全没有状态数据。因此，为了有效运行，领域服务通常依赖于存储在持久存储介质中的外部持久化数据。

这就引出了一个基本问题：作为其核心业务任务的一部分，领域服务是否应该直接参与获取其操作的数据，可能还会修改这些数据呢？答案并非放之四海而皆准。当然，领域服务不应直接接触数据库细节或连接字符串，而应依赖单独的仓库来满足此类需求。除此之外，领域服务是否应该直接访问数据或从外部接收数据的决定，完全取决于应用本身。一个特定的领域操作越需要协调多个实体并涉及复杂的数据检索逻辑，它越可能在内部协调这些交互，并使用仓库获取任何必要的数据。

7.1.5 领域服务的数据注入

在一个将领域服务视为纯粹逻辑实体并有意将其与仓库隔离开的设计中，谁来承担获取必要数据的责任呢？事实上，这个任务落到了应用层上，负责协调领域服务和仓库之间的交互。

在应用服务中，你会使用合适的仓库来获取所需的数据。这些数据如有必要，可以被转换成领域实体或值对象。应用服务还负责在将数据传递给领域服务之前，准备好所需的数据。一旦数据被检索并准备妥当，应用服务就会调用领域服务，将转换后的数据作为参数传递给它。领域服务随后执行其特定于领域的逻辑，而无须担心数据的检索。

通过这种方式组织你的应用程序，你完全遵循了 SoC 原则。每个组件都有明确的责任：领域服务专注于领域逻辑，仓库负责数据访问，应用服务协调交互。此外，各个组件可以被独立开发、测试和维护。特别是，领域服务可以通过控制输入进行单元测试，应用服务可以针对它们的交互和编排进行测试。

7.2 常见的领域服务场景

通常，如果一个业务操作涉及多个域实体或聚合上的复杂规则和计算，将会采用领域服务来协调这些交互，并同时维持聚合边界。本节将从功能视角探讨一些实例，随后回顾一些具体实现。

7.2.1 确定客户的忠诚度状态

假设在一个电子商务系统中，每当顾客完成订单时，系统需要给该顾客的忠诚卡加分。为了实现这一点，应用服务可以简单地将任务委托给 **LoyaltyStatusService** 领域服务。以下是一个可能的编程接口：

```csharp
public class LoyaltyStatusService : IDomainService
{
    public int AccruePoints(Order order)
    {
        // Return new total of points
    }
    ...
}
```

这个接口太过简单了。实际上，领域服务方法如果不同时获取客户的购买历史，是无法运作的。此外，增加的积分数量并不一定是基于购买金额的线性函数。根据客户忠诚度的持续时间，可能会有额外的积分或其他利益（例如，将客户状态升级为银牌或金牌）。而且，获取数据只是第一步，你很可能还需要回写一些更新的信息。如果让应用层控制一切，系统将多次访问数据库，这可能（也可能不会）是一个额外的问题。

一个更真实的接口可能如下：

```csharp
public int AccruePoints(Order currentOrder, IEnumerable<Order> history)
{
    // Return new total of points and/or other
    // information such as the new customer status
}
```

另一种接口设计是可以将 **IOrderRepository** 的引用传递给服务，使其能够自主地获取和保存数据。所有这些接口的设计都可能是好的或者不好的；使用哪一个的最终决定权属于架构师。这项决策通常是通过考察业务领域的动态和非功能性约束来做出的——例如，活动变化的频率、遗留代码的存在、团队技能和组织偏好。

7.2.2 领域事件

领域服务同样在发布或订阅领域事件方面发挥作用。它们可以广播与特定领域动作相关的事件，或从系统的其他部分订阅事件。广义上讲，领域事件是指在领域模型范围内触发的事件。

在忠诚度状态场景下的另一种实现方法可能涉及应用层触发领域内需要一个或多个处理程序的事件。领域事件可以采取一个聚合类内部简单的 C# 事件的形式，或者可能使用发布/订阅（基础设施。信息将放置在总线上，指定处理程序接收并根据需要处理它。处理程序将属于领域服务类。

重要提示

领域事件是 DDD 中一个强大的方面，但主要是在应用程序围绕事件设计并且其整体架构符合事件驱动架构时。领域事件以比硬编码工作流程更可扩展和适应的方式实现业务逻辑。它是解决同一个问题的新型架构资源，平滑了长期保持系统与业务需求一致所需的工作。

7.2.3 发送业务邮件

发送邮件（比如确认邮件或法律提醒）这样的行为能被视为领域逻辑内固有的行为吗？可以说能，也可以说不能。这取决于应用的具体上下文和要求。

在许多情况下，发送电子邮件并不被视为核心领域的关注点，而是与通信和通知相关联的技术细节。然而，在某些场景中，发送电子邮件可能与业务领域紧密相关，应当作为业务邮件处理。在最近的一个项目中，我们将发送特定电子邮件的任务视为核心领域行为。该电子邮件是一封非官方的法律提醒，提醒即将到来的截止日期，我们确定它与一个核心业务流程直接相关。

通常来说，要判断是否应将发送电子邮件作为领域逻辑的一部分，你应该考虑这一行动的领域相关性以及它与某些业务规则或任务的紧密联系程度。如果电子邮件的发送时机、内容、收件人或其他属性由特定的业务需求决定，这表明发送电子邮件不仅仅是一个技术问题。

然而，并不是所有应用程序发送的电子邮件都涉及核心领域行为。如果发送法律提醒纯粹是一个技术细节，并且与你的应用领域的固有行为没有直接关系，那么它可能更适合作为应用程序或基础设施层的一部分。在这种情况下，一个应用服务或一个专门负责通信的服务可能会承担这一责任。

```
public class LegalReminderService : IDomainService
{
    public NotificationResponse NotifyDeadline(string recipient, DateTime deadline)
    {
        // Return success or failure of sending the reminder
    }
    ...
}
```

> **提示**
> 在涉及邮件动作的方法和类的命名中，如果没有任何内容明确提及发送邮件的行为，这是一个关于领域相关性的重要信号。在 UL 中，最终被自动发送的邮件被称为法律提醒。

在业务逻辑中，每当需要与外部系统、API 或电子邮件服务进行交互时，负责此任务的领域服务必须获得一个引用，这个引用指向一个知道如何完成这一任务的服务。电子邮件服务通常是围绕第三方电子邮件提供商（例如 `SendGrid` 或 `Mailgun`）构建的外部组件。

```
public class LegalReminderService : IDomainService
{
    private readonly IEmailService _email;
    public LegalReminderService(IEmailService emailService)
    {
        _email = emailService;
    }

    public NotificationResponse NotifyDeadline(string recipient, DateTime deadline)
    {
        // Use _email reference to send actual emails
        // Return success or failure of sending the reminder
    }
    ...
}
```

这项服务的逻辑必须抽象化技术细节，并为领域提供一个清晰的接口以供接收。

> **提示**
>
> 接口的定义（例如，`IEmailService`）属于领域模型，而实际的实现（比如说，使用 `Sendgrid` 的那种）存在于基础设施层。

7.2.4 为密码加密服务

在一个典型的领域模型中，通常会有一个 `UserAccount` 实体，与之相关的密码可能会被存储在应用程序的数据库中。然而，在数据库中以明文形式保留密码不可避免地引入了一个重大的安全漏洞。因此，业务逻辑坚定地指出需要在存储之前将密码转换为哈希值。问题在于，密码哈希功能应该归属于哪里？它是一个领域服务吗？

密码哈希通常被认为是一个技术问题，而不是领域逻辑的一部分。在 UL 中很少找到与密码存储直接相关的业务术语。你最多可能会找到这么一个需求：明确了目标哈希安全等级。因此，密码哈希与安全和基础设施更密切相关，通常作为一种从应用层调用的基础设施安全服务来实现。尽管在某些罕见情况下，你可能会认为密码哈希与一些特定的领域安全过程紧密集成，但 DDD 通常建议将其作为与核心领域逻辑分离的技术细节处理。

想象一下处理登录尝试的代码。应用层从表单接收输入，并检索与身份匹配的用户。检查哈希密码的任务发生在注入应用层的专用哈希服务中，如下所示：

```
public class AccountService
{
    private readonly IHashingService _hash;
    public AccountService(IHashingService hashing)
```

```
    {
        _hash = hashing;
    }
    public bool ValidateCredential(string email, string clearPassword)
    {
        var user = _userRepository.Find(email);
        return _hash.Validate(user.Password, clearPassword);
    }
}
```

它简单、明了、隔离良好,并保持在领域逻辑之外。

7.3 具体实现

领域服务的第一准则是执行严格与业务领域相关的操作,这些操作侧重于领域实体和值对象。如果你发现在为类和方法命名时,自然而然地使用了过于技术性的术语(比如,电子邮件、哈希处理、缓存、表或审计)来编写服务的代码,那么这可能是你偏离了正确轨道的第一个警告。你应该仔细考虑你正在做的事情。甚至可能你正在把某些更适合作为外部、非领域关注点的事物当作领域服务来处理。当这种情况发生时,主要的风险不是引入错误,而是破坏整体设计,最终可能导致代码复杂和紧耦合——简而言之,技术债务。

7.3.1 领域服务的一个例子

Renoir 项目专注于处理授权用户创建和管理的文档,包括发布说明和路线图。该应用程序的一个重要功能是根据业务需求将用户指派到特定的文档上。这项分派工作根据具体的业务逻辑有不同的执行方式,可能是简单地在数据库的关联表中新增一条记录,也可能是复杂到需要校验各种策略和限制条件。简单的情形下,只需通过应用层调用一个基本的数据存储即可。而复杂的情形,则可能涉及更多的业务逻辑,这些逻辑理想情况下应当由领域服务来处理。

1. 与其他函数的依赖关系

在 Renoir 项目中,领域服务层是一个独立的类库项目,被应用层所引用。该库依赖于领域模型和持久化层,而持久化层中则存放着仓库。

检查策略以验证用户对文档的分配可能需要你检查用户在系统中执行的最新动作以及他们过去处理过的任何文档。过去的操作可以通过应用层获取,并作为参数传递。然而,在 Renoir 项目中,我们选择让领域服务完全专注于验证文档策略任务,并保持完全的自主权。

2. 创建接口

在下面的代码中，领域服务的行为由接口进行了概括。该接口称为 `IDocument-PolicyValidator`——这个名字暗示了该服务只是评估是否有任何未完成的策略反映在给定用户的文档分配中。

```
public interface IDocumentPolicyValidator: IDomainService
{
    bool CanAssign(UserAccount user, ReleaseNote doc);
    bool CanAssign(UserAccount user, Roadmap doc);

    AssignmentResponse Assign(UserAccount user, ReleaseNote doc, AssignmentMode mode);
    AssignmentResponse Assign(UserAccount user, Roadmap doc, AssignmentMode mode);
}
```

接口由两对方法构成，每种支持的文档类型对应一对。一种方法检查文档分配是否违反了任何现行策略，并返回一个布尔标志。另一种方法尝试基于 `AssignmentMode` 枚举的值进行分配。

```
public enum AssignmentMode
{
    AssignAndReportViolation: 0,
    FailAndReportViolation: 1
}
```

在默认情况下，会执行赋值操作，并报告检测到的任何违规情况。在另一种情况下，不会执行赋值操作，而是直接报告违规。

3. 实现 `DocumentManagerService` 类

领域服务类 `DocumentManagerService` 的唯一责任是确保根据既定策略（如果有的话）向用户分配文档。以下是该类的框架：

```
public class DocumentManagerService
    : BaseDomainService, IDocumentPolicyValidator
{
    public const int MaxActiveDocsForUser = 3;

    private readonly IDocumentAssignmentRepository _assignmentRepository;
    public DocumentManagerService(IDocumentAssignmentRepository repository)
    {
        _assignmentRepository = repository;
    }

    // More
    ...
}
```

该类接收一个指向处理文档/用户绑定表中记录的仓库的引用。领域服务接口中的两种方法——`Assign` 和 `CanAssign`——处理特定的业务策略。一个示例策略可能是每个用户不能同时被分配超过三个文档。另一个策略可能要求检查每个用户的日历，并跳过那些预计在下一个文档截止日期之前将会请假的用户。

```
public AssignmentResponse Assign(UserAccount user, ReleaseNote doc, AssignmentMode mode)
{
    // Check whether already assigned
    var binding = assignmentRepository.Get(user.Id, doc.Id);
    if (binding != null)
        return AssignmentResponse.AlreadyAssigned();

    // Check whether document is ready for public assignment
    if (!doc.IsReadyForAssignment())
        return AssignmentResponse.NotReady();

    // Evaluate specific policies
    var response = EvaluatePolicies(user, doc);
    if (mode.IsFailAndReport() && !response.Success)
        return response;

    // All good, just assign
    var assignment = new DocumentUserAssignment(doc, user);
    return _assignmentRepository.Add(assignment);
}
```

Here's a snippet from `EvaluatePolicies`:

```
public AssignmentResponse EvaluatePolicies(UserAccount user, ReleaseNote doc)
{
    if (HasMaxNumberOfAssignments(user))
        return AssignmentResponse.MaxAssignments();

    if (HasIncomingLeave(user))
        return AssignmentResponse.MaxAssignments();

    return AssignmentResponse.Ok();
}
```

`HasMaxNumberOfAssignments` 和 `HasIncomingLeave` 方法是领域服务类的受保护（甚至是私有）方法。它们可以访问任何必要的仓库，并执行数据访问以组织响应。

提示

如果你遇到类似于 `HasIncomingLeave` 所描述的场景，那么领域服务需要一个额外的仓库引用来访问每个用户的日历，以确定他们是否将在不久的将来休假。

7.3.2 有用且相关的模式

你可能已经注意到，之前的代码片段中使用了一些专为 `AssignmentResponse` 类定制的方法，来描述领域服务方法调用的结果。为什么不直接抛出一个异常呢？

If...then...throw 模式

在领域服务中决定是否抛出异常或保持对潜在问题的控制是一个个人偏好的问题。从我的角度来看，异常应主要处理非常规情况。如果有机会预见到特定代码故障，一种更优雅的方法包括妥善管理这种情况，向上层提供相关反馈，并让他们自由处理响应。此外，还应该考虑到，使用 `try/catch` 块来处理抛出的异常与处理常规方法响应相比，成本更高。

以下是对响应类中一个方法的简短代码示例，该方法描述了业务逻辑中的一个具体失败情况：

```
public class AssignmentResponse
{
    public bool Success { get; private set; }
    public string Message { get; private set; }
    public int FailedPolicy { get; private set; }

    public AssignmentResponse MaxAssignments()
    {
        return new AssignmentResponse
        {
            Success = false,
            Message = "Maximum number of assignments",
            FailedPolicy = MaxAssignments
        };
    }
}
```

`FailedPolicy`（失败策略）属性是可选的，它可能代表特定于应用程序的代码，以便快速告知调用者失败的原因。`MaxAssignments`（最大分配）也可以是一个常量，也可以是一个新枚举类型的值。

提示

虽然我通常避免在领域服务和仓储中抛出异常，但我倾向于在领域模型中实施这一做法。原因在于领域模型是一个用于外部使用的自包含库，特别是在同一应用程序的各个模块中使用。考虑到领域模型在应用程序中的关键作用，我认为其代码应该直接地标示任何无效输入或潜在失败的实例。在输入明显无效的情况下，我认为从领域服务或仓储中抛出异常是可以接受的。

7.3.3　REPR 模式

REPR 是请求－端点－响应（Request-Endpoint-Response）模式的简称，通常与微服务架构联系在一起。然而，它还清晰地描述了任何调用者（通常是一个应用服务）与任何响应者（例如，一个领域服务或仓库）之间的通信流程。如其名称所示，这一模式包括以下几个部分：

- 请求：这包含了需要处理的输入数据。在 API 场景中（关于这点我们会在第 9 章详细讨论），它可能还包括 HTTP 信息和以 JSON 或 XML 负载的形式表达的数据。在这种应用上下文中，它通常包括一些松散的值，可能会被分组在一个数据簇中。
- 端点：在 API 场景中，这代表了一个特定的 URL，用于接收进来的请求。更一般地，它定义了请求操作的位置和上下文。
- 响应：这包括了处理请求后生成的响应。它通常包括操作的布尔结果，以及客户端可能需要的额外数据（例如，错误消息和其他元数据，如 ID 或重定向 URL）。

在微服务架构的本土领域之外，REPR 模式为客户端和服务之间的通信提供了一种结构化的方法。它还充当了防范将异常用作应用程序流程控制的保护措施，将异常用作应用程序流程控制这种做法被视为一种反模式。

1. 依赖注入

在领域服务实现的相关模式中，依赖注入为领域服务提供了必要的资源，如仓库、工厂以及其他服务。与此同时，接口在阐明领域服务与其依赖之间的协议中起着关键作用。

在 ASP.NET Core 技术栈中，你通常通过原生的依赖注入子系统来注入服务。特别是对于无状态的操作（即领域服务），你可以将它们配置为单例。但请注意，在 ASP.NET Core 中，已注册的服务可以被注入控制器、中间件、过滤器、SignalR 中心、Razor 页面、Razor 视图以及后台服务中。你不能拥有一个普通类（例如领域服务类），并期望它被实例化以及所有声明的依赖自动解决。

这引出了一个被称为穷人版依赖注入的小型实用优化的观点。例如以下类：

```
public class SampleDomainService : BaseDomainService
{
    private readonly ISampleRepository _repository;

    public SampleDomainService() : this(new DefaultSampleRepository())
    {
    }
    public SampleDomainService(ISampleRepository repo)
    {
        _repository = repo;
    }
    ...
}
```

这个类展示了两个构造器——一个是默认的无参数构造器，另一个则允许注入所需的 `ISampleRepository` 接口的实现。有趣的是，默认构造器会悄无声息地通过另一个构造器传递一个接口的固定实现。这是一种糟糕的紧耦合形式吗？实际上，针对不同的使用场景，你只会用到一个实现。在这方面，没有理由使用依赖注入容器及其所有额外的机制。你要做的只是获取领域服务类的一个新实例，并且这个实例拥有对仓库的特定实现的有效引用。是你，而不是依赖注入容器，解决了对 ISampleRepository 的依赖。得到的代码既简单又直接。

有哪些可能的缺点吗？一个可能的缺点是代码变得紧耦合，因此可能难以维护。我们仅仅是在不声不响地使用我们应该使用的同一个具体类。紧耦合？是的，但这是在单个类的级别上，否则的话会有过度工程的嫌疑。

另一个可能的缺点是在更改或替换依赖项时可能（我再强调，可能）会遇到困难。再次说到，这其实是过度工程。实际上，你只有一个仓库来完成整个应用程序的任务。如果需要更改，只需替换类并重新编译即可。如果发生一些奇怪的情况，比如需要更换底层数据库，那将是一个巨大的变更——远超一个仓库接口的粒度。

然而，对于穷人版依赖注入唯一合理的反对意见是，测试可能变得更加困难，并最终导致隐藏的依赖。第二个构造函数（在调用默认构造函数时也会默默使用）仅仅是显式地接受一个接口。你仍然可以在完全隔离的环境中对领域服务进行单元测试，而不用担心过度工程的风险。

总的来说，在类的构造函数中直接注入被视为现代软件设计中的最佳实践。与简单的依赖注入方法相比，它提供了一个更稳健和可维护的架构。虽然穷人版依赖注入在短期内可能看起来更简单，但随着应用程序复杂度的增加，它可能导致问题。这时候就需要像 ASP.NET Core 框架这样的依赖注入容器，它使得管理依赖的创建和注入变得方便，从而使代码更加模块化和可测试。

提示

ASP.NET Core 团队设立专用的依赖注入容器是不是犯了个错误？虽然 ASP.NET 的依赖注入容器让你能够很好地访问系统服务，但与其他产品相比，它作为通用工具的实力并不强大，而且要求开发者在不完全了解自己需要什么的情况下盲目使用。它只是让做好一件事变得足够简单。不过，请注意，你仍然可以插入自己喜欢的依赖注入库，而更强大的依赖注入容器将在 .NET 8 中引入。相比之下，穷人版依赖注入需要纪律和理解。它并不差；更何况，它更直接、更快，而且在测试性和声明性上同样优秀。

---

2. 使用策略模式处理业务规则

在一个现实应用程序中，领域服务层通常处理大多数业务规则，这是因为在大多数情况下，应用规则的过程涉及从一个或多个表中检索数据。值得重申的是，领域模型应完全与持久化和数据存储的细节保持独立。

处理业务规则是一个动态过程，尤其是在 B2C（企业对消费者）的背景下。各种类型的业务规则和政策可能会频繁更改。如果这些规则保持一致或者仅在较长的时间跨度内改变——比如，每几年一次，你可以放心地直接编码来验证业务规则。然而，当业务规则更新更加频繁（例如每周一次）时，情况就有了很大的不同。在这种情况下，你应该避免任何微小的可能导致隐性依赖或代码混乱的风险。

这就是策略模式可能发挥作用的地方。策略模式是一种设计原则，它允许你在一个类中动态地交换算法或行为。将这些行为作为可交换的策略进行封装，有助于提高灵活性、可复用性和便于维护。这种模式使得在运行时能够选择特定的策略，有助于应对变化的需求，而无须改变核心代码结构。

这里展示了一个使用策略模式来抽象支付方法的例子。**IPaymentStrategy** 接口定义了预期的行为：

```
public interface IPaymentStrategy
{
    void ProcessPayment(double amount);
}
```

以下是实现上述策略的一个可能方案：

```
public class CreditCardPayment : IPaymentStrategy
{
    public void ProcessPayment(double amount)
    {
        ...
    }
}
```

最终，这一策略将被一些特定领域的服务所使用，如下所示：

```
public class PaymentProcessorService
{
    private IPaymentStrategy _paymentStrategy;

    public PaymentProcessorService(IPaymentStrategy paymentStrategy)
    {
        _paymentStrategy = paymentStrategy;
    }
```

```
    public void MakePayment(double amount)
    {
        _paymentStrategy.ProcessPayment(amount);
    }
}
```

应用层的代码如下:

```
var processor = new PaymentProcessorService(new CreditCardPayment());
processor.MakePayment(amount);
```

总的来说,`IPaymentStrategy` 接口定义了处理支付的通用方法。具体的支付方式将实现这个接口。`PaymentProcessor` 类利用选定的支付策略在运行时动态处理支付。这种模式允许轻松添加新的支付方法,而无须修改现有代码。回到我们最初的策略评估示例,你可以使用策略模式来封装评估文档 – 用户策略的逻辑。

3. 特殊情况模式

特殊情况模式是指当处理这么一个基本问题:当代码打算返回一个对象,比如一个 `Document` 对象,但是没有合适的对象可用时,推荐的行为是什么?代码应该仅返回 `null` 吗?还是代码应该选择一些非传统的返回值?或者你应该引入一些复杂的方法来识别某个结果的存在或缺失吗?

以下面代码为例,它尝试从存储中检索一个文档:

```
public Document Find(int id)
{
    var doc = _documentRepository.Get(id)
    return doc;
}
```

如果搜索失败了,会返回什么呢?在类似的情况下,大多数方法通常会返回一个有效的 `Document` 实例或者 `null`。因此,这种模式背后的想法是返回一个特殊的文档,它代表一个空文档,但在代码层面上,它仍然是一个有效的 `Document` 类实例。运用特殊情况模式的代码范例如下:

```
public class NullDocument : Document
{
    …
}
```

`NullDocument` 是一个派生类,它将所有属性初始化为它们的默认值或空值。这使得任何为 `Document` 设计的代码也能够处理 `NullDocument` 实例。类型检查随后有助于识别任何潜在的错误。

```
if(order is NullDocument)
{
    ...
}
```

这就是特殊情况模式的本质。除了这个基础实现之外，你还可以自由地加入许多额外功能，比如引入一个单例实例或甚至集成一个可选的状态信息，来避免类型检查的需要。

7.4 其他问题

到目前为止，我们已经确定，领域服务擅长处理跨实体操作和根据过往操作历史的领域特定功能。领域服务并不是与数据库无关的。恰恰相反，它们通常需要通过仓库访问存储或缓存的数据。总之，领域服务的本质是促进领域模型中复杂交互和协调。

考虑到领域服务通常由应用层调用（见图 7-1），人们可能会疑问为什么应用服务不包含通常位于领域服务中的所有逻辑。本节的目的就是为了回答这个问题。

7.4.1 领域服务是否有必要

在设计层面上，一个悬而未决的问题是：为什么不直接使用应用服务来安排原本委托给领域服务的业务流程呢？更一般地说，如果所有特定于领域服务的任务都可以由应用服务或一些功能更丰富的仓储类来完成，那么领域服务真的有必要吗？让我们一探究竟。

1. 领域服务与应用服务

应用服务和领域服务可能在概念上有相似之处，但它们是不同的实体。尽管它们都涉及可以与领域实体进行交互的无状态类，但相似性仅止于此。关键的区别在于，只有领域服务旨在体现领域逻辑（见图 7-2）。

应用逻辑和领域逻辑是应用程序的不同部分。应用逻辑处理用例的编排，领域逻辑处理业务决策。然而，用例与业务决策间的界限很模糊且不明确。对于它们的区别，没有一个既迅速又确切的定义。答案往往带有相对性，这取决于你对业务领域以及其将来走向的理解深度。同样，答案也依赖于你从利益相关者和领域专家处获得的指导的质量。今天看似完全符合用例范畴的事物，可能在

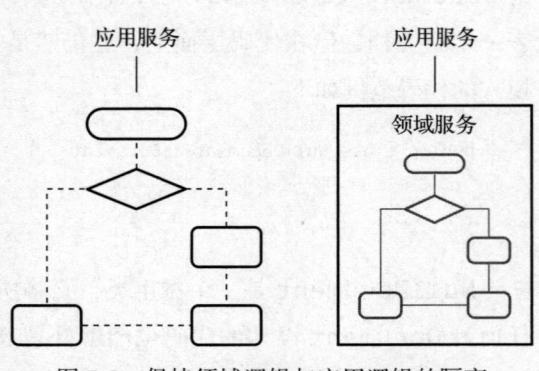

图 7-2 保持领域逻辑与应用逻辑的隔离

明天就转变成领域逻辑的一部分,反之亦然。

一直使用应用服务远非完美的解决方案——尽管它造成的损害极小(但非零)。当你采取这种方法时,你可以不用在细节决策上花费时间,而是简单地假设每个步骤都是用例的一部分。决定是否从应用用例中提取领域服务的一个指导原则是,如果你识别出一个业务决策,这个决策需要来自外部世界(例如数据库)的补充信息,并且不能仅通过实体和值对象来做出,那么应该提取领域服务。

提示
在实施 DDD 的过程中,如果你认为可以达到某种绝对的真理,那实在是不现实的。总会有人对任何选择提出质疑。只要代码能够正常运行,相对流畅,更重要的是,与你当前对领域的理解相匹配,那么你就应该对它的质量和相对的可维护性充满信心。

2. 纯与不纯的领域服务

让我们回到领域服务被广泛接受的定义上来。领域服务的目的是填补领域模型中的空缺,以处理无法在单个实体中充分封装的行为。它们关注的是简单的逻辑,但也涉及可能需要访问外部源(通常是数据库)的业务决策。

纯领域服务是通过算法处理关键业务决策的领域服务,它是无需外部输入的纯粹逻辑。如果单个领域实体可以在逻辑上承载它,那么它就好比分配给该领域实体的纯粹行为一样。相反,不纯领域服务则涉及数据的读取与写入,进行与数据有关的业务操作。举个例子,要评判一个客户是否符合金牌客户的资格,就需要审查他们的支付和购买记录。

3. 扩大仓库的范围

想象以下情景:你正在注册一笔购买,如果客户拥有黄金会员状态,则可以获得额外的折扣。你会如何处理这种情况?下面是一些你可能在应用层使用的示例代码:

```
// Use the Fidelity domain service to know about the customer status
if (_fidelityService.IsStatus(customer, CustomerStatus.Gold))
    purchase.Discount += 0.05;   // extra 5% discount

// Plain update operation on the database
_purchaseRepository.Save(purchase);
```

一旦你了解了客户的状态,你就可以在购买中添加额外的折扣并永久保存它。使用中间的领域服务,用例将简化为以下内容:

```
_fidelityService.RegisterPurchase(purchase)
```

在内部，RegisterPurchase 方法会检索顾客信息，核查他们的状态，并调整折扣率。如果你改用以下内容会怎样呢？

```
_purchaseRepository.RegisterPurchase(purchase);
```

在这种情况下，仓库不仅仅是聚合根的 CRUD 代理，还包含了一些业务逻辑。这种做法是好的、坏的还是中性的呢？

在下一章中，你将会看到更多细节，仓库方法必须避免包含业务或应用逻辑。它们的范围应仅限于与数据相关或 ORM 特定的任务。此外，对其他服务的依赖数量应该是零或保持在最低限度。

从纯粹的 DDD 角度来看，将仓库的范围扩展到纯粹持久化之外并不是一个最佳实践。这主要是因为在 DDD 中，数据库往往只是一个细节，而且根据许多纯粹主义者的看法，无论物理存储如何，都应该持久化相同的模型。

现实世界并非如此，没有任何应用程序是脱离实际数据库设计的。此外，关系型数据库允许你在存储过程中保存业务逻辑——这是在数据库服务器内部完成的——而这仍然是运行它的最快方式。因此，从持久化的角度来看，将领域服务和仓库（这些仓库是定制的，比单纯的 CRUD 代理更丰富）合并在一起，就像完全从应用层内部进行所有操作，或者拥有边界不清晰的领域服务一样，都是可以接受的。

7.4.2 领域服务的其他应用场景

你可能想要使用领域服务的场景取决于领域的细微差别和微妙之处。目的是保持一个清晰、有针对性和表述清楚的领域模型，通过使用领域服务来封装那些不能无缝融入任何已识别实体中的业务逻辑。

领域服务只是一个工具，用于增强领域模型与整个应用程序中更多操作部分之间的隔离。除了实现跨实体逻辑之外，领域服务还可以应用于几个额外的场景。

- 领域验证：当某些验证涉及跨多个实体或值对象的复杂规则时，领域服务可以集中验证逻辑，确保整个领域的验证一致。
- 数据规范化：在需要对数据进行转换或规范化以供领域逻辑使用的情况下，领域服务可以处理这些转换，以确保数据适合操作。同样，如果领域需要处理的数据格式不是领域模型的原生格式，领域服务可以将外部数据转换和适配成兼容的格式。
- 安全和授权：尽管在表示层的入口处处理授权更好，但你可能希望在操作流程中执行安全和授权检查，尤其是当这些检查涉及复杂的领域特定规则时。在这种情况下，实施安全检查的理想位置是在领域服务中。
- 与遗留系统集成：当与不符合现有领域模型的遗留系统集成时，领域服务可以有效地充当适配器。例如，它们可以用于在遗留系统的结构和你的领域结构之间进行转换。

7.5 本章小结

DDD 已成为一种强大的方法论，能让团队更有可能构建出稳健且易于维护的系统。DDD 的核心是领域模型，这一点在上一章有所介绍。本章专门讨论领域服务，领域服务与领域模型一起，构成了应用程序的领域层。

尽管领域模型确立了领域的基本元素，描绘了其实体、关系和原则，但领域服务承担了为超越单个领域实体的更复杂业务逻辑提供协调作用的角色。在 DDD 方法中，领域模型和领域服务的协同作用构成了强大的组合，以紧密反映应用背后的现实世界切片。总的来说，尽管领域服务可能还是可选的，但它们的使用促进了业务应用的领域驱动设计中的精确性和清晰性。

下一章将讨论仓库和基础设施层，这标志着对于受 DDD 启发的分层和清洁架构探索的结束。

第 8 章

基础设施层

> 凡上升者必下沉。
>
> ——艾萨克·牛顿(Isaac Newton)

基础设施层提供了支持核心领域和应用层的技术基础。它的主要目标是处理与核心业务逻辑无直接关系,但对系统运行至关重要的问题。这些问题包括数据存储、与外部服务的通信、专为用户界面设计的服务,以及与诸如遗留平台之类的系统进行技术集成等。

提示

从纯粹的功能角度来看,所有这些任务都可以通过应用层中的各种组件或可能由领域服务来松散地完成。然而,将这些技术细节从领域层中分离出来,有助于构建更清晰、更易维护的架构。

基础设施层的一个关键组件是仓库模式。仓库负责管理领域对象的持久化和检索。其思想是从领域层抽象出数据访问逻辑,实现 SoC,以便于在不影响核心领域逻辑的情况下,更改底层数据存储技术。然而更现实地看,尽管在领域模型和持久化之间可以通过不同的类库和契约接口来实现简单的物理 SoC,但领域模型和数据库结构之间仍然存在一种隐形的联系。一个可以将"任何"领域模型持久化到"任何"存储的理想中的映射层,仍然只是一个渴望能达到的目标,或者说是一个努力的方向。

本章主要关注现实应用程序中实现持久化的方法。它讨论了领域模型和持久化模型,以及如何将这两种关注点合并到一个统一的、略有杂质的类库中。此外,本章专门有一节讨论了数据访问框架（ORM 和 Micro-ORM）和数据存储架构。然而请记住，尽管持久化是基础设施的关键职责，但它并不是唯一的职责。让我们从快速回顾该层的各种关注点开始本章的讲述。

8.1 基础设施层的职责

基础设施层不仅仅与持久化有关，它还涉及对外部服务的各种依赖。这些服务并不是业务领域中明确的组成部分，它们包括电子邮件、打印、外部网络服务、内部时钟和时区管理等。

无论你是将基础设施层编码为一个包含多个功能的单一项目，还是将其拆分为两个或更多基于功能的项目，它们涵盖的职责范围都相当庞大。无论是否遵循 DDD 设计原则，适当地将其与应用程序的其余部分分离是必要的。本节列出了基础设施层的核心职责。

8.1.1 数据持久化和存储

基础设施层的主要职责是处理数据持久化和存储，包括与数据库、缓存机制以及应用程序可能需要的任何外部存储系统的交互。"主要职责"是指存储几乎是所有业务应用不可缺少的服务，而并非用来描述存储与其他基础设施层职责的相对重要性。

持久化是指拥有一个 API，它知道如何在读写操作中处理数据存储。理想情况下，DDD 的领域模型是与持久化无关的，但是领域模型对象在某个时刻必须被保存到存储中并从存储重新加载回内存。这种能力需要一个额外的软件组件来完成。在 DDD 中，这些组件是仓库类。

领域模型不需要知道它的类是如何被保存的，这是仓库的唯一职责。仓库类是一个简单的工具类，它的主要作用是保存领域模型，同时封装持久化逻辑和所有必要的细节。

尽管有成千上万篇文章宣传其推荐的某种最佳完美仓库类设计方案，但实际上并没有明确的规定来知道如何设计仓库类。不过，还是存在一些常见的做法。其中最重要的一条，是对于领域模型中定义的每个聚合体都应该有一个对应的仓库类。仓库类负责对聚合根对象执行各种 CRUD 任务。

除此之外，无论你是通过存储过程直接持久化领域模型，还是将其映射到由 ORM 工具管理的另一个持久化模型，这都取决于你。这是你的设计和你的选择。但无论你的选择是什么，只要我们还认为严格遵守 DDD 原则对于构建应用程序是一个加分项，你都应遵循 DDD 原则。

8.1.2 与外部服务的通信

几乎所有的现代应用程序都需要与一个或多个外部服务进行通信，无论外部服务是公开可访问的网络服务、消息系统还是遗留应用程序。基础设施层管理这些交互，包括处理网络请求、认证和数据序列化。这些基础设施服务封装了通信的复杂性，并确保领域层与外部交互的具体细节保持解耦。

基础设施层与外部服务之间的通信方式通常包括：

- Web API：在这种方式下，应用程序通过附加身份认证信息，以 HTTPS 协议连接外部服务并获取 JSON 数据。JSON 类应该局限于下载它们的库中。同时，它们应该通过一个中间类暴露给应用程序的其余部分，这些中间类对应用程序保持不变。在 DDD 的角度来看，这是第 2 章提到的 ACL 模式的一个实际案例。如果 Web API 的 JSON 格式发生变化，你只需要简单地修复 JSON 到 C# 的映射器，而无须修改更多地方。
- Windows 通信基础架构（Windows Communication Foundation，WCF）引用类：传统应用程序通常将其连接点暴露为老式的 WCF 服务。Visual Studio 和 Rider 允许你将 WCF 端点导入为引用类。换句话说，你的代码只需处理这些类中的方法，这些类在内部管理建立连接和交换数据所需的协议细节。
- 共享文件或数据库：当不存在 HTTPS 或 WCF 端点时，通信可能通过 FTP（File Transfer Protocol，文件传输协议）或更有可能通过访问共享文件夹进行文件读写，或者通过特定账号登录到某些关系型数据库服务器。

提示

发送电子邮件或创建 PDF 文件是基础设施层中集成 Web API 的典型例子。

8.1.3 与内部服务的通信

在软件架构领域，"内部服务"这个词语相对不太常见。但由于已经使用"外部服务"来指代远程网络服务和遗留应用程序，我觉得使用一个对称的专用词语来指代通常在基础设施层中实现的另一类服务是可以接受的，这些服务包括：用户界面框架、日志记录、依赖注入、认证/授权、本地化、配置等。

配置和环境管理是另一个可能被委托给基础设施层的内部关注点。它涉及不同的运行环境（开发、预发布、生产等），这些环境可能需要不同的配置。

一个在约定服务边界内极其有用但常被忽视的内部服务是时钟服务。时钟服务是应用程序 API，负责返回当前应用程序时间。在一个 Web 平台上，"现在几点了？"这个问题很难回答。当然，你可以很容易地得到 UTC（Universal Time Coordinated，世界协调时）时间，但仅限于此。跟踪登录用户所在的时区（假设用户实体记录了一个固定的时区）有助于将 UTC 时间转换为更实用的本地时间。尽管如此，无论返回的是本地时间的还是 UTC 时间，你得到的时间始终是当前时间。你没有办法测试你的应用程序，模拟当前是某个随机的日期和时间。因此，如果应用程序对当前时间非常敏感，你应该编写一个方案来控制系统的当前时间。以下是一个实现此功能的类的示例，它通常位于基础设施层：

```
public static class ClockService
{
    public static DateTime UtcNow()
    {
        return Now();
    }

    public static DateTime Now(int timeZoneOffsetInMins = 0)
    {
        var now = _systemDate.HasValue ? _systemDate : DateTime.UtcNow;
        return now.AddMinutes(timeZoneOffsetInMins);
    }
}
```

这段代码定义了几个全局静态方法，它们使用从某个设置存储（如文件或数据库）中读取的变量值覆盖了 .NET 的 UTC 时间。你需要做的只是在原本使用 `DateTime` 静态方法的地方改用 `ClockService.Now` 或 `ClockService.UtcNow`。

提示

说来奇怪，多年来在 .NET Core 或 .NET Framework 中并没有提供时间抽象的功能。.NET 8 终于通过 `TimeProvider` 基类带来了对这一功能的支持。

8.2 实现持久化层

持久化层构成了应用程序与数据存储之间无缝交互的基础，确保了关键信息的持久性和完整性。持久化层的组成块没有明显的通用配置。持久化可以以多种方式实现，只要它与其他层保持分离，就没有对错之分。

通常你会拥有一个由几个知道如何访问数据库的类来组成数据访问层。构建这些类的方法有多种，既可以以领域为中心，也可以以数据库为中心，没有绝对的对错。归根结底，关键是需要从多种可能的方法（及相关技术）中探索如何编写这样一个数据访问层。在

DDD 中，构成领域模型和任意持久化存储之间通用桥接层的类有一个特定名称：仓库。

提示

实现仓库的方法没有对错之分，不能将整个应用程序的编写质量简单地归结为好或不好。仓库只是一个架构元素，只要它正常承担着存储与应用程序其余部分之间桥梁的作用，它的实现方式就无关紧要。

8.2.1 仓库类

仓库类充当应用程序代码和底层数据存储之间的中介。它通常提供执行 CRUD 操作的方法，同时抽象化数据交互和操作的复杂性。

尽管仓库类通常处理 CRUD 操作，但其实际作用可以超越这些基本的数据操作。它可以封装更复杂的数据访问逻辑，包括查询、过滤和数据聚合。这使得仓库能够抽象出各种与数据相关的任务，促进应用程序代码和数据存储关注点之间的分离。

1. 领域服务还是富仓库类

富仓库类的功能可能会与领域服务的职责相重叠。它们之间的界限是模糊的，所以我才说编写仓库类的方法没有对错之分。

如果必须在领域服务和富仓库类之间划一条界线（界限确实存在），那么界限将由仓库类对数据执行操作的领域特定性所决定。数据操作越特定于业务领域，就越应该归属到领域服务；数据操作越涉及简单的查询或（批量）更新，就越应该归属到富仓库类。

2. 仓库模式

在构建仓库类（或仅仅是一个简单的数据访问类）时，可以考虑参考仓库模式。它是一种流行的软件设计模式，为仓库类提供了逻辑骨架。仓库模式通过封装特定领域实体的 CRUD 操作和其他与数据相关的任务，将数据访问逻辑集中到仓库类中。

使用仓库模式带来了一些明显的好处：

- 它将应用程序代码与数据存储细节解耦，提高了可维护性。
- 在单元测试中，仓库类可以轻松地被模拟或替换成测试用的版本，这样就可以在不涉及实际数据存储的情况下彻底测试应用程序逻辑。
- 通过把数据访问逻辑集中在一处，仓库模式可以提高可扩展性，因为生成的数据访问层可以根据需要进行优化或调整，而不影响应用程序的其他部分。

大多数公认的仓库模式实现都是从列出目标实体要支持的操作开始的。这里有一个例子：

```csharp
public interface IReleaseNoteRepository
{
    ReleaseNote GetById(Guid documentId);
    IEnumerable<ReleaseNote> All();
    void Add(ReleaseNote document);
    void Update(ReleaseNote document);
    void Delete(Guid documentId);
}
```

一个真实的仓库类仅仅实现了上面的接口:

```csharp
public class ReleaseNoteRepository: IReleaseNoteRepository
{
    public ReleaseNoteRepository(/* connection details */)
    {
        ...
    }

    public IEnumerable<ReleaseNote> All()
    {
        ...
    }

    // More code
    ...
}
```

无论是通过直接的连接字符串还是更复杂的对象（如 EF DbContext 对象），访问数据库都是仓库类的职责之一。仓库类的实现者必须决定使用哪种数据访问 API。在 .NET 领域，常见的选项如下：

- ADO.NET：一个以连接、命令和数据读取器为中心的数据库访问底层 API。长期以来，它是 .NET 中唯一的数据访问 API。尽管它现在仍然完全可用，但普遍认为它已经过时了。许多开发者选择使用 EF Core（接下来讨论），因为它具有更高层次的抽象、更现代化的功能并且能够与 .NET Core 应用程序的架构保持一致。
- EF Core：一个为 .NET 应用程序设计的现代 ORM 框架。EF Core 通过允许开发者将数据库实体作为普通的 .NET 对象来操作，简化了数据访问，抽象了 SQL 查询和数据操作的复杂性。凭借支持 LINQ 和迁移等功能，EF Core 简化了与数据库相关的任务，实现了以更面向对象的方式访问数据。
- Micro ORM：Micro ORM 是指轻量级的对象关系映射框架，用于将数据库记录映射到软件应用程序中的对象。它专注于简洁和极简主义，提供基本的 CRUD 操作，与像 EF Core 这样的完整 ORM 解决方案相比，其功能有限。最受欢迎的 Micro ORM 框架是 Dapper。Micro ORM 适用于那些只需要轻量级数据访问层，仅由相对简单的查询和基本 CRUD 操作就能满足应用程序需求的场景。

除非在执行查询时犯了明显的错误，否则没有任何 .NET 数据访问框架能比 ADO.NET 数据读取器表现得更好。这是因为 EF 和所有 .NET Micro ORM 都是建立在 ADO.NET 之上的。那么，为什么不直接使用 ADO.NET 呢？ADO.NET 在 25 年前开发，当时 ORM 模型不过是一个学术概念，它不知道如何将普通的表记录映射到类型化的 C# 对象上。ADO.NET 允许通过数据库服务器提供的数据流进行基于游标的导航，并且可以在内存中以非类型化字典的形式加载整个结果集。简而言之，ADO.NET 不适合现代的数据访问编码策略，也无法满足当今开发者的期望。

忠实地将数据库对象映射到 C# 对象是完整的 ORM 框架的使命。Micro ORM 代表了某种中间地带，它们提供了基本（且更快的）对象到数据库映射，但缺少更高级的功能，如变更跟踪、延迟加载、LINQ 和迁移。

我对编写仓库类内部代码的建议如下：从 EF 开始，但当需要优化特定查询时，准备好切换到 Dapper（或其他 Micro ORM）。当需要优化更新命令时，考虑切换到纯 SQL 命令或存储过程。

仓库模式真的有价值吗

我通常并不特别喜欢设计模式。这并不是说我不重视为常见问题寻找通用解决方案这个理念，恰恰相反，我只是认为仅仅为了使用而使用是没有价值的。

我完全认同 DDD 中使用仓库类来将整个应用程序与数据存储细节解耦的理念，我也同意领域模型中每个聚合体都应有一个仓库类的指导原则。但我对使用显式接口，尤其是像下面这样使用泛型仓库接口，心生怀疑：

```
public interface IRepository<T> where T : class
{
    T GetById(object id);
    IEnumerable<T> GetAll();
    void Add(T entity);
    void Update(T entity);
    void Delete(T entity);
}
```

每个现实世界的聚合体（不算玩具示例应用程序）都有自己的一套业务特征，这些特征很难与通用 CRUD 导向的仓库模式相匹配。然而，除非通用仓库类能够解决特定的设计问题，否则仅仅因为它存在而使用它是没有价值的。

通过为每个仓库类使用一个接口，可以在不影响依赖它的任何代码的情况下切换实现方式。这种模块化设计让你在测试期间更容易模拟仓库类，从而可以在不涉及真实数据库的情况下对应用程序层和领域服务进行单元测试。如果你进行大面积测试，这种能力很重要。

但另外，因为可能在未来某个时候你会决定更换底层数据访问技术而选择使用仓库接口，是不现实的。选择数据访问技术是一个关键的项目决策。通常来说，为每个仓库从一开始就精心设计接口听起来像是过度工程。

归根结底，尽管仓库模式是一个有价值的工具，但并非适用于每个应用程序。它在数据访问复杂性较高且保持清晰的 SoC 是优先事项的大型应用程序中特别有益。然而，较小的应用程序可能更适合使用更简单的数据访问策略。

重要提示

代码的可复用性越高，其实际可用性就越低。通用仓库模式方法的吸引力在于，你可以创建一个单一的、通用的仓库，并用它来构建各种子仓库，以减少所需的代码量。然而在实践中，这种方法只在开始阶段有效。随着复杂性的增加，每个特定仓库类中需要添加的代码越来越多，这种方法的用处就不大了。

3. 工作单元模式

在关于仓库模式的讨论中，另一个经常被提及的设计模式是工作单元（Unit-of-Work，UoW）模式。这种模式的目的是在一个单一的、连贯的事务上下文中管理和跟踪多个数据库操作。其主要思想是在事务边界内封装诸如插入、更新和删除等与数据库相关的操作。这个边界由 UoW 控制器的生命周期定义，控制器代表了一个工作单元，即与数据库的一次会话。通过将数据库操作分组成单元，该模式防止了由于事务部分完成可能导致的数据不一致。

UoW 模式通常涉及需要更改和更新的领域实体，以及将对这些实体执行数据库操作的仓库类。所有操作都在 UoW 控制器的监督下进行，UoW 控制器是一个负责跟踪实体变更并协调它们持久化到数据库的对象。UoW 控制器管理事务生命周期，确保所有操作要么一起提交，要么一起回滚。UoW 模式实质上是对使用规范 SQL 事务命令（`BEGIN TRAN`、`ROLLBACK` 和 `COMMIT`）的软件抽象。

通过使用 UoW 模式，应用程序能够在比实际 SQL 命令更高的抽象层次上，以一致的事务方式操作多个仓库。这是一个很大的好处。然而，UoW 模式可能并不适用于所有项目，特别是小型应用程序，其复杂性和开销可能会超过其带来的好处。

提示

如果你使用的数据访问技术是 EF（Core 或 .NET Framework），那么你可以完全忽略

UoW 模式，因为它已经在框架内实现了。实际上，需要用来执行任何数据库访问的根对象（DbContext 对象），就充当了一个完美的 UoW 控制器。

8.2.2　使用 EF Core

EF Core 是由微软开发的一个功能强大的 ORM 框架。它旨在与多种数据库配合工作，并支持自动生成查询和更新的 SQL 语句，从而加速应用程序的开发速度。EF Core 还包括变更跟踪、自动关系处理、迁移、延迟加载和 LINQ 等功能。

EF Core 带来了巨大的优势，但也存在性能上的权衡：实现这些高级功能的抽象层引入了一些性能开销。此外，EF Core 并不能控制实际生成的 SQL 代码。这既是好事也是坏事。好的方面是，它使开发者能够在更高级别的抽象层次上规划数据访问代码；坏的方面是，如果确实需要，它阻止了开发者生成更优化的 SQL 命令。

本节接下来的部分将讲述一些在仓库类中使用 EF Core 的要点。

提示

总的来说，EF Core 是任何数据访问任务的最佳默认选项。然而，如果某些操作（查询或更新）需要更高的性能，那么考虑使用像 Dapper 这样的 Micro ORM。Dapper 提供了出色的性能，适用于原始 SQL 控制、性能和简单性是优先考虑的场景。对于更新操作，最佳选择仍然是通过 EF Core 工具使用原始 SQL 命令。尽管如此，也有例外，我对于在大型企业应用程序中使用 Micro ORM 来满足数据访问需求持谨慎态度。

1. 连接到数据库

当你使用 EF Core 时，所有数据访问操作都会通过 DbContext 类的实例进行。如前所述，DbContext 类代表数据库中的一组表（和/或视图），并充当 UoW 事务控制器。你不会直接使用 DbContext；相反，你需要创建自己特定的数据库上下文类，如下所示：

```
public class RenoirDatabase : DbContext
{
    // List of table mappings
    public DbSet<ReleaseNote> ReleaseNotes { get; set; }
    public DbSet<Product> Products { get; set; }
    ...

    // Configure the database provider and connection string
    protected override void OnConfiguring(DbContextOptionsBuilder optionsBuilder)
    {
        optionsBuilder.UseSqlServer("connection-string-here");
    }
```

```
// More methods if needed: model creation, initial data, mappings to stored-procs
...
}
```

UoW 控制器必须配置为使用特定的数据访问引擎（例如 SQL Server），并且必须接收身份信息以进行连接。当然，你可以在同一应用程序中拥有多个 **DbContext** 实例，以访问不同的数据库，或甚至访问同一物理数据库的不同视图。

以下代码确保配置的数据库存在。如果不存在，代码将根据连接字符串自动在本地或云端创建数据库。

```
var db = new RenoirDatabase();
db.Database.EnsureCreated();
```

如果在云端创建新数据库，可能会受到基于你的服务等级的默认设置的影响，新数据库的最大大小可能与你的预期和预算不同。因此，不要在不立即检查已创建的内容的情况下让代码盲目创建新数据库。

DbContext 是一个轻量级且非线程安全的对象，其创建和销毁不涉及任何数据库操作。因此，大多数应用程序可以在仓库类的构造函数中创建它的新实例，而不会带来明显的性能影响。除了直接实例化，还可以选择使用依赖注入，如下所示：

```
public class ReleaseNoteRepository: IReleaseNoteRepository
{
    private RenoirDatabase _db;
    public ReleaseNoteRepository(RenoirDatabase db)
    {
        _db = db;
    }

    public IEnumerable<ReleaseNote> All()
    {
        return _db.ReleaseNotes.ToList();
    }

    // More code
    ...
}
```

在这种情况下，应用程序启动时要在 ASP.NET 依赖注入系统中设置 **DbContext** 实例。

```
var connString = /* Determine based on application static or runtime settings */
services.AddDbContext<CorintoDatabase>(opt => opt.UseSqlServer(connString));
```

代码片段还演示了如何根据运行时设置，动态设置数据库连接字符串。所有需要访问仓库的应用程序或领域服务将通过构造函数接收到一个新实例。默认情况下，**DbContext** 实例具有依赖注入容器所管理的限定生命周期。

> **提示**
>
> 在一个仓库类中使用单个统一的 `DbContext` 实例与在类的每个方法中创建新实例是否存在显著差异?是的,全局实例会在同一个仓库类的多个方法之间共享相同的上下文。这通常是一个优点,但在某些情况下,它可能会在变更跟踪上导致问题。最佳方法是根据特定场景的事实来做出决策。

2. 构建专为 EF Core 设计的持久化模型

EF Core 需要一个对象模型来弥合数据库的关系性质与现代应用程序开发的面向对象性质之间的概念差距。这个对象模型通常被称为持久化模型。

在持久化模型中,类不需要具有行为功能。它们本质上充当了简单 DTO 的角色,与目标数据库中的表保持一对一的关系,并反映外键关系和其他约束。持久化模型由 `DbContext` 主体中声明为 `DbSet<T>` 数据集的所有类创建的。

EF Core 使用一组默认规则将所有持久化模型类映射到数据库。以下是其中的一些规则:

- 表的名称是 `DbSet<T>` 属性的名称。
- 对于 T 类型上的每个公有属性,预期有一个匹配类型的表列。
- 如果类具有集合属性,基于约定或配置,预期存在外键关系。
- 如果 T 类型具有值类型属性,它们将在表列中以特定的命名约定 `ValueTypeName_Property` 形式出现。
- 字符串属性始终被映射为 nvarchar(MAX) 列。

不过,作为开发者,你完全可以修改映射以及创建索引、标识值、约束和关系。你可以通过在 `DbContext` 自定义类上覆盖 `OnModelCreating` 方法来实现这些修改。

以下代码片段表明,来自持久化模型的 `Product` 类在 `ProductId` 列上有索引,其 `Name` 列的最大长度为 100 个字符,且不能为 null:

```
// Configure the model and define the mappings between your entities and DB tables
protected override void OnModelCreating(ModelBuilder modelBuilder)
{
    modelBuilder.Entity<Product>()
        .HasKey(p => p.ProductId);
    modelBuilder.Entity<Product>()
        .Property(p => p.Name)
        .IsRequired()
        .HasMaxLength(100);

    // Additional configurations...
    ...
}
```

下一段代码将 `ReleaseNote` 实体映射到 `Releasenotes` 表：

```
public class ReleaseNote
{
    // Public properties
    // ...

    // Reference to the related product
    public int ProductId { get; set; }
    public Product RelatedProduct { get; set; }

    // ...
}
```

该类包含一个用于产品 ID 的整型属性，以及一个通过内部 INNER JOIN 解析为完整对象的对象属性。以下是一个示例映射，它还检查了产品与其所有版本说明之间的一对多关系和一个级联删除规则，如果父产品被删除，则自动删除版本说明：

```
modelBuilder.Entity<ReleaseNote>()
        .HasOne(rn => rn.RelatedProduct)
        .WithMany(rn => rn.ReleaseNotes)
        .HasForeignKey(rn => rn.ProductId)
        .OnDelete(DeleteBehavior.Cascade);
```

另一个示例与拥有类型有关。在 EF Core 术语中，拥有类型是一种自定义值类型，封装了一组可以在多个实体中重用的相关属性。当查询或保存实体时，EF Core 会自动处理这些拥有属性的持久化和检索。在以下代码片段中，`Timestamp` 是一个 EF Core 持久化模型中的拥有类型：

```
public class ReleaseNote
{
    public Timestamp Timestamp { get; set; }

    // More public properties
    // ...
}
public record Timestamp
{
    public DateTime? LastUpdate { get; set; }
    public string Author { get; set; }
}
```

将 `ReleaseNote` 与 `Timestamp` 属性进行映射需要如下操作：

```
modelBuilder
    .Entity<ReleaseNote>()
    .OwnsOne(rn => rn.TimeStamp);
```

拥有类型也可以嵌套。此外，像 `Timestamp` 这样的拥有类型可以具有另一种自定义值类型的属性。在这种情况下，你可以链接多个 `OwnsOne` 语句。

提示

EF Core 8 重新引入了自 EF6（最后一个非 .NET Core 版本）以来一直缺失的复杂类型。复杂类型与拥有实体非常相似，但有一个关键的区别：不同于拥有类型，一个复杂类型的实例可以在同一个或不同的实体中多次复用。

重要提示

你可以使用 EF Core 链式流畅 API（如前例所示）或数据标注来表达持久化模型中的类与实际数据库表之间的映射关系，也可以结合使用这两种技术。然而，推荐选择流畅 API。首先，它更具表现力。其次，如果领域模型和持久化模型的实现一致（稍后将详细介绍），它可以使领域模型不依赖于数据库。实际上，一些数据标注（例如 `Key` 和 `Index`）可以修饰领域模型类，但需要依赖于某些 EF Core NuGet 包。

---

3. 比较领域模型和持久化模型

如果你进行 DDD，最终会得到一个领域模型。如果选择使用 EF Core 持久化应用程序由领域实体表示的状态，你需要一个持久化模型。那么，领域模型和持久化模型之间的关系是什么？

第 5 章简要提到了业务领域模型与 ORM 工具（如 EF）所需的持久化模型之间的概念差异。本节将从更广阔的视角回顾并扩展这些观点。

DDD 的一个基本原则是，领域模型应该由普通老式类对象（Plain Old Class Object，POCO）类组成，这些类对数据库一无所知，存储是数据访问类的职责，就这么简单（见图 8-1）。

如果不借助 ORM 框架实现数据的存储和重载（比如直接通过存储过程或 ADO.NET 进行），那么你最终会有一个独立的代码层负责数据持久化。这个持久化层属于应用程序的基础设施，其技术或实现方式对领域聚合体没有任何影响。

如果选择使用像 EF Core 这样的 ORM 方案，情况会有所不同。ORM 工具需要数据具有独特的表现形式，它利用这种表现形式来将数据对应到数据库结构（如表和字段）。本质上，这是一个与第 6 章讨论的领域模型具有不同特征的对象模型，这个额外的模型就是持久化模型。

从概念上来说，领域模型和持久化模型是完全不同的东西。一个聚焦于业务视图，另一个聚焦于数据库视图。从纯粹和理想的设计角度来看，你应该既有领域模型也有持久化模型，并且它们之间要分离得当。一个额外的映射器类层将执行从持久化类构建领域聚合体，然后将领域聚合体保存到持久化类中（见图 8-2）。

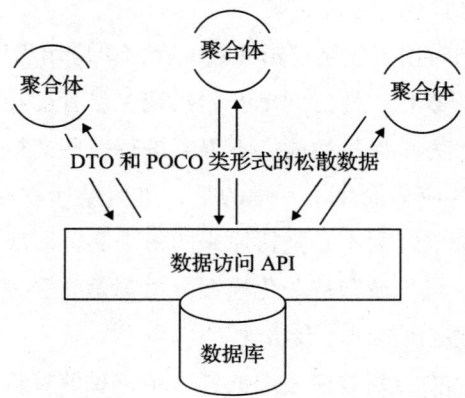

图 8-1　使用非基于对象的 API 来序列化和反序列化领域模型聚合体

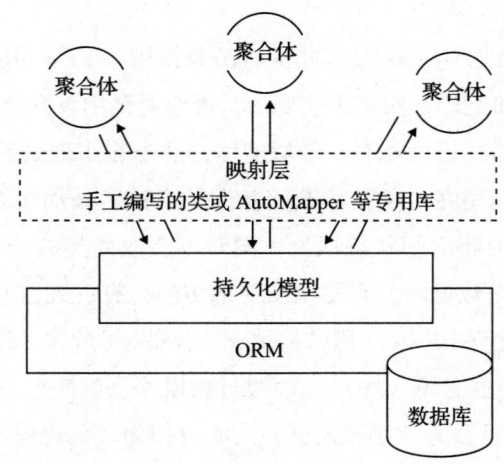

图 8-2　独立于领域之外的持久化模型

当然，管理两套不同的对象模型虽然说不上是一件很大的麻烦，但也需要付出相当大的额外努力。那么，是否可以接受对领域和持久化使用同一套数据模型呢？通常这取决于具体情况。但我倾向于尽可能使用同一套模型。

1. 混杂式持久化领域模型

基础设施层旨在保护领域层免受数据存储和检索复杂性的影响，从而保证 DDD 所倡导的 SoC 原则。然而，领域模型中的实体必须从某些现有的数据存储中填充。因此，尽管领域模型必须与数据存储的物理实现隔离，但它在逻辑上不能与之断开。

在领域模型中，如果放宽一些逻辑约束，使其能够作为所选 ORM 的持久化模型，那么该模型可能就不如理想中的那样纯粹。然而，这种在代码、设计和性能之间的折中值得探索。我甚至想说，你应该将它视为首选方案。

假设你采用一套模型同时用于领域逻辑和数据存储。应用程序在生产环境中运行良好，但随着时间的推移和变更的累积，性能问题开始出现。尽管已经精心规划了表、视图和索引，但表的增长速度惊人，为了保持性能，不得不进行一些非规范化处理。为了满足性能需求，一个新的数据库设计应运而生。不幸的是，重新设计数据库极大地改变了表结构。结果，领域实体跨越了多个表，而不是坚持原来的每个实体对应一个表的方法。在这种情况下，无论付出多少成本，将领域和持久化模型分离都是合乎逻辑的。然而，这种额外的成本只有在真正需要解决特定挑战时才会出现。

只要数据库表的组织结构与领域模型类的层次结构足够接近，不需要做太多工作就能通过 EF Core 持久化领域模型。每个实体类所需的更改非常少，更妙的是，这些变更不会影响公有接口：

- ❑ 添加一个私有的无参构造函数：此构造函数仅用于 EF Core 的对象实例化。其他所有公有构造函数和工厂方法都无须变动，继续对调用者开放。
- ❑ 将所有属性设置器标记为私有：领域实体的状态很少通过给公有属性设置器赋值来改变，而是通过调用在内部按需改变状态的方法。添加私有设置器可以让 EF Core 通过编程的方式为获取的状态赋值，同时不会改变类的公有接口。实际上，当 EF Core 从数据库检索数据时，它使用反射来访问私有设置器并初始化属性值。这个方法让你能够仍然允许 EF Core 用数据填充实体的同时，保持对实体内部状态的控制。

应用这些技巧，并使用流畅 API 标记模型与数据库表的映射，代表了一种可以接受的折中方案：一个足够优雅且独立的领域模型，同时也作为持久化模型工作良好。

2. 必不可少的 EF Core 实践

EF Core 编程中存在一些最佳实践，虽然并非强制，但它们对于有效使用 EF Core 框架很有必要。在大多数情况下，没有理由（除非不了解）忽略它们。

- ❑ 急切加载：延迟加载（与急切加载相反）通常看似是一种对数据库逻辑有利的方法。当启用延迟加载时，相关实体只有在使用代码访问它时，才自动检索数据库。不同于显式加载，延迟加载最低程度减少了不必要的数据加载，并且看起来使开发者从管理实体的工作中解脱出来。然而，延迟加载可能导致多余的往返，这降低了应用程序的性能。使用延迟加载时，你也没法知道究竟何时才实际查询数据，因此很可能导致 SELECT $N+1$ 问题的产生。最后，延迟加载仅在同一 **DbContext** 实例内工作，因此不适合在整个仓库内使用。基于上述原因，你应当尽可能地使用急切加载。要使用急切加载，只需在 LINQ 查询中为任何需要急切加载的相关数据指定 `Include` 子句即可。

- 禁用对象跟踪：这条规则指示 EF Core 不要跟踪检索到的实体。如果只需要查询数据而不需要修改或更新它们，这可以提高性能并减少内存使用。如果你是在更新操作的上下文中查询一条记录，那么就一切照旧（仍然默认启用对象跟踪）；但如果你仅仅只需要获取一条或多条记录从而获得一组对象集合，那么建议在 LINQ 链式表达式中加入 `AsNoTracking` 以获得更好的性能。

- 使用 `DbContext` 对象池：前面曾经提到过 `DbContext` 是一个轻量级对象，频繁创建和释放它通常不是问题。然而，对于需要大量 `DbContext` 对象的应用程序来说，这可能成为一个问题。在 EF Core 中，对象池可以提高资源利用率，从而提高整体性能。`DbContext` 的池化可以复用池中现有的实例而不是创建新实例，从而减少了对象创建和释放的开销。如果你使用依赖注入来注入 `DbContext` 实例，那么需要在程序启动时将 `AddDbContext` 替换为 `AddDbContextPool`。如果你想独立于依赖注入使用 `DbContext` 池，可以初始化一个 `PooledDbContextFactory`，然后通过它创建 `DbContext` 实例。

```
var options = new DbContextOptionsBuilder<RenoirDatabase>()
    .UseSqlServer("connection-string-here")
    .Options;
var factory = new PooledDbContextFactory<RenoirDatabase>(options);
using (var context = factory.CreateDbContext())
{
    // ...
}
```

- 预编译查询：通过预编译查询，可以将 LINQ 查询预编译为可复用的查询执行计划，从而优化性能。预编译后的查询可以存储起来重复使用。使用预编译后的查询而非每次需要时动态生成和执行查询，可以提高查询执行时间并减少开销。

从开发者的角度来看，预编译后的查询就像是 `DbContext` 类上的公共方法，可以使用它们代替 EF Core LINQ 表达式。

```
public class RenoirDatabase : DbContext
{
    public static Func< RenoirDatabase, int, IEnumerable<ReleaseNote>> ByYear =
        EF.CompileQuery((RenoirDatabase context, int year) =>
                        context.ReleaseNotes.Where(rn => rn.Year == year));
}
```

本质上，你是给 EF 提供了一个 lambda 表达式，表达式接受一个 `DbContext` 对象和一个参数来执行查询，随后需要查询数据的时候，可以调用该委托。在上面的代码片段中，可以通过传入一个 `DbContext` 和一个年份值来调用 `ByYear` 委托。

提示

预编译查询只能带来小幅的性能提升，大概就比普通查询快一点点。虽然预编译查询很有价值，但它们并不是解决查询性能问题的万能药。

- 分页：管理大型数据集时，建议通过分页来查询数据量很多的记录集合。为此，EF Core 提供了 `Take` 和 `Skip` 方法来实现仅查询部分记录段的功能。但在使用这个功能时，切记 `DbContext` 对象不是线程安全的。也就是说，在多个线程使用同一个共享 `DbContext` 对象执行并发查询，绝对是一个坏主意。

- 批量燥作：这种技术允许你将多个数据库操作合并成一个批量执行，而无须为每个操作依次发出 SQL 命令。当执行大量的数据库更新、插入或删除操作时，合并成批量燥作可以带来显著的性能提升。此功能不是 EF Core 自带的，需要安装一个专门的 Microsoft NuGet 包：Microsoft.EntityFrameworkCore.Relational。

```
// Enable batch operations
optionsBuilder.UseSqlServer("connection-string-here", options =>
    {
        options.UseRelationalNulls();
        options.UseBatching(true);
    } );
```

安装后，该包会在后台静默运行，强制 EF Core 在调用如 `SaveChanges` 等方法时自动将相似的数据库操作合并在一起，将它们批量执行。

8.2.3 使用 Dapper

Dapper 是一个轻量级开源 .NET 迷你 ORM 库，由 Stack Overflow 开发。它最初是为了满足 Stack Overflow 这个庞大且高性能的程序员问答网站的数据访问需求而创建的。Dapper 旨在模仿全功能 ORM 库与数据库之间的那种出色的对象使用体验，同时尽量减少这些复杂库的运行开销。

1. Dapper 的内部工作原理

与 EF Core 不同，Dapper 并不寻求完全抽象化数据库。相反，它寻求提供一个更简单方便的映射机制，来实现数据库查询结果与对象属性之间的一一映射。Dapper 不会自动生成 SQL 语句；相反，它要求开发者手动编写 SQL 语句。这让开发者可以完全控制实际执行的查询语句并充分利用他们的 SQL 技能。

Dapper 通过将数据库查询结果映射到 .NET 对象来工作，它使用反射来匹配数据库列和对象属性。Dapper 不会通过翻译某种专用查询语法来生成 SQL 语句；相反，它需要你自己编写（参数化的）SQL 查询语句，并让 Dapper 基于它们执行查询。然后，Dapper 使用 ADO.NET 的 IDataReader 接口从查询结果中读取数据。Dapper 会遍历查询返回的行，使用反射创建对象实例，并使用列数据设置属性的值。Dapper 还支持批量操作和多映射，前者可以在数据库单次往返中执行多个查询，后者可以将来自多个表或查询的数据映射到一个复杂的对象结构中。

2. Dapper 实战

执行一次 Dapper 调用的模式与经典的数据库访问模式相同：连接到数据库，准备好一个（参数化的）SQL 命令，然后执行它。如果 SQL 命令是一个查询，Dapper 返回一个对象集合。以下是一个执行查询的示例：

```
public IList<ReleaseNote> All()
{
    using var connection = new SqlConnection("connection-string-here");
    var query = "SELECT * FROM ReleaseNotes";
    var docs = connection.Query(sql);
    return docs;
}
```

下面的示例展示了如何执行更新（请注意，参数是通过名称来确定的）：

```
public int Update(ReleaseNote doc)
{
    using var connection = new SqlConnection("connection-string-here");
    var sql = "UPDATE ReleaseNotes SET Description = @doc.Description WHERE Id = @doc.Id";
    var rowCount = connection.Execute(sql);
    return rowCount;
}
```

Dapper 是在十多年前由 Stack Overflow 团队创建的，目的是替代过时的 EF。然而，从 EF 6 开始，EF 的性能有了显著提升，尤其在为 .NET Core 完全重写后更是如此。如今，EF Core 的每个新版本都带来了更好的性能，而 Dapper 的性能已接近 ADO.NET 数据读取器的物理极限。两者之间将维持一个明显的性能差距。集合使用 EF Core 和 Dapper 绝对是一个可行的选择。

8.2.4 在数据库中托管业务逻辑

将业务逻辑托管在数据库中，意味着将应用程序的特有逻辑和处理放置在数据库内，以存储过程、函数或触发器的形式存在。这种方法与传统的应用程序设计形成了鲜明对比，后者将业务逻辑放置于应用层和领域层。

1. 存储过程的优缺点

存储过程的历史和关系数据库一样悠久。几十年来，它们是编写与数据严格相关的业务逻辑的最常见（也是推荐的）方式。传统应用程序中通常有大量关键业务逻辑以存储过程的形式存在。在这种情况下，任何基于它们之上的重新开发都必须复用硬编码在数据库中的那些逻辑。

但如果你的项目是一个从头开始的全新项目呢？

通常来说，你应该根据诸如应用程序的架构、性能要求、数据完整性需求以及团队专业知识等因素，仔细考虑是否应该将业务逻辑托管在数据库中。也就是说，这仅仅是在设计和开发舒适度与极致性能之间权衡的问题。

存储过程的使用常常与 ORM 框架的使用形成对比，仿佛只能两者选其一。ORM 框架旨在简化开发任务，尽管会稍微降低性能。对于一个项目来说，大部分数据库操作通常都是基本的 CRUD 操作，将精力投入到这些方面可能并不划算。相反，将这些日常操作委托给 ORM 框架可能是明智之举。对于复杂或者需要更高性能的数据库任务，存储过程确实是一个更合适的选择。

我的个人建议是默认选择使用 ORM 框架，当碰到特别关键的数据库操作场景时，采用混合方案，转而使用存储过程。总之，ORM 和存储过程都是可以选择使用的方案，即使坚持只使用其中一个，也不一定会是糟糕的选择或产生糟糕的代码。

2. 在 EF Core 中使用存储过程

无论使用的是 EF Core 还是 Dapper，在仓库类中使用存储过程都是完全可行的。下面是一个在 EF Core 中使用存储过程的示例：

```
using var db = new RenoirDatabase();
var list = db.Set<SampleProcData>()
             .FromSqlRaw(db.SampleProcSqlBuilder(p1, p2, p3))
             .ToList();
```

连接到一个存储过程需要一些准备工作。无论是在 EF 还是在 Dapper 中，你都需要编写运行存储过程的 SQL 命令，就像在数据库控制台中运行存储过程一样。对于 SQL Server，执行存储过程的 SQL 命令将是以下形式：

```
EXEC dbo.sp_SampleProc 'string param', 2
```

存储过程接收两个参数，其类型分别是字符串和整数，存储过程的名称为 **sp_SampleProc**。

在 EF Core 中，可以通过 `FromSqlRaw` 方法执行存储过程。你可以将命令文本作为普通字符串直接传给 `FromSqlRaw` 方法，或者在 `DbContext` 类中定义一个方法来生成命令文本。

```
Public string SampleProcSqlBuilder (string p1, int p2)
{
    return $"EXEC dbo.sp_SampleProc {p1}, {p2}";
}
```

执行存储过程后返回的每一行数据都必须转换成一个 C# DTO 对象，代码片段中演示的 DTO 类型是 `SampleProcData`。

```
Public class SampleProcData
{
    public string Column1 { get; set; }
      :
    public string ColumnN { get; set; }
}
```

调用者最终会获取 `SampleProcData` 对象的集合。如果执行的存储过程返回的是普通标量值，调用者也会获取到对应的标量值集合。

8.3 数据存储架构

到目前为止，我们讨论的都是一种单体数据架构，在这种架构中，数据通过相同的路径流入和流出应用程序。整个应用程序使用一套统一的代码栈和共享的数据存储层来处理数据读写操作。

单一数据架构的优点在于数据模型、业务规则和用户界面的一致性且易于维护。然而，当读密集和写密集型工作负载互相争夺资源时，单一数据架构面临挑战。此外，单一数据存储架构可能会限制你为应用程序的不同部分使用不同的数据访问技术的能力。让我们探索单一读写数据架构的替代方案。

8.3.1 介绍命令 / 查询分离

在软件系统中进行的所有操作可以分为两个不同的类别：查询或命令。基于它们的定义，查询是一种不改变系统状态的操作，它仅仅检索数据；相反，命令是一种主动修改系统状态的操作，除了状态确认之外，通常不返回数据。

1. CQRS 的架构视角

当查询和命令这两种操作都使用相同的领域模型时，它们之间的分离就变得不那么明显。因此，近年来出现了一种新的架构：CQRS（见图 8-3）。

对于领域服务和仓库，CQRS 解决方案会为它们每一个都创建两个项目，分别用于处理命令操作和查询操作。至于是否也要为应用层和领域模型分别建立两个项目，没有一定之规。既可以使用一个单独的应用层同时服务于命令和查询两种用例，也可以创建两个不同的应用层。领域模型也是如此。

然而，将领域模型分成两个部分，分别专用于写入栈（命令）和读取栈（查询），其影响更深远。用于命令的领域模型基本上只是单一领域模型的简化版本。用于查询的领域模型则变成了一个数据读取模型，它仅仅是一组为用户界面和外部调用者的需求量身定制的 DTO，几乎不包含任何业务规则（见图 8-4）。

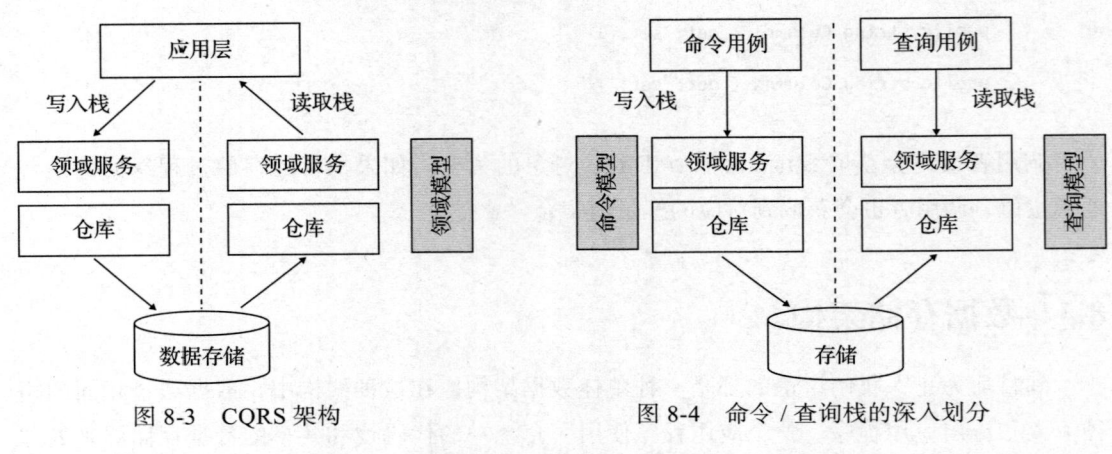

图 8-3　CQRS 架构　　　　　　　　图 8-4　命令/查询栈的深入划分

> **提示**
>
> 当采用图 8-4 所示的架构时，对完整领域模型的需求变得不那么严格。仅用于数据展示的查询不需要经典领域模型中的复杂关系。对于 CQRS 系统的查询端，一个简化的领域层可以只由定制的 DTO 组成。这可能导致领域服务作为业务逻辑的实现者，运行在一个更简单的模型之上，即使是对于查询端，这个模型也简化得像是贫血模型。

2. CQRS 的业务视角

解耦查询和命令可以让你独立地解决每个部分的扩展性问题。此外，清晰的分离确保了对一个栈的修改不会无意中影响另一个栈，从而避免了回归问题。CQRS 架构还鼓励采用基于任务的用户界面，增强了用户体验。老实说，我认为使用 CQRS 几乎没有缺点。更重要的问题是，你是否真的从（学习和）采用 CQRS 中获得了具体的好处。

CQRS 来源于处理复杂协作系统的需求，在这些系统中，多个用户和软件客户端在复杂且频繁变化的业务规则下同时与数据交互。

这些系统的数据由于不同用户和组件的操作而不断变更，从而可能出现数据陈旧问题。为了解决这个问题，架构师有两个选择：

- 每次执行操作时，锁住整个聚合体，这会导致吞吐量低下。
- 允许持续修改聚合体，虽然可能导致短时间的数据不一致，但数据最终会趋于一致。

第一个选择对于协作式系统来说很快变得不可行。第二个选择虽然看似可行，但如果系统没有进行适当调整，可能会产生不准确的结果，并且可能需要很长的时间来同步数据。这种背景为 CQRS 在 2010 年左右的正式提出奠定了基础。

总的来说，CQRS 在协作式系统领域之外的作用有限。我们应当以谨慎态度对待 CQRS，将它视作一种可行的架构方案，绝对不应该仅仅将其作为一时的潮流。

3. 使用共享数据库的 CQRS

图 8-4 中的架构由两个平行分支构成，两个分支最终汇聚在同一个共享数据库中。诚然，这在视觉上很美观，但它并不一定会改进架构。

在 CQRS 架构中使用共享数据库绝对是可行的，但 CQRS 背后的理念也表明，这可能并不总是最理想的选择。CQRS 被用来分离应用程序的读取和写入关注点，允许对它们分别独立优化。但如果使用共享数据库，可能会减少 CQRS 带来的一些好处。

即使使用共享数据库，引入 CQRS 也会增加架构的复杂性。你需要管理两种不同的模型，并可能需要处理数据同步和一致性问题。然而，即使使用共享数据库，如果读写操作的需求大相径庭，CQRS 仍然可以带来性能上的提升。

如何评价这种设计权衡呢？简而言之，当读写操作产生明显不同的工作负载时，CQRS 才有它的意义。在这种情况下，为了最大化吞吐量，你可能想为读取和写入使用不同的存储机制，以便针对各自的特定用例进行单独优化，并且选用最合时的数据存储和数据访问技术，来满足预期的目标。

4. 使用各自独立数据库的 CQRS

图 8-5 所示为一个更进一步的 CQRS 架构，在该架构中，读取栈和命令栈各自拥有自己的数据存储。

无论如何，CQRS 会逐步地迫使整个架构进行根本性的改变。因此，如果没有充分的业务理由，任何人都不应该盲目开始使用它。

假设你采用图 8-5 所示的架构，使用了不同的读写数据存储。好消息是你可以在每个栈中使用不同的数据库技术。例如，你可以在命令栈中使用关系型数据库系统，在读取栈中使用 NoSQL 存储。但无论使用哪种数据库技术，都需要一个额外的层来同步两个存储。例如，如果一个命令在命令存储中保存了一个文档的状态，那么在某个时刻，同步操作必须更新读取存储中同一个文档的状态。数据同步可以在命令任务结束时立即同步或异步进行，或者作为计划任务发生。不过，同步过程越长，写入和展示的数据就越有可能不同步。并非所有应用程序都能承受这一点。

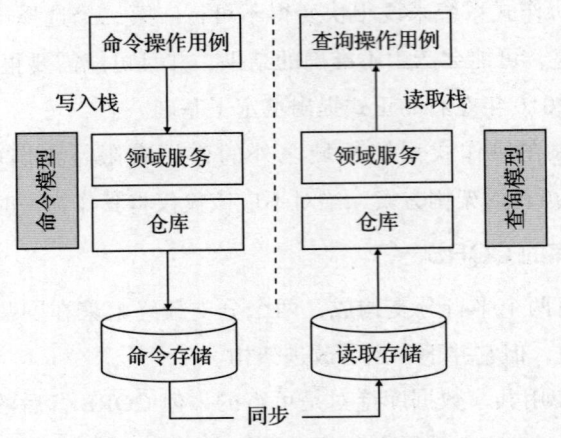

图 8-5　使用各自独立的数据存储的 CQRS

甚至存在一个更激进的观点，认为命令和查询之间的分离引入了一种应用层设计的替代方案，有可能为更高级别的可扩展性铺平道路。应用层不再直接执行任何请求的任务，而是简单地将命令请求传递给一个专用处理程序。然后，处理程序承担起执行命令的责任，它可以直接执行命令、动态地将命令分配给专用处理程序，或者简单地在总线上发布一个消息，注册的监听器将对消息做出响应（见图 8-6）。

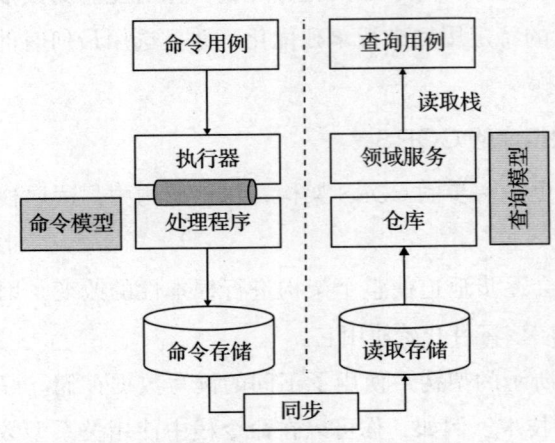

图 8-6　基于消息的业务逻辑处理

8.3.2 ES 执行摘要

从分离命令和查询开始的架构之旅的最终目的地是 ES。在现实世界中，我们发起行动并观察相应的反应，无论响应是即时发生还是延迟发生。有时，反应触发后续行动，从而引发一系列响应。这是事物发展的自然过程。然而多年以来，传统的软件设计并没有反映出这种模式。ES 是一种软件开发方法，它认为可识别的业务事件具有很高的重要性，将这些事件视为基本实体。

提示

ES 是一个很大的主题，甚至比 CQRS 更大，理应通过专门的书籍进行讲述。本节的目的仅仅是提供对它的一个摘要。

---

1. 独特特征

ES 不同于仅存储应用程序数据当前状态的传统模型。相反，它捕获并存储一系列按时间排序的业务事件，这些事件导致数据状态发生变化。每个事件都代表一个在应用程序领域上下文中相关的独立操作。这些事件共同构成了一个全面且不可更改的审计轨迹，使人们能够全面地了解应用程序状态的历史和变迁。

与每次更新后存储系统的最新当前状态不同，ES 允许你仅存储随时间发生的各种变化（事件），并在需要的时候，以任何需要的形式，基于这些变化重新计算出系统最新的当前状态。

要理解 ES，想象一下你的银行账户余额。这是一个在每次交易后都会变化的数字。然而，它并不是作为一个简单的数字被存储并不时被覆盖。相反，它反映了对账户执行的所有独立操作（开销、取款、付款）的结果。报告的交易构成了一个发生的事件列表，并保存在命令数据存储中，而余额只是账户状态的一种以读取模型形式呈现出来的结果。

ES 具有多项优势：

- 通过记录每一个业务事件，它能够精确重建应用程序在任何时间点的状态。这种审计跟踪功能对于调试、分析和遵守监管规定来说是非常宝贵的。
- 事件日志提供了查询不同历史时刻数据状态的能力，这是传统数据库通常缺乏或默认不提供的功能。
- 审计跟踪可以基于事件重建系统状态，减轻了数据丢失的风险。这增强了系统的可靠性和灾难恢复能力。

ES 也会带来一些挑战。例如：

- ES要求在设计思维上进行根本性的转变，这可能会在开发、测试和维护中引入复杂性。
- 保持向后兼容性的同时，对事件结构进行修改可能很有挑战性，并且需要仔细规划。
- 需要精心设计的同步策略来保证数据一致性。
- 相比于传统的存储状态的方法，存储事件可能会占用更多的空间。

2. 架构设计的影响

正如上面所提到的，ES与CQRS模式高度契合，代表了CQRS架构的最终发展方向。所有ES解决方案都隐含地也是一个CQRS解决方案，因为它在写入和读取栈之间有着清晰和结构化的分离。然而，一些在CQRS中的可选项，在ES中变成了强制要求。

ES的核心是事件存储，这是一个专门负责持久化事件的数据仓库。与传统数据库不同，事件存储将每个事件捕获为不可变的记录，确保了应用操作的完整和精确的历史记录。架构师必须仔细选择一个与应用程序的性能、可扩展性和容错性要求相符的事件仓库。NoSQL数据库（例如Cosmos DB或Mongo DB）是常见的选择。

ES自然而然地鼓励事件的异步处理。事件首先被捕获和存储，然后再被事件处理程序处理。因此，实现基于消息的业务逻辑的架构是自然而然的选择。此外，ES可以重播事件以重建过去的状态。架构师应考虑整合工具和机制，以便为调试、测试和分析目的进行事件重播。

8.4 本章小结

基础设施层在确保整个系统的高效可靠运行中起着关键作用。这一层通常被称为应用程序的"下水管道"，承担着对应用程序成功构建至关重要的责任。

基础设施层主要包含处理持久化和访问外部服务的代码。本章涵盖了仓库组件以及包括EF Core和Dapper在内的各种数据访问技术。

尽管"基础设施层"这个术语可能会让人联想到DDD，但该层解决的技术问题具有普遍性，适用于任何应用程序，无论它们是否遵循DDD的原则。

本章结束了对分层架构的分析。至此，你应该已经具备足够的视野来规划一个单体但高度模块化的应用程序。在接下来的章节中，你将完成整洁架构的学习之旅，包括了解（模块化）单体程序和微服务之间的区别。

第三部分 Part 3

应 用

- 第9章　微服务和模块化单体架构
- 第10章　客户端渲染和服务器端渲染
- 第11章　技术债务与技术信用

第 9 章

微服务和模块化单体架构

> 一切事物都受到解释的影响，在特定时期占主导地位的解释是权力而非真理。
>
> ——弗里德里希·尼采（Friedrich Nietzsche）

在过去十年左右的时间里，微服务架构已经成为设计和管理分布式应用程序越来越受欢迎的方法。微服务架构风格的核心是开发独立、模块化的服务，这些服务被称为微服务，每个服务都专注于执行一个特定的功能。

从这个角度看，微服务可以被视为一个聪明的想法——它是我们思考和构建应用程序方式巨大变革的重要先兆。让我们暂时将微服务的出现与轮子的发明相比较。起初，两者看起来都是能够提高效率和取得更大成果的开创性发明。然而，人们很快就意识到，仅仅有轮子是不足以支持它所促进的进步的。随着在泥土小径上运输越来越重的负载成为挑战，人们就需要建设道路了。

采用微服务架构时，我们也遇到了类似的情况。转向微服务架构带来了改变应用程序逻辑部分之间通信方式的挑战。简单地将内存中的方法调用转换为通过某种协议进行的 RPC 不可避免地会导致通信量过大和性能下降。因此，从频繁交换小消息的通信模型转变为交换较少但更全面消息的块状模型是至关重要的。这是一个根本性的变化，它影响着整个应用程序的技术栈，更深层次地，它还改变了我们设计应用程序的方式。

尽管微服务架构在很大程度上（主要是由高层管理人员）被理解为重写单体应用程序的简单替代方案，但使用它实际上改变了最终应用程序及其底层网络架构的面貌。有了微服务，你就有了轮子，但在建好道路之前，情况可能比之前更糟。因此，微服务架构远非普遍适用。

9.1 远离遗留的单体系统

要理解微服务架构的本质，我们首先讨论它的架构对立面：传统的单体式风格。单体应用是指作为单一的、自包含的单元构建的软件应用程序。所有功能都被整合到这个单元中，这可能使其变得庞大且难以管理和更新。就像敏捷方法论是为了应对顺序性和更加僵化的瀑布方法而发展起来的一样，微服务架构最初是为了解决由于单体应用的固有特性而导致的可扩展性、可维护性、部署性以及技术多样性方面的挑战而出现的。

提示

根据这个定义，Renoir 项目是一个单体。这有问题吗？这是否意味着本书是一本有关整洁架构和良好软件实践的最糟糕的书籍？对于这两个问题，你很快就会看到，答案都是否。

9.1.1 并非所有单体架构都是糟糕的

在软件领域，并非所有的单体架构在可维护性、可扩展性、部署等方面都是糟糕的。事实上，单体架构并不是微服务的敌人。真正的问题在于那些编写为紧密耦合的单体式代码混乱的应用程序。这些应用程序通常被称为遗留应用程序。

1. 遗留应用程序的起源

遗留应用程序是指那些已经投入使用相当长时间的业务应用程序，通常使用时间远超过十年。尽管这些应用程序是用旧的编程语言编写的，使用过时的技术，或缺乏现代化功能，但它们在组织的运营中往往扮演着关键角色。遗留应用程序本身并不是一个大问题，但当需要对其进行增强或与新系统集成时，就会成为一个巨大的问题。事实上，遗留应用程序通常很难维护和更新。

为什么遗留应用程序是单体式的？单体软件架构自计算机编程早期以来便已存在。在那个时候，由于当时的硬件和软件系统的限制，程序经常被编写成单个的、庞大的、自成一体的代码。因此，遗留应用程序的结构简单来说就是数十年编程努力的自然结果。也就是说，它们的单体架构仅仅是那个时代的标志。

2. 处理遗留应用程序

对于所有涉及的公司和组织来说，遗留应用程序因此成了一个需要解决的问题，或者至少是一个需要减轻的问题。同时，从遗留应用程序迁移到更新的应用程序可能既昂贵又充满风险，这导致一些组织尽管存在局限性，仍继续使用现有系统。

对于管理层来说，遗留应用程序意味着面对一个两难选择。一方面，如果继续使用旧应用程序，他们将会在商业方面冒风险，因为促使考虑重写的问题不会随时间自行解决。另一方面，如果他们选择建立一个新的应用程序，将会投入大量资金却没有成功的保证。虽然是否重写遗留应用程序可能是管理层的一个艰难决定，但这是一个必须做出的决定。

在类似的僵局中，每一条好消息听起来都像是天籁之音。因此，几个早期的成功案例，加上相当多的技术炒作，导致了（传统）单体应用被贴上了邪恶的标签，而微服务则被视为救世主。关于新架构风格的优雅且正面的叙述为非技术管理层提供了推动力，促使他们做出技术决策，投资重写旧有应用程序，使用微服务架构。

事实通常处于中间地带。并非所有的单体架构都是不好的，同样，并非任何微服务架构都会成功。本章的其余部分将梳理单体架构和微服务架构的事实，并概述一个合理的决策流程。

提示

在一些非常特殊的情况下，比如当遗留应用程序是桌面 Windows Forms 或 WPF 应用程序时，你可以尝试一些专门的商业框架，这些框架可以以纯 ASP.NET Core、Blazor 风格应用程序的形式，将桌面 Windows 应用程序带入云端，焕发新生。在适用的情况下，这代表了对于遗留应用程序在某个时点和以某种方式应该更新的规则一个令人愉快的例外。

9.1.2 单体架构的潜在缺点

不管你喜不喜欢，任何软件应用的自然方式都是单体的。你会看到整个应用被构建为一个单一的单元。所有的处理逻辑都在一个进程中运行，正是编程语言和你选择的框架的基本特性，使得你能够将整个应用分割成库、类和命名空间。

这种软件开发方法本身并不糟糕，它只是需要很高的个人自律性和团队纪律性来确保模块化。并且，应该存在部署管道来保证变更能够正确部署到生产环境中。至于可扩展性，只要你在负载均衡器后运行实例并且没有状态重叠，水平扩展可能是一个选项。

简而言之，单体应用可以取得成功，但如果没有严格的自律来保持模块结构的长期稳定，它很快就会变成一个紧密耦合的怪兽，几乎不可能进行维护或扩展。本节讨论了单体应用架构的这些和其他问题。

1. 代码的开发与维护

最初，单体架构在早期开发阶段提供了一些明显的优势，比如简单的编码方式和一次性、立即的部署。单体架构的问题通常在后期出现，随着更多用例的加入和代码行数的增加。

随着单体应用程序中新功能的积累，它们的复杂性往往会增长。此外，这种复杂性发生在单一的、整体的单元中，而不是分布在较小的单元中，因此可以减轻。如果代码没有模块化，那么应用程序的复杂性可能会以超过线性的方式增加。这使得团队中的任何成员理解和调试代码变得更加困难。

测试也可能因为软件组件难以独立而变得棘手。因此，代码库的某一部分发生变化可能会在其他部分引发意想不到的后果。整个开发周期（编码、测试和提交）都需要时间，这使得快速响应功能需求变得具有挑战性。

2. 合并冲突

在较大的团队中，多名开发者可能需要同时在同一个代码库上工作。Git 通过分支和拉取来提供帮助，但冲突总是潜伏着。冲突通常发生在两个开发者修改了文件中的同一行，或者当一个开发者删除了一个文件而另一个开发者正在修改它的时候。在这些情况下，Git 无法自动确定正确的行动路线，这使得手动干预成为唯一的（耗时的）选项。

为了加速开发周期并减少合并冲突，唯一的解决办法是保持自律，甚至比团队纪律更加重要。所有开发人员都应该将大的修改拆分成更小的增量，并尽可能让文件和类保持独立。如果合并冲突仍然发生（它们肯定会发生），那么开发人员应该在合并前花更多时间彻底审查更改。唯一确切的出路是将代码库重构成更小、相对独立的块，无论是逻辑上（行为）还是物理上（文件）。

3. 扩展性挑战

单体应用程序适用于垂直扩展，但水平扩展却颇具挑战。垂直扩展（也称为向上扩展）包括通过增加资源来增强运行应用程序的单个服务器的性能。然而，不仅是服务器需要增强。有时，当流量增加时，底层数据库也需要进行优化。垂直扩展可能对预算影响不大，但它有可能成为一个相当低效且成本高昂的选项。最终，这一切都取决于负载增加的数量。

一般而言，水平扩展（也称为向外扩展）是一种更有效的技术，尽管它可能不适用于所有的应用程序。水平扩展通过在多个服务器上运行应用程序来增加其容量，而不是提高单个服务器的能力（见图 9-1）。

在水平扩展中，同一应用程序的多个实例会同时运行，通常由负载均衡器控制。这意味着两个连续的请求可能会由不同的实例处理，这使得无状态成为应用程序的一个关键特性。这就是为什么并非所有应用程序——特别是那些在野外几乎无人控制下成长的应用程序——都适合水平扩展。

4. 部署挑战

由于单体应用程序作为一个单一单位存在，它们必须整体部署。因此，即使你只是更改了一个本地化字符串,整个应用程序也必须重新部署到任何环境中。

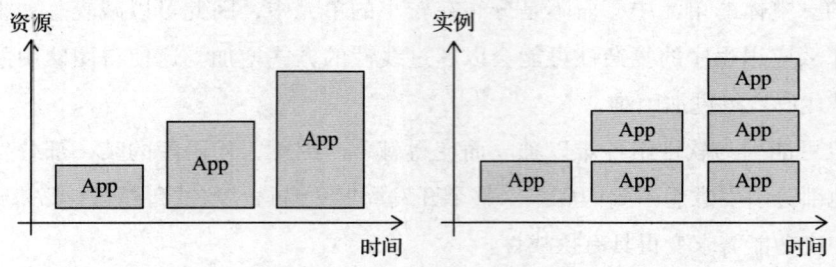

图 9-1　垂直扩展与水平扩展

这是个事实。但它真的是个问题吗?

在一个大规模分布式架构中,你通常会一次部署一个组件,这意味着在更新过程中或者出现问题时,只有那个组件可能会停机。应用程序的其他部分将继续运行。相比之下,单体应用不允许你部署应用的一部分。但是,通过使用零停机部署技术,你可以频繁且可靠地发布更新。

如今,实际上,多亏了 DevOps(开发运维一体化)和云服务,部署时实现零停机已经变得很容易。以 Azure(微软云服务)为例,你只需使用启用了部署插槽的应用服务,先向预览环境部署,如果一切正常,再切换到生产环境。

5. 技术多样性

技术多样性指的是在给定的软件系统中存在和整合多种技术。它强调不同软件栈的共存和使用,以满足多样化的需求、挑战或功能。这种方法旨在利用各种技术的优势,同时在面对不断变化的要求时促进创新、适应性和韧性。

技术多样性在本质上并不属于单体架构。

单体架构通常依赖于单一技术栈。例如,一个 ASP.NET 网页应用程序可能有部分用 C# 编写,有部分用另一种语言(例如 F# 或 Visual Basic)编写,但仍然局限于所选择的 .NET Core 框架内。然而,同一个应用程序可能会与由同一团队控制的外部网络服务相连,这些服务可能使用其他技术栈,如 Python 和 Java。这是另一个事实。再次问,这是问题吗?就我个人而言,我不这么认为,但这更多的是观点问题而不是绝对真理。

9.2　关于微服务

将软件构建为一系列小型、松散耦合且可独立部署的服务的做法,逐渐演变自 21 世纪初以来存在的面向服务的架构(Service-Oriented Architecture,SOA)原则。SOA 是一种更广泛的架构方法，专注于组织软件组件（称为服务）来支持业务流程。在 SOA 中，服务更大、包含模块，并且通常受到某种集中式治理模型的约束，以便一个服务的变化可能会对其他服务产生连锁效应。换句话说，SOA 中的服务是相互了解的，并且虽然形式上独立，但实际上相当耦合。

SOA 奠定了基础，随着时间推移和软件开发格局的变化，面临单体架构带来的挑战，微服务架构风格逐步发展形成。与 SOA 相比，微服务架构由更多、更精细且更独立的组件构成。

然而，微服务作为一种架构风格和软件开发方法，并没有一个确切的诞生时间。相反，微服务风格是为了应对软件行业不断变化的需求而自然形成的。

9.2.1 早期采用者

Amazon 和 Netflix 这样的公司常常被认为是微服务的早期采用者——在某种程度上说是发明者。但实际上，它们只是被这样传颂而已。说实话，甚至有人怀疑它们公开的架构图是否真的代表了微服务架构，或者仅仅是一个基于多个紧密服务的分布式应用程序。

事实上，没有人会仅仅为了创造一种新的架构风格而开始一个项目。Amazon、Netflix 和许多其他公司只是为了以最佳的方式满足它们的商业需求，开始尝试开发自己的方法，构建高度可扩展和分布式的系统。它们只关心结果，其他人则忙于给看得见的成果贴上标签。

这一系列实践和原则吸引了许多个人和组织的关注，他们都渴望了解一家大公司是如何使用软件来支持其业务的。随着时间的推移，早期采用者所采用的实践和原则经过了完善和普及，各种思想领袖、作者和实践者的贡献促使这些实践和原则得到了更广泛的采纳。敏捷方法的一些建议，以及后来的 DevOps 也对此有所贡献。它们强调了更小、更频繁的发布以及开发与运营团队之间更紧密合作的重要性，这自然地驱动开发人员设计和构建新的应用程序时采用微服务方法。

9.2.2 微服务架构和 SOA 的原则

微服务架构要求将应用程序开发成一系列的服务。每项服务：

- 围绕特定的商业功能构建。
- 在其专用进程中运行。
- 通过轻量级机制（如 HTTPS 端点）进行通信。
- 可以单独部署。

正如前文提到的，微服务是 SOA 的一种进化。出于好奇，我们来回顾一下 SOA 的基本原则。虽然对于 SOA 没有确立官方标准，但社区内的共识显示 SOA 有以下四个基本原则。在 SOA 中，每个构成服务：

- 具有明确的服务边界定义。
- 完全自主运行。
- 与其客户端分享合约，而不是代码。
- 通过策略确立兼容性。

那种似曾相识的感觉很强烈，是吧？在 SOA 中，系统被分解成不同的服务，每个服务封装了特定的功能或业务能力。这些服务具有明确定义的边界，并且被设计为模块化的、自治的、可独立部署的。契约明确了通过服务边界可访问的业务功能，而策略则包含了各种约束，包括通信协议、安全先决条件和可靠性规范。考虑到这些，我敢说微服务架构本质上是一种带有几个独特特征的 SOA。首先，它没有 SOA 那么严格或严谨。其次，在组件之间的通信中没有策略（或类似的东西）来进行中介，因此也就没有复杂化通信。

9.2.3 微服务的"微"到底有多微

在行业中，"微服务"这一术语经常被用来交替描述两种情形：一种是小型的、高度专业化的、自包含的可部署服务；另一种是依然专注于单一任务但在更高的抽象层次上定义、在逻辑范围内类似于应用程序的综合性网络服务。实际上，"微服务"这一术语确实有一个明确的定义，但这个定义如此宽泛，以至于涉及模糊的领域：每个微服务都旨在处理特定的业务能力或功能。它有一个明确的目的，并且做好一件事。

请注意，"微"这个词是相对的，不应该被理解为严格的尺寸限制。微服务的大小可以根据应用程序的特定需求和组织的目标而变化。重要的是每个服务都是专注的、独立的，并且与微服务架构的原则保持一致。

1. 系统的逻辑分解

21 世纪初，Windows 环境中特别设计了一个框架，名为 WCF，旨在促进 SOA 原则的实施。这是一个非常重要的主题，激发了大量书籍、文章和会议讨论的产生。某个时刻，一个颇为大胆的想法浮现出来：将每一个应用程序类转变为一个服务。

从 WCF 的角度来看，服务代表了一种将业务逻辑与支持它所需的基础设施（如安全性、事务、错误处理和部署）分离的手段。从 WCF 以外的角度来看，服务是隔离的业务组件，行为完全自主，并对外界展示清晰的合约。

问题随之而来，每个服务应该有多大呢？人们很快就开始尝试通过将服务分解到最基本的级别来最大化服务的益处，甚至将原始元素转化为微服务。换句话说，微服务代表了一个经过精心解构的系统的自然结果。

微服务到底要多微？这点从最初的仅仅作为 SOA 和 WCF 领域中的一项智力挑战，如今已成为其主要特征。的确，这是一个有争议的话题，正是围绕这一点既展现了微服务架构的优点也揭示了其缺点：分析应该尽可能深入地将任何系统完全分解为最基本和微观的服务单元。

2. 微服务的物理部署

讲到这里，我们所说的微服务还是指逻辑微服务。但是，可部署服务的大小可能与系统分析过程中我们能够识别的任何逻辑微服务的大小不一致（见图 9-2）。

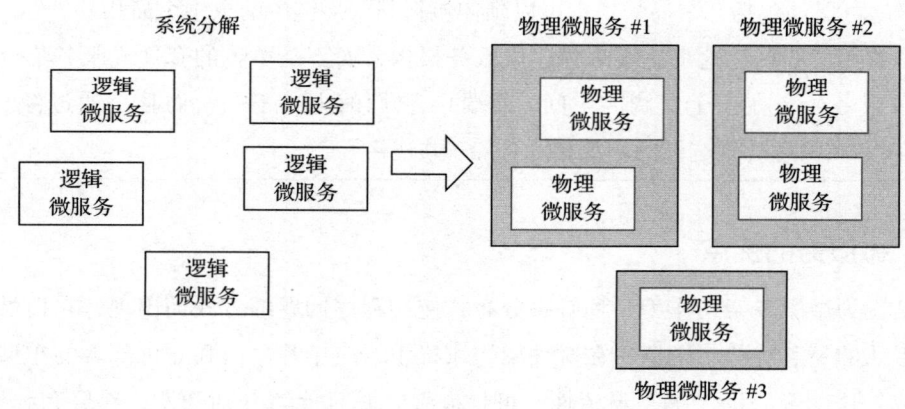

图 9-2　将系统分解为微服务

如果理解逻辑和物理微服务的要点时出现偏差，可能会危及整个系统设计，并导致成本和延迟飞涨。逻辑与物理微服务之间一对一的关系处于一个极端，而另一个极端则是模块化的单体架构（见图 9-3）。本章后面我还会回到微服务和模块化单体架构的讨论。现在，我们先来了解一下微服务架构风格的优点和缺点吧。

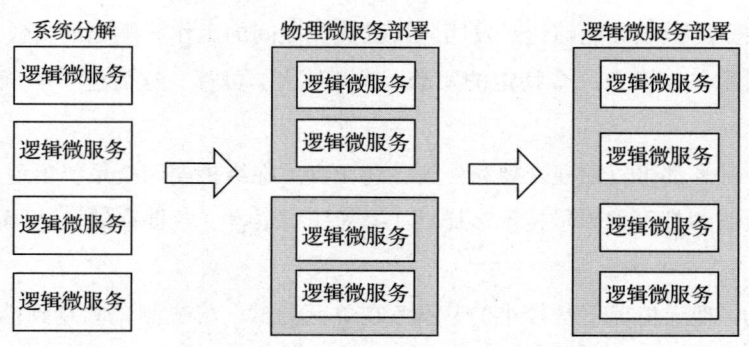

图 9-3　两个极端：逻辑与物理微服务一对一、模块化的单体架构

> **提示**
>
> "智能终端与简单通道"是微服务架构中的一个指导原则。它强调将智能和功能放在微服务本身,同时保持通信渠道的简单和通用。核心思想是,微服务应当是自主和独立的,能够独立处理数据和做出决策。

> **群岛服务**
>
> 在地理学中,"群岛"这个术语指的是一组彼此相邻散布在大片水域中的岛屿,无论是海洋、封闭海域还是湖泊。这些岛屿的大小各不相同,它们通常被小海域或海峡等水体所隔开。群岛可以仅包括几个岛屿,也可以延伸包括同一岛链中的数十个岛屿。
>
> 我喜欢用"群岛"这个比喻来描述微服务架构,而不是单纯的套件或服务集合,因为最终这些服务分布在一个广阔的空间(云端),它们的大小不一,而且是通过像 HTTPS、gRPC、TCP 和消息总线这样的协议相互分隔(并连接)。

9.2.4 微服务的优点

正是因为微服务架构作为一种解决分布式应用程序问题的方式而出现,它提供了一系列难以否认的显著优势。毕竟,在这种架构风格中,应用程序由独立可部署的小型模块化服务组成,这无疑有助于提高灵活性、可扩展性,并且能够分别开发、部署和维护服务。我们接下来将详细介绍微服务的优点。

1. 更加敏捷的开发周期

将系统分解为一定数量的相互作用的组件,为前所未有的灵活性和开发并行化奠定了基础。每个微服务都可以独立开发、测试和发布,允许开发者一次专注于一个任务,并且做出更改而不影响整个系统。这带来了以下几个好处:

- 开发独立的微服务能够让开发团队及其成员之间的工作分配更加高效。
- 每个微服务通常由一个特定的团队(或开发者)负责,这促进了明确的问责制和责任划分。
- 每个微服务都可以独立管理和更新,这减少了在维护期间全系统出现故障的风险。
- 每个微服务都可以展示技术多样性(编程栈、语言、数据存储),从而增强开发者的技能。
- 孤立的(理想情况下是较小的)服务在单元测试、集成测试和端到端测试时更易于管理。

此外，更加敏捷的开发周期鼓励持续部署和 DevOps 实践的文化，促进应用程序的快速迭代和持续改进。通过这种方式，组织能够迅速应对不断变化的业务需求和市场。例如，微服务能够轻松融入更大的系统生态，便于与外部合作伙伴和第三方服务进行协作。

2. 提高可扩展性的潜力

微服务巨大的可扩展性潜力直接源自其架构原则，这也是它们最重要的优势之一。最主要的因素是服务的粒度。

由于服务是解耦合且独立的，它们可以根据不同的需求水平进行单独的扩展。这意味着你可以为关键服务（例如，CPU、内存、网络带宽）分配更多资源，同时保持较少使用的服务精简，以优化资源使用。这与单体架构形成了对比，在单体架构中，扩展通常涉及增加整个单体的规模，包括可能不需要额外资源的组件。

你可以通过实时指标自动管理和协调这种水平扩展，以适应流量高峰和波动。不过要注意，自动资源优化并不是微服务特有的，而是由托管云平台提供的一项功能。尽管如此，微服务提供的细粒度优化能力显著增强了这一功能。同样，你还可以在服务层（而不是应用层）对负载均衡进行微调——这也不是微服务的独特功能，从而确保没有单个服务实例成为瓶颈。

3. 容错性

微服务的分离降低了一个服务中的错误会导致整个应用程序崩溃的可能性。错误有两种可能类型：代码错误（漏洞，不一致的状态）或者网络故障。在后一种情况下，只有一个服务宕机或无法到达；其余的应用程序依然运行中，所有不涉及失败服务的功能照常操作。相比之下，如果一个单体应用程序经历网络失败，没有人能够使用它。

在由代码异常引起的故障场景中，我看不到微服务与单体应用之间有什么相关差异。任何试图访问出问题服务的调用，其失败方式与在单体应用中尝试调用某个函数后引发异常的方式十分相似。在这两种情况下，为了给用户一个友好的响应，调用者都必须捕获异常并恢复得体。而且，无论是微服务还是单体应用，与故障代码无关的功能都会像往常一样工作。

9.2.5 微服务的缺点

尽管微服务提供了众多好处，但它们也在服务协调、数据管理以及运营负担方面引入了相当大的复杂性。微服务架构有趣的地方在于，相同的特征在不同的环境下可能被视为好或坏。一个著名的例子是服务的粒度。这是微服务的一个优良特征，因为它提高了开发周期并增加了容错能力。但这也是一个不利特征，因为它增加了大量的复杂性和通信开销。本节将讨论该架构的缺点。

提示

我个人的看法是，微服务作为一种方法论，对一些（大型）早期采用者的实施具有明显的好处。这在其他人中引发了一种想法，即微服务可能是人们期待已久的软件圣杯。

然而，在实践中，就像生活中几乎所有其他事物一样，微服务架构既有优点也有缺点。我甚至敢说，对于大多数应用程序而言，它的缺点比优点更多。我会在本章后面再回到这个话题。

---

1. 服务协调

让我们面对现实：在前面列出的优点中的第一点——更加敏捷的开发周期——经常被（过度）强调，以使微服务方法对决策者更具吸引力。实际上，没有任何应用程序是孤岛，更不用说是一整个群岛了。因此，你不仅需要数字化的桥梁和隧道来连接这些岛屿（例如协议）；你还需要一些集中的服务管理和协调。这就导致了额外的——在某种程度上，是偶然的——复杂性。

集中式服务管理是指在软件开发周期中，如部署、配置、认证、授权、微服务发现、版本管理、监控、日志记录以及文档编制等方面采取的标准化处理方法。通行的做法是尽量减少对微服务运营的集中式控制，以支持各个模块的独立性。然而，这其中需要权衡：在处理横跨多个服务的共通问题时，相比于一个统一的大环境，分散在多个小环境（即便只是一个小环境）的复杂性要大得多。

相比之下，协调是指用于确保应用程序中的各个微服务协同工作，以达到预期功能的机制。这通常通过编排或协作来实现。在前一种情况下，一个中央工作流引擎协调多个微服务按照业务逻辑指定的特定顺序执行。而后一种情况则依赖于微服务之间的共同协作以实现期望的结果。每个服务根据它接收到的事件和消息自主执行其过程的一部分，通常通过一个总线。然而，消息总线又带来了另一层复杂性。

2. 横切关注点

横切关注点是影响软件应用中多个组成部分的一个方面。所有应用程序都需要处理安全性、监控、日志记录、错误处理和缓存等问题，但在单体应用中处理这些问题要比在微服务中容易得多，因为所有操作都在同一个进程内进行。相反，在微服务的领域内，横切关注点可能会影响多个进程——我重复一次：多个进程。它们还可能需要全局收集和集中处理每个运行服务捕获的分布式结果。

你可以使用身份提供者来提高安全性，使用分布式内存缓存进行缓存，使用集中式日志进行追踪和健康检查，以及使用标准化错误响应进行错误处理。不过，请注意，横切关注点在微服务架构中的列表比在单体架构中要长。微服务的跨领域关注点包括管理服务注册，负载均衡，动态路由和自动扩缩。此外，定义一致的通信协议、API 标准和数据格式对于使微服务能够无缝交互至关重要。因此，横切关注点还应该包括 API 版本控制、契约测试和文档化。

3. 集中日志服务

追踪每个微服务的活动并监控其健康状况是有挑战的，因为每个微服务的日志通常存储在各自的机器上。推荐实施一个集中的日志服务，以汇总所有微服务的日志，例如 Application Insights 代理。

在微服务架构中，遇到前所未见的错误是常有的事情。但你并不希望为了了解这些错误的根本原因而不得不查看大量的日志文件。如果一个或多个微服务失败了，你必须能够回答诸如哪些服务被调用以及调用的顺序等问题。理解请求在微服务中的流动对于诊断性能瓶颈和故障排除也是非常关键的。

这里有一些微服务日志记录的最佳实践：

- 使用相关联的 ID：相关联的 ID 是一种分配给请求并在处理该请求的各个服务之间交换的独特值。如果出现异常，追踪随请求提供的相关联 ID 可以让你在无须筛选可能达到数百万条的记录的情况下，过滤出相关的日志条目。
- 日志结构化信息：使用像 JSON 这样的结构化日志格式，可以让搜索和分析日志变得更加容易。确保在你的日志中包含足够的上下文信息，以便理解导致错误的事件。这可能包括诸如关联 ID、请求 URL 和参数、服务名称、用户 ID、时间戳、总体持续时间等信息。
- 使用不同的日志等级：（错误、警告、信息等）标示日志消息的严重程度，可以加快你寻找最重要问题的速度，同时确保你不会错过任何重要但不那么紧急的问题。

除了记录错误信息之外，还建议记录性能指标，比如响应时间和资源消耗。这样，你可以密切监控服务的性能，并准确发现可能的问题。

4. 身份验证和授权

在一个单体应用程序中，验证用户的身份可能非常简单，只需将他们的电子邮件和密码与专有数据库进行核对，然后发放一个 cookie 以供后续访问使用。然后，每当用户登录时，系统可以完全信任他们发出的任何请求。授权工作主要围绕检查用户的声明（如他们的角色或特定功能的权限），这些声明也通过cookie进行跟踪。然而，如果客户端是浏览器，cookie才能很好地工作。

微服务架构通常需要采用不同的方法：使用一个API网关和一个身份提供者（见图9-4）。在这里，客户端调用API网关，并提供其自身的认证令牌。如果令牌无效，客户端会被重定向到身份提供者进行认证。认证成功后，身份细节以令牌的形式返回给客户端。然后，在针对各种微服务的每次后续调用中，将此令牌附加到对API网关的调用上。

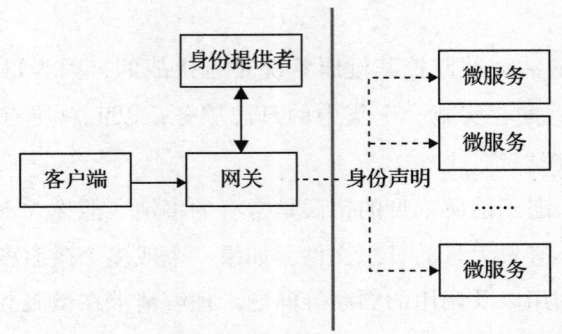

图9-4 通过API网关和身份提供者进行认证

每个微服务如何检查请求用户的权限？一个合理的选择是将用户的所有权限作为声明直接存储在令牌中。这样，当微服务收到一个请求时，它首先解码并验证令牌，然后核实用户是否拥有请求操作所需的权限。

5. 分布式事务管理

分布式事务是一种涉及不同系统中的多个操作和数据更改的事务。在分布式系统中，确保这类事务的一致性和可靠性是一个复杂问题，因此，已经开发出了各种技术和协议以某种方式有效管理它们。分布式事务并不特定于微服务，但在由许多相互作用部分组成的系统中，分布式事务的可能性要高得多。

管理分布式事务很有挑战性，因为要考虑网络延迟、系统故障以及多资源之间的协调等因素。为了处理分布式事务，已经开发出了各种协议和技术，但最佳选择仍然是尽量避免它们。

我将这归类为"灰色地带"，因为在单一系统内可能是一个简单的交易，在转换为微服务架构时却很容易转变成分布式交易。微服务越大，它内部能做的事情就越多，而不需要依赖分布式交易。同样，微服务越大，它可能最终要做的事情也就越多。一般而言，通过适当地将系统拆分为微服务，你几乎不太可能需要依赖分布式交易。此外，如果应用可以接受最终一致性的集成，那么对分布式交易的需求将进一步减少。

为了处理分布式事务，开发了各种协议和技术，包括二阶段提交（Two-Phase Commit，2PC）和三阶段提交（Three-Phase Commit，3PC）。二阶段提交是一种广泛使用的协议，它涉及一个协调者和多个参与者。协调者确保所有参与者要么提交事务，要么中止事务。然而，它存在一些限制，比如可能的阻塞和可扩展性问题。三阶段提交通过增加一个额外的阶段来解决这些问题。

分解分布式事务固有复杂性的另一种选择是使用 Saga 模式。该模式建议不是试图确保"全有或全无"的原子性，而是将较大的操作分解为更小、更易管理的步骤。每个步骤都是一个独立的事务，并且定义了补偿步骤来在需要时逆转已完成步骤的效果。然而，引入 Saga 模式对现有代码有着相关的影响，即使在全新的环境中从头开始开发的项目，也需要高级的设计和开发技能。

提示

最终一致性是指假设由于网络延迟和并发更新，数据副本可能暂时存在不一致性。与强一致性模型要求立即同步不同，最终一致性保证所有副本将会随时间推移，在没有进一步更新的情况下，收敛到相同的一致状态。这种方法允许在分布式系统中实现高可用性和可扩展性，因为节点可以独立运行，无须不断地协调。然而，从开发的角度来看，应用程序必须设计成能够通过冲突解决机制来处理临时数据分歧。

---

6. 数据管理

这个话题非常庞大，牵涉到的影响众多，可能足以撰写一本专门的书来讨论。首先也是最重要的，目前没有已知的法律禁止在单一共享的数据库服务器上部署微服务架构。在我看来，就开发成本和实际效果而言，这是最佳的权衡方案。更重要的是，这种方法节省了将数据（可能来自多个来源和异构存储技术）进行分组和连接所需的时间。

因此，使用共享数据库是一个选项。不幸的是，它被认为是一个反模式。（这是一个广受争议的观点，但事实就是这样——如果你公开这样的决定，那么要做好准备面对一大群持相反观点的对手。）为什么共享数据库会被认为是反模式呢？一个常见（虽然有些抽象）的答案是，将微服务绑定到一个共享数据库可能会破坏微服务的基本特性，如可扩展性、可恢复性和自主性。另一种方法是每个服务一个数据库的方式，这样每个微服务都拥有自己的数据库。这确保了服务之间的低耦合，并允许团队为每个服务的特定需求选择最合适的数据库技术。表 9-1 和表 9-2 所示为这两种模式的优缺点。

表 9-1　微服务数据库模式的优点

每个微服务一个数据库的优点	共享数据库的优点
服务是松散耦合且独立的	不需要分布式事务
每个服务都可以拥有最适合其特定需求的数据存储技术（有时也可能只是开发者的自我偏好）	整个数据集是完全受约束且结构良好的，其完整性在根本上得到了保持
数据所有权清晰明确	可以通过复杂的 GROUP 和 JOIN 操作同时从多个表中检索数据
对某个服务数据库的数据库模式或数据的更改不会影响其他服务	减少了数据重复和冗余的需求

表 9-2　微服务数据库模式的缺点

每个微服务一个数据库的缺点	共享数据库的缺点
每个微服务只能直接访问自己的数据	会造成单点故障
每个微服务必须暴露 API，以便与其他服务交换数据	数据所有权不清晰
需要熔断器代码来处理跨服务调用的故障	数据库模式或数据的更改可能会影响多个服务
没有简单的方法可以在多个数据存储上执行 JOIN 查询，或者在多个数据库上运行事务	微服务在开发和部署方面缺乏完全的独立性，因为它们是相互连接的，并且在共享数据库上操作
涉及多个微服务的数据相关操作在出现问题时可能很难调试	

注意与每个微服务一个数据库模式相关的缺点直接源于最初模式选择。此外，你只能通过引入像熔断器、数据 API 和数据聚合器（例如，GraphQL）这样的复杂性，以及接受最终一致性，来缓解这些缺点。

提示

熔断器是一种在分布式系统中用来增强可恢复性和防止由于重复尝试访问无响应服务而导致系统故障的软件设计模式。它的工作原理类似于电路的熔断器，对服务调用进行监控。当故障达到一定阈值时，熔断器会临时停止向有问题的服务发送请求，以防止进一步的损害。然后，它会定期检查服务是否已经恢复。如果服务已经恢复，它将关闭电路，允许请求继续。熔断器提高了系统稳定性，减少了延迟，并在现代应用程序和微服务架构中增强了整体的容错能力。

关于共享数据库方法的缺点，观察表 9-2 会发现，熟练的编程技术和谨慎地使用云服务可以减轻前两个问题的影响。有趣的是，这些措施也间接缓解了其他两个痛点。

有几种成熟的策略可以防止数据库成为单点故障的原因，包括主/副本同步配合手动或自动故障转移、集群以及高可用性解决方案。所有这些策略都旨在减少停机的可能性。像数据备份和负载均衡这样的补充措施也可以预防可能最终导致故障的问题。

关于数据所有权，你可以通过在代码层面上限制每个服务只能使用它所需的特定表来进行操作。你可以通过使用多个 `DbContext` 组件来实现这一点,每个组件都专注于一组特定的表。或者,在你的数据允许的情况下,考虑数据库分片。这种方法将你的数据划分为更小、更易于管理的部分,每个分片可能驻存在自己的服务器上。这种做法不仅减少了单一服务器故障的后果,而且还对服务访问施加了限制。

基线是什么呢?根据我的经验,如果对于一个微服务项目来说,共享数据库看起来是最合适的解决方案,那么你可能根本不需要使用微服务。在这种情况下,一个实施得当的单体架构可能是更合适的选择。选择微服务应用程序中的共享数据库的典型理由包括需要保留现有数据表,或者现有的数据访问代码非常有价值。另一个关键因素是,当高效的事务管理至关重要时。

7. 运营开销

尽管外表看起来很美,但大规模模块化架构在管理和维护系统方面存在一些隐蔽的问题。根据设计,一个独立服务存在于自己的服务器上,且擅长完成一个特定任务。因此,复杂的业务操作必须协调多个服务之间的交互和通信。这可能导致诸如网络延迟、消息传递失败以及需要强大的错误处理和恢复策略等问题。

服务间的通信成本,特别是在网络环境下,可能会拖慢性能。为了解决这个问题,就需要采用高效的通信模式和进行必要的优化。在这种情况下,gRPC 就显得尤为重要,它通常比 HTTPS 更加适合,因为 HTTPS 更多是为面向公众的 Web API 设计的。而 gRPC 提供了更为高效的通信方式,特别是在需要快速、频繁交换数据的内部服务之间。

提示

gRPC 是由谷歌(Google)开发的一个开源 RPC 框架。它通过使用协议缓冲区(Protocol Buffers,Protobufs)进行数据序列化和 HTTP/2 进行传输,实现了分布式系统间的高效、高性能通信。gRPC 用于在各种编程语言中构建快速且高效的 API,使其非常适合内部微服务通信和需要高性能的场景。

运营开销并不仅限于运行时。虽然测试单个微服务可能更容易一些,但对多服务操作进行端到端的测试和调试会比较困难,并且可能需要复杂的测试策略和工具。

在其设计中,微服务本质上在各个领域带来了重大的开销,包括通信、测试、部署以及发现和版本管理。值得注意的是,金融方面的开销不能被忽视。在这方面,微服务同样涉及大量的开销。虽然它们可以通过资源优化节省成本,但是微服务基础设施的初始设置和管理可能是昂贵的——更不用说在从单体架构向微服务方法转变时所必需的思维方式改变所关联的成本了。

9.3 微服务是否适用于所有应用程序

设计微服务架构要求架构师们在处理需求和将它们转化为紧密互操作组成部分的方式上进行显著的转变。转向微服务带来了复杂的挑战和潜在的巨大成本。因此，在继续之前彻底评估项目的确切业务需求应该是必要的。然而，许多软件经理对银弹有着不健康的热情——尤其是当这些银弹外面包裹着一层厚厚的技术术语时。结果是，微服务获得了一种作为解决所有软件相关挑战的万能药的声誉。这种声誉真的名副其实吗？

9.3.1 大型企业的一个大误解

当今主流的观点是，微服务对所有应用程序都有益，因为有几家大公司在使用它们。如果这对他们有效，管理者和架构师说，那么我们更有理由相信它对我们也会有效；毕竟，我们的规模更小，要求也不那么高。这种观点过于简单化。

许多大型企业的软件架构实际上就是所谓的微服务架构：一个由众多小型、独立且松散耦合的服务组成的系统，通过 API 相互通信。这些公司乐于分享它们的成功案例——尽管这些案例有时候是喜忧参半。这些故事在各种会议和文章中被广泛传播，激发了许多人回到工作岗位后想要尝试实施微服务架构的决心。然而，把一个应用拆分为多个独立服务远非易事，尤其是当你尝试与现有的单体应用相比较，或者在开发全新应用时采用微服务架构，这更像是一次跳入未知的挑战。

大型公司（比如 Amazon 和 Netflix）对微服务方法的发展和声望做出了重要贡献。我清晰地记得，当 Amazon 在 2004 年采用 SOA 时，整个行业受到的影响。Netflix 则是一个拥抱微服务的标志性例子。无论如何，Amazon 和 Netflix 并非有一天突然决定将他们现有的应用程序分割成独立操作的微服务。这是在更广泛的演变过程中自然发生的。

Netflix 如何发现了微服务

据 Adrian Cockcroft 表示，他曾在 2010 年前后领导 Netflix 向一个大规模、高可用的公共云架构迁移，他在 2013 年加入 Amazon，担任云架构策略副总裁。最初的 Netflix 后端基本上是一个以 Oracle 数据库为基础的单体架构。促使公司首次重要转向微服务的业务需求，是为了给每个用户提供他们自己的后端。

人们认为，公司庞大且不断增长的用户基础——每个用户都有需要频繁更新的长期历史——可能会让任何关系型数据库应接不暇。因此，Netflix 的团队决定对数据存储进行反规范化，并转向分布式键值对的 NoSQL 数据库。团队还审查了其数据访问代码，并重构了复杂查询以优化可扩展性。最后，团队将所有用户数据——之前通过黏性内存会话处理的——转移到了 Memcached 实例中，实现了一个无状态系统。因此，用户在每次访问时与不同的前端交互，这些前端从 Memcached 获取他们的数据。

打破单体架构带来了各种后果。一个是它在各个部分之间划定了清晰的界限，添加了逻辑层的代码。另一个是它需要用能够熟练处理超时和重试的大块协议，来替代组件之间现有的频繁通信协议。

Netflix 团队逐步实施了这些变革，开发新的模式和技术，并在进行中利用了新兴的云服务。最终，该公司从一个拥有中央关系型数据库的单体架构转变为一个分布式的、基于服务的无状态架构。但这种架构并没有真正的名称——直到行业在 21 世纪 10 年代初期开始将其称为微服务。这个名称最终会被用来描述一个极其模块化的系统，其中每个组件都是自主的，并且具有定义良好的服务接口。

提示

若想回顾 Netflix 微服务的发展历程，你可以阅读 Cockcroft 在 2023 年 3 月于伦敦 QCon 大会上的演讲记录。相关内容位于此网站：https://www.infoq.com/presentations/microservices-netflix-industry。

9.3.2　SOA 和微服务

你是否正在使用微服务架构来构建一个能够服务于成千上万用户的全球性系统？或者你只是使用微服务来构建企业业务应用程序，这些应用面向的是中等且相对恒定的用户基础和线性的流量？换句话说，你是否确定所谓的微服务架构并不仅仅是一个带有大量不必要基础设施的 SOA？

SOA 是一种传统的架构风格，侧重于创建可复用的、松散耦合的服务，这些服务通过标准化协议（例如，REST 或 SOAP）进行通信。这些服务被设计为独立的，但也可以相互连接。SOA 促进了互操作性，适合复杂的企业系统。

微服务是一种较新的架构方法，它将应用程序分解成众多较小的、独立的服务，每个服务负责特定的业务功能。这些服务通过轻量级协议（如 REST 和 gRPC）进行通信，并且可以独立开发和部署。微服务强调敏捷性、可扩展性和易于维护性，使其非常适合快速发展的应用程序。

它们之间的关键差异在于它们的粒度。SOA 通常涉及更大、更粗粒度的服务；而微服务则是更细粒度的，专注于个别特征或功能。这影响了如何管理变更。在 SOA 中，更新可能需要协调多个服务；而在微服务中，变更可以仅限于单个服务。

9.3.3 微服务是否适合你的场景

不当使用微服务会导致更多的复杂性甚至更高的成本。确定微服务是否适合特定的应用场景需要考虑诸如可扩展性需求、基础设施的状态以及开发资源等因素。一个明智的决策会考虑应用的增长潜力以及团队有效管理分布式开发的能力。这一部分包含了一个简短的关键因素列表，用于帮助你判断微服务方法是否适合你。

1. 评估扩展性需求

正如 Google 的首席科学家 Paul Barham 所说："在你证明了自己知道如何使用第一台计算机后，你可以拥有第二台。"应用程序的可扩展性也是类似的原理。一个应用程序只有在证明当前架构无法超越一个关键阈值，而且这个关键阈值经常达到足以冒着损害业务的风险时，才需要更具可扩展性的架构。

一个应用程序的可扩展性需求并不仅仅来自于某些吸引人的商业模型所承诺的模糊而遥远的未来的预测数字。更具体的行动是必需的来衡量这些需求。特别是，你必须：

- 分析当前和预测的用户流量模式。
- 通过服务器日志和使用诸如 Google Analytics 之类的工具，识别高峰使用时段和趋势。
- 评估应用程序在模拟的高流量场景下的响应性能。
- 监控在不同负载下的网络、CPU 和内存使用情况。
- 倾听用户反馈，对于关于慢速性能或停机时间的投诉，这可能是可扩展性问题的迹象，要给予解决。
- 将你的情况与竞争对手进行比较，确保你在市场上保持竞争力。
- 考虑未来增长预测。

在转变你的开发思维和实践之前，请首先确认你现有的架构是否真正存在瓶颈和性能问题，以及是否无法有效处理增加的负载。如果确实存在瓶颈，请确保你正在考虑的不同架构风格能够解决这些问题。

话虽如此，后台应用程序甚至大多数业务线应用程序很少面临高度可变的流量和用户数量。在这些情况下，要为可扩展但更复杂的架构找到合理的理由变得具有挑战性。

2. 确保基础设施准备就绪

托管一个微服务应用程序需要一个强大的基础设施，这个基础设施能够应对分布式架构带来的特定需求和挑战。一种方法是在本地的普通虚拟机上部署每个微服务。但这么做，你会失去微服务架构的大部分好处。一个更可取的选择是将每个微服务部署到像 Docker 这样的定制平台上的自己的容器中。

在大规模管理和部署多个独立容器时，这是一件非常棘手的事。在这里，诸如 Kubernetes 和 Docker Swarm 之类的编排工具就派上用场了。Kubernetes 由于其丰富的功能集和生态系统，在微服务中尤其受欢迎。特别地，Kubernetes 提供了一个服务发现机制，用于管理微服务之间的通信。你还需要负载均衡器（例如，HAProxy、NGINX 或基于云的负载均衡器）来分配进入微服务实例的流量，以及 API 网关（例如 NGINX）来帮助管理和保护对你的微服务的外部访问。

总的来说，如果当前公司的基础设施主要是本地部署且有大量虚拟机，你仍然可以部署微服务应用程序；然而，你可能无法完全发挥其可扩展性的潜力。

3. 评估技术多样性的重要性

由于微服务提供的高粒度，再加上容器化，你可以使用不同的技术栈和编程语言来开发每个微服务，许多开发者认为这是有利的。个人而言，我认为这种优势有些被夸大了。根据我的经验，技术栈往往是相对统一的。即使是在收购的情况下，通常的第一步也是尽可能地整合和标准化技术栈。所以，虽然技术多样性有其优势，但我认为在决定切换架构时，它并不是一个重要因素。

4. 计算成本

许多人声称，微服务架构可以降低成本。但实际上是否如此，则取决于对特定场景最有意义的计算。成本包含好几种：

- 运营成本：微服务通常比单体架构涉及更多的运营开销。你需要管理和监控多个服务，这可能会增加基础设施和人员成本。容器编排工具（比如 Kubernetes）也可能需要额外的运营专业知识和资源。
- 基础设施成本：运行多个容器或虚拟机会增加你的云服务或数据中心的支出。特别是如果你采用了容器化技术，可能会产生额外的基础设施成本。此外，实施分布式监控、日志记录、安全性以及其他必要的工具和服务，相较于单体应用，可能会使总体成本更加增加。
- 人力成本：微服务需要一个具有容器化、编排和分布式系统专门知识的团队。招聘并保留这样的人才可能花费不菲。
- 维护成本：基于微服务的应用程序需要持续进行维护、更新和修复每个服务中的错误。这些维护工作随着时间的推移可能会累积起来。你还可能面临更高的成本，这些成本与排查故障、调试以及团队间的协调工作有关。

那么开发成本呢？

采用微服务架构可能初期需要付出大量努力，因为你必须将现有应用分解成更小、自成一体的服务，这些服务需要被精心安排和同步。你可能还需要花费更多的精力设计和开发服务间通信和协调数据访问系统。最后，集成测试变得明显更加复杂，并因此而更加昂贵。然而，并行化开发流程可能可以抵消这些额外成本，从而实现更加积极和有利的上市时间。

这些成本因素最终都会影响总支出。不过，最受关注的往往是对资源分配进行更细致控制的能力，这一点能够帮助优化成本。微服务虽然增加了运维和开发成本，但同时也带来了可扩展性、敏捷性和容错性等显著优势。微服务架构的成本效益最终取决于特定的使用场景、长期目标以及管理这种增加的复杂度的能力。因此，在决定采用微服务架构前，进行一次全面的成本与收益分析是非常关键的。

提示

在某些情况下，微服务的收益可能会超过额外的成本；而在某些情况下，采用单体应用或混合方法可能更具成本效益。

Stack Overflow 的案例

对于高性能应用来说，许多人认为微服务架构是唯一可行的选择。毕竟，像 Amazon 和 Netflix 这样的互联网巨头，还有游戏、博彩和金融科技领域的公司之所以使用微服务，是因为它们无法通过更传统的方法实现其目标。这些公司采用了微服务，以及其他现代方法，比如 CQRS 和事件驱动设计，因为它们需要有效地处理来自数十万用户的并发和持续的写入和读取操作。

但如果你只需要处理读操作怎么办呢？在这种情况下，你可以在不使用微服务的情况下实现高效的解决方案。一个很好的例子是 Stack Overflow。由 Jeff Atwood 和 Joel Spolsky 于 2008 年推出的 Stack Overflow 是一个面向程序员的热门问答网站，它是一个部署在本地网页服务器集群上的单体应用程序。它严重依赖 Microsoft SQL Server 来满足其数据库需求。然而，单靠 SQL Server 还不足以在没有专家级的索引使用、精细调整的查询和积极的缓存策略的情况下，无缝地服务于每秒数千个请求。

尽管在 ChatGPT 爆红之后流量有所下降，Stack Overflow 仍然稳居全球访问量前 100 名的网站之一。其卓越表现的关键在于大量使用了缓存技术。Stack Overflow 采用了从前端到 Redis 的多层缓存机制，显著减少了对数据库的影响。

多年来，最初的 ASP.NET MVC 应用程序经历了多轮重构，包括迁移到 ASP.NET Core。尽管应用程序的基本结构仍然是单体的，但其架构设计是模块化的。关键功能被战略性地分离并作为单独的服务部署，从而在不向整体架构引入不必要的复杂性的情况下，优化任务。

最终，Stack Overflow 运行了一套单体应用程序。这种模式的成功使用取决于以下三个因素：

可预测的流量：Stack Overflow 的流量模式得到了良好的监控和理解，这使得精确的容量规划成为可能。

经验丰富的团队：Stack Overflow 的团队在构建软件和管理分布式应用方面拥有丰富的专业知识。

总体上的低资源强度：Stack Overflow 的页面相当基础，对处理能力和内存的需求很小。因此，应用程序的资源需求相对较小。

Stack Overflow 的经验教训是，复杂性并不是实现可扩展性或成功的先决条件。通过审慎使用合适的技术，你可以在不采用极其复杂的架构的情况下取得巨大成果。然而，值得注意的是，尽管 Stack Overflow 没有采用微服务，但是它还是从最初简单的 ASP.NET 单体架构显著演变，现在拥有一个相当复杂的基础设施。

想要进一步了解 Stack Overflow 的内幕，请收听 DotNetCore Show 的第 45 集，其中含了对该公司首席架构师 Nick Craver 的访谈。你可以在 https://dotnetcore.show 网站上找到这一集。

提示

请考虑我经常管理的一套应用程序，从另一个角度来看。这些应用程序共同支持并保障着各种体育赛事和锦标赛的日常运作。这些应用程序由一系列独立的服务构成，但就像 Stack Overflow 一样，它们中的任何一个都不能被归类为微服务。相反，它们是作为简单分层的 ASP.NET 应用程序或 Web API 实现的粗粒度服务。考虑到目前的流量，这些服务表现出色，并且只需最少的 Azure 资源就能高效运作。

9.3.4 规划和部署

微服务应用程序的计划涉及一个关键步骤：将业务领域拆分为小型、独立的服务，每个服务负责一个特定的业务能力。这个目标很容易理解，但在实践中证明相当具有挑战性。然而，得到的独立服务集是规划部署和将整个微服务架构风格带入一个新视角的关键。

1. 多少个微服务合适

关于微服务的主流看法是，拥有更多的微服务可以提高可伸缩性、实现局部优化，并可以使用多种技术。当你寻求关于如何评估你的情况下理想的微服务数量时，你可能会遇到一些有些随意的建议，例如：

- 每个微服务应该包含超过 N 行代码。
- 每个功能点都需要一个微服务。
- 每个数据库表的所有者都需要一个微服务。

事实上，理想的数量是能在组件间最大化凝聚力并最小化耦合的那个数。至于达到这个数的公式？简单来说，就是"既不太多也不太少，每个组件既不太大也不太小。"

诚然，这并没有提供太多具体的指导。如果你需要更具体的内容，我只能说，据我所知——虽然这不是全部——在一个大型应用中遇到100多个微服务是很常见的事。不过，就我个人而言，这个数字给我的感觉是相当庞大的。

然而，可部署的微服务存在于应用程序空间中，而它们实现的业务能力则存在于业务空间中。分析开始将业务领域划分为限定的上下文，并且每一个限定上下文——一个业务空间实体——被进一步细分为更精细的块。一旦你拥有足够的业务能力，就开始将它们映射到应用程序空间中的新实体——实际上是成为部署微服务的候选对象。这就是我们在图 9-2 中所说的微服务——逻辑上的、原子级的功能，用于实现和部署一个足够模块化的应用程序。

关键就在于这种功能分解。一旦做好了这一点，使用微服务还是其他物理架构就仅仅成了一个基础设施的决策问题。

2. 逻辑分解系统的架构模式

从全局的微观逻辑组件列表中，你创建了你打算在同一个代码模块中组装的聚合体。图 9-5 所示为逻辑分解业务领域的各种选项（图 9-5 中的粗边框表示一个可部署单元）。在特定的有界上下文中建立业务功能所需的可部署单元数量，根据所选择的架构模式而有所不同。

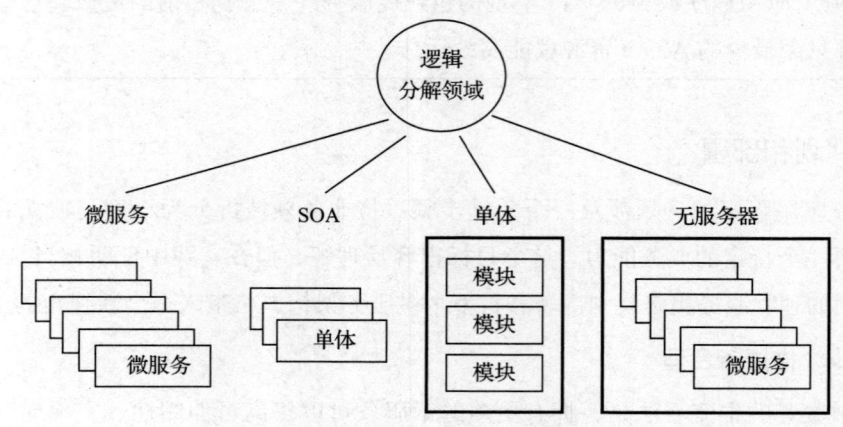

图 9-5　逻辑分解业务领域的架构选择

采用微服务方法时，保持单元大小相对较小是至关重要的，因为目标是将模型分解成尽可能小的自治组件。没有预定义的阈值来决定何时停止分解，这取决于判断。然而，在大多数情况下，你会发现深入挖掘是有利的。图9-5所示的SOA模式基本上反映了相同的方法，有一个区别：分解在较早的时候就停止了，产生了更粗粒度的组件。这些被称为单体，以强调它们不是单一功能模块。最后，图9-5展示了一个单体，作为一个统一的可部署单元，包含了单一进程中的所有功能。

3. 部署可选项

在制定部署策略时，你的DevOps和开发团队必须做出4个关键决策：
- 本地部署或云端部署。
- 进程部署或容器部署。
- 是否使用编排器（例如，Kubernetes）。
- 是否选择无服务器架构。

黄金法则是要在云中构建和部署微服务，而不是依赖传统的本地IT基础设施。云在促进可伸缩性、灵活性和优化的著名优势方面发挥着关键作用。

托管在服务器或虚拟机内部的微服务表现为一个独立的操作系统级进程。就资源使用来说，这可能是最轻量级的方法，因为它不需要容器化额外的运行时开销。然而，设置虚拟机的操作负担不容小觑。

容器比进程提供了更强的隔离性。容器确保每个微服务都有自己独立的运行环境，防止可能发生的冲突。但容器的关键优势在于它们可以在不同的环境中移植，从开发到生产环境都适用。此外，构建容器通常比配置虚拟机更简单。而且，容器非常适合于像Kubernetes这样的编排平台。这简化了在分布式环境中对微服务的扩展、负载均衡和管理。

在Kubernetes中部署应用时，通常需要定义一系列资源，包括组件和配置及其在集群中的运行方式。Pod是Kubernetes里最基础的部署单元，能够容纳一个或多个共享同一网络和存储的容器，如Docker镜像。然而，学习Kubernetes的难点在于其复杂的概念、众多组件以及烦琐的YAML配置文件，这对新手而言是个不小的挑战。为克服这些困难，很多组织选择聘请外部专家、采纳行业最佳实践，并借助其他工具及服务来简化运维和监控工作。此外，云服务商提供的托管Kubernetes服务，比如Azure Kubernetes Service，通过承担集群管理相关任务，进一步降低了这些障碍。

提示

在ASP.NET Core技术栈中，一个微服务是一个Web应用程序或Web API项目。在后一种情况下，微服务可以有专门的中间件用于选择的通信协议——HTTP、gRPC、普通 WebSocket、SignalR、GraphQL 或后台处理。HTTP 接口也可以通过设计得尽可能简洁的最小化 API 来编码，这样的 API 旨在只需必要的代码和配置，从而去掉传统 MVC 设置的烦琐。如果需要，一个 ASP.NET 微服务可以使用 Docker 进行容器化。这使你能够使用像 Kubernetes 这样的编排平台来部署和扩展。

4. 无服务器环境

最近，另一种选择获得了认可和流行：在无服务器环境中部署微服务。在这种情况下，你不需要担心进程、容器和服务器；相反，你直接在云上运行代码。采用无服务器方法，你的运营开销几乎降至零。

无服务器计算是一种云计算模型，开发人员可以在其中部署和运行代码，而无须管理传统服务器。无服务器平台自动分配所需资源，而不是配置和维护服务器基础设施，并且能够根据需求无缝扩展。在许多云提供商采用的计费模型中，用户仅按实际代码执行时间付费，这使得它既经济高效又无须管理基础设施。

成本效益并非恒定不变。事实上，云服务提供商的定价模式在规模扩大时可能变得更加昂贵。例如，当处理大量调用、并发执行或资源使用时，可能适用某些定价等级或限制。即使是固定定价，拥有更多的功能也可能导致需要在各个组件之间进行额外的管理和协调调用，进而产生额外的成本。

通过使用无服务器平台（比如 AWS Lambda、Azure Functions、Google Cloud Functions 或 Apache OpenWhisk），你可以将每个微服务打包成一个函数。每个函数都通过事件触发，例如 HTTP 请求、数据库变化或计时器。无服务器平台会自动处理资源分配、扩展和负载均衡，从而消除了管理服务器的需要。开发者仅需上传他们的代码并定义事件触发器。

无服务器模式的有效性源于降低了基础设施成本，以及能够对个别微服务进行快速而精确的更新，以满足不断演变的应用程序需求。

有缺点吗？确实有。任何无服务器解决方案的痛点在于可能的供应商或平台锁定，无论是 Azure、AWS 还是 Google Cloud。

十多年前，IBM 开始开发一个开源的无服务器计算平台，并于 2016 年捐赠给了 Apache 软件基金会。这个平台名为 Apache OpenWhisk，它的主要优势在于它的云服务商中立性。换句话说，它可以部署在包括 Azure、AWS 和 Google Cloud 在内的多个云服务提供商上，从而减少了对供应商的依赖问题。此外，使用 OpenWhisk，开发人员可以用各种编程语言编写函数，并与外部服务和事件源无缝集成。

选择使用开源方案还是购买商业包显然是一个微妙的商业决策。开源软件通常是免费使用的，而商业包则需要付费。如果开源代码不能完全满足你的需求，你可以随意定制它（假设你有时间和专业知识来这样做），而商业包通常带有专业支持和服务级别协议，这对于关键应用程序来说可能是至关重要的。当然，任何商业包都代表着一种形式的供应商锁定，尽管这通常比完全依赖于一个平台的绑定要轻松一些。

提示

Nuvolaris（https://nuvolaris.io）是一个基于 Apache OpenWhisk 代码库之上构建的有趣的商业平台。如果你使用微服务并打算在包括私有或混合基础设施在内的多个云上运行你的 FaaS 无服务器应用程序，那么它绝对值得一看。

9.4 模块化单体

正如本章 9.3.1"大型企业的一个大误解"一节所概述的，微服务方法源于特定大规模平台的自然进化，这些平台最初是采用更传统的模式构建的。这一进化由领先公司的顶尖专家带头进行。这与通过一轮投资、一夜之间组建一个开发团队（一半是初级员工，一半是兼职高级员工），然后期望使用微服务将一堆混乱的想法转变为企业级、高规模应用的做法截然不同，而这种情况在今天经常发生。成功实施微服务架构有两个先决条件：一个是对应用领域的深入了解；另一个是真正专家团队的参与——理想情况下，他们还应该具备强烈的实用主义精神。

有什么更平滑的替代方案吗？

模块化单体架构融合了传统单体架构和模块化设计的优势。这种架构下，应用被划分为多个相互独立、松散耦合的模块，每个模块承担着特定的职责。不同于旧式的单体应用，模块化单体通过划分为多个可管理和可替换的部分，实现了功能间的有效隔离和更简便的维护。这种做法旨在保持代码的整体性的同时，提升系统的模块化和可维护性，是构建现代服务的一个更易于接近的方法。

大规模预先设计的幽灵

大规模预先设计（Big Up-Front Design，BUFD）是一种软件开发方式，强调在编码之前进行全面的计划和设计。其目标是为了在开发过程中尽量减少不确定性和变更，提前澄清项目需求、架构和设计规范。虽然 BUFD 为项目提供了结构和可预测性，但它对变化的适应性较差。敏捷方法论正是为了与 BUFD 形成对比而出现的，目的是使项目能够适应不断变化的需求。

以微服务架构思维方式接近任何新的开发通常涉及两个主要风险：得到一堆设计拙劣的端点和最终陷入 BUFD。第一个风险源自目标不明确和尽快推向市场的需求之间的致命混合。这唤起了 Jack Kerouac 在其开创性小说 *On the Road* 中，Dean Moriarty 与 Sal Paradise 之间难忘的对话的类比。

"我们要去哪儿，兄弟？"

"我不知道，但我们得走了。"

本段对话捕捉了"垮掉的一代"特有的冒险精神和即兴创作两大特质，但这两种特点与软件开发领域并不完全吻合：

"我们在编什么代码，兄弟？"

"我不知道，但我们得编程。"

为了减少由许多零散终端形成的混乱而难以管理的网络可能性——即使是安全移除这些终端也是一个挑战——团队必须进行一次深入的初步评估。这主要基于假设，评估系统在未来可能的发展情况，而这个未来大部分还是不可预测的。这个初步评估与臭名昭著的 BUFD 非常相似。更糟的是，BUFD 很可能涉及在黑暗中摸索，以识别高度动态的需求。

9.4.1 适用于新项目的架构

考虑到微服务的广泛普及和成功案例，你可能会合理地好奇它们是否适用于每一个新项目。我的回答是，不，即使应用程序最终可能需要承载大量流量并应对意外高峰，一开始就采用微服务也是不可取的。

微服务设计固然为分布式系统管理、服务间的通信及部署流程带来了不少复杂性，这就要求团队成员具备较高的专业技能。如果团队成员尚未接触过微服务，他们不仅需要克服学习的挑战，还必须经历许多尝试和错误的过程。因此，我提出一个与众不同的观点：如果你追求的是快速开发并希望解决方案能灵活应对需求变化，那么微服务可能并非最佳起点。

> **提示**
>
> 第 4～8 章讨论的 Renoir 项目是模块化单体的一个例子。

9.4.2 模块化单体策略更适用于新项目

那么，有什么严肃的替代方案吗？答案是单体架构。但请注意，我说的单体架构并不意味着一堆紧密相连的类——实际上恰恰相反。我指的是模块化单体，本质上是一个设计良好的单体应用，这种应用在必要时可以合理地过渡到微服务架构。

单体应用开发和部署更简单，但可能在可扩展性和容错能力上遇到困难。微服务提供了更高的可扩展性和故障隔离能力，但随之而来的是增加的复杂性和运营成本。尽管如此，总的来说，在新项目开始时选择微服务存在太多未知数。考虑到预算和目标任务，我强烈推荐采取更为谨慎的方法。

为什么不一开始就使用微服务架构

为什么如果你从微服务开始，一个新项目更有可能失败呢？归根结底，这是因为两个因素：固有的运营复杂性和不明确的边界。

从架构上讲，基于微服务的应用程序是一个大规模分布式系统。根据 20 多年前，在 Sun Microsystems 由软件工程师 Peter Deutsch 和 James Gosling（Java 语言之父）阐述的著名"分布式计算的八个谬误"（Eight Fallacies of Distributed Computing），分布式系统的存在是为了打破假设。(这些谬误中最真实且最令人震撼的三个是"网络是可靠的""延迟为零"和"带宽是无限的"）。

在微服务固有的操作复杂性之外，一个更棘手的问题是如何建立稳定、明确的边界来分隔服务。即使是在处理一个众所周知的业务领域时，定义准确的边界也可能是一项艰巨的任务。这是团队有时采取 BUFD 的主要原因。

微服务的复杂性和限定边界的困难使得在服务之间的重构与模块化单体架构相比要复杂得多。

1. KISS 原则

这种方法恰好与一个核心软件设计原则非常吻合：尽可能简单（Keep It Super Simple，KISS）。KISS 原则鼓励开发者保持解决方案尽可能简单和直接。KISS 原则指出，简单性应该是软件设计中的一个关键目标，应该避免不必要的复杂性。保持简单并不意味着忽视潜在的未来需求。通常，从一个简单的解决方案开始，并随着需求的演变对其进行迭代，比一开始就试图预测所有可能的未来情景要更好。

2. 软件架构的目标

软件投资的目标是创建一个成功的应用程序，而不是一个成功的微服务架构。因此，作为一个软件架构师，你应该为整个项目规划成功之路，而不仅仅是微服务架构。

许多微服务成功案例的发展就像一棵壮观的树木一样，经历了几个明确的阶段。它们开始于建立一个坚实的单体式基础——系统的真正根源。随着时间的推移，系统不断扩张，其规模和复杂性变得难以管理和压倒性。正如一棵宏伟的树木，这是一个需要谨慎修剪的时节，在这个阶段，原始的单体被拆分成一个个可以独立繁荣同时又能在生态系统内保持和谐的微服务。

最终，一个现代应用程序的成功故事可以分为三个基本阶段：

1）构建初始整体结构。

2）根据业务需求扩展单体应用。

3）如果，过了一段时间（可能是几年），单体架构变得难以管理，考虑迁移到一个更分散的架构，比如微服务架构。

3. 模块化单体架构的特征

有时候，"单体架构"这个词会不公平地被妖魔化，被视为过时和破旧的象征。确实，当谈到那些遗留下来的单体架构，它们的代码库充满了隐藏的依赖关系，难以测试、记录不详，且抵制改变时，这种强烈的反感是有道理的。然而，对于一个全新开发的、基于 SoC 原则指导下构建的模块化单体架构来说，这种反感就无法成立了。

模块化单体展示了几个引人入胜的特质：

- 单一代码库：尽管整个应用程序都是作为单一代码库构建的，但它被组织成了松耦合模块。你可以将这些模块视为自包含的功能单元。使用单一代码库构建的应用程序，通常通过 DevOps CI/CD 流水线或甚至通过发布配置文件手动部署起来都是很快速且简单的。
- 测试和调试：在模块化单体中，测试和调试都很简单，因为所有内容都在一个地方。同样，追踪和记录也不会带来额外的问题。
- 性能：模块化单体架构的性能可能优于微服务，因为进程内通信比服务间通信更为高效。此外，延迟被减少到最低限度，数据在设计上保持一致（除非你特意选择了具有不同数据存储的 CQRS 数据架构）。
- 开发速度：对于较小的团队或更简单的项目，模块化单体架构可以带来更快的开发速度，因为在管理多个服务时的开销更小。此外，你无须处理分布式系统的复杂性。

然而，扩展模块化单体应用也存在挑战。由于它是单一的可部署单元，你不能只在需要的地方选择性地增加资源。不过，你可以增强底层数据库的能力（大多数情况下，这就足够了），或者在负载均衡器下启动应用的多个实例。

提示

为了安全地运行应用程序的多个实例，必须确保不存在共享状态，比如全局静态数据或内存缓存。如果使用了会话状态，那么必须启用黏性会话。

4. 松耦合模块

在软件设计中,耦合指的是不同抽象层次(例如,类、库、应用程序)间模块的独立性和相互连接的程度。换句话说,低耦合意味着每个组件都能够在不过度依赖其他组件的情况下独立运行和发展。

那组件之间如何通信呢?松耦合组件之间的通信是通过一个定义良好的接口或契约来进行的,这个接口或契约全面设定了一个服务的边界。物理通信是通过 API、消息或事件来进行的,具体取决于抽象层,通常不需要详细了解彼此的内部工作机制。

这里你可能会认出微服务所带来的优点列表中的一些要点。简单来说,微服务在服务级别实现了松耦合,而在模块化单体中,松耦合发生在组成库的层面。一个成功的模块化单体通常是根据 DDD 分层架构的指导原则构建的,正如第 4 ～ 8 章所概述的,并通过 Renoir 项目示例所展示的。

9.4.3 从模块到微服务

像"由松散连接的微服务组成的应用程序可以快速调整、修改和实时扩展"这样的高度强调的陈述包含了一个神圣的真理,但忽略了一个关键方面:人们可以调整、修改、扩展并增强现有的微服务。该陈述没有指出通过试错来确定最佳微服务边界的相关成本。相比之下,从一个单体开始,你几乎可以不用花费任何成本就可以尝试不同的边界。

1. 首先设定逻辑边界

随着单体应用成功地部署到生产环境中,你现在拥有了一个有效的逻辑服务拓扑,这些服务被打包成一个单一的可部署单元。你仍然可以扩展单体以满足新的业务需求和任何必要的变化。例如,如果需要更多的处理能力,你可以通过复制进行水平扩展,或者通过增加更多资源进行垂直扩展。这并不提供与微服务相同的粒度和灵活性,但可能已经足够了。

当额外的需求出现时,这些逻辑边界为微服务架构提供了完美的基础。在这一点上,下一步是将这些逻辑边界转化为物理边界。作为一个实践练习,假设你想要将 Renoir 项目的逻辑边界转化为托管独立可部署服务的物理边界。起点是一个受到 DDD 分层架构蓝图启发的单体式 ASP.NET Core 解决方案(见图 9-6)。

2. 在 Renoir 项目中提取边界

从简单的单体中派生物理边界依赖于所选择的技术栈以及你愿意接受或多或少激进的架构变化。例如,假设你有一个 ASP.NET Core 技术栈,并且不想偏离它太远。第一步几乎是无可争议的:分离表示层和应用层。

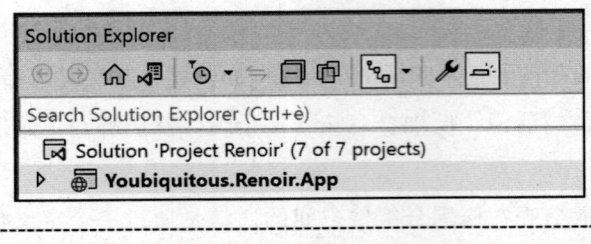

图 9-6　单体式的 Renoir 项目 ASP.NET Core 解决方案

表示层现在作为前端存在，它可以继续使用 ASP.NET Core Web 应用程序。而应用层则转变为后端的主要入口，形成了一个单独的 Web API 项目。在这个新的架构中，表示层的控制器依旧承担着原有的角色，不过与之前不同的是，它们现在不直接在同一进程中调用应用层的服务方法了。

前端和后端之间的通信可以采取多种形式，这取决于你对可扩展性的需求：

❑ HTTP 端点。

❑ 自制（或云服务提供的）API 网关。

❑ 消息总线。

理想情况下，HTTP 调用应通过能够应对短暂网络故障的弹性客户端进行。为了处理短暂故障，开发者通常会采用重试策略，实现熔断器以在发生故障时暂时停止请求，设置超时以避免无限期等待，并提供回退机制以在出现故障时保持关键功能。在 .NET Core 中，有一个出色的（且开源的）框架叫作 Polly，它能够处理所有这些任务。你可以在 https://www.thepollyproject.org 或 NuGet 平台上了解它。前端可以通过使用更快的通信协议（如 gRPC 和 Web sockets）来优化关键请求，而用户界面更新通常通过 SignalR 来管理。

完成以上初步步骤之后，你只需要维护两个区块和一个后端服务，以保持对持久化层的完整引用。基础设施层中的各种服务都是分解的良好候选对象。然而，是否进行分解是一个取决于特定应用程序的决策。

还有进一步的潜力可以将应用层分解成更小的组件。理想情况下，应用层是围绕业务功能构建的垂直功能切片来组织的。每个功能都有潜力根据需要发展成一个或多个独立的微服务。根据需求，一个或多个功能也可以实现为无服务器组件。数据库可以保持不变（例如，一个共享的数据库）或经历变化，例如将特定数据分区迁移到由专门微服务管理的独立存储中。此外，你可以将公共代码组件（特别是持久化和领域模型）封装为 NuGet 包，便于在微服务项目之间共享（见图 9-7）。

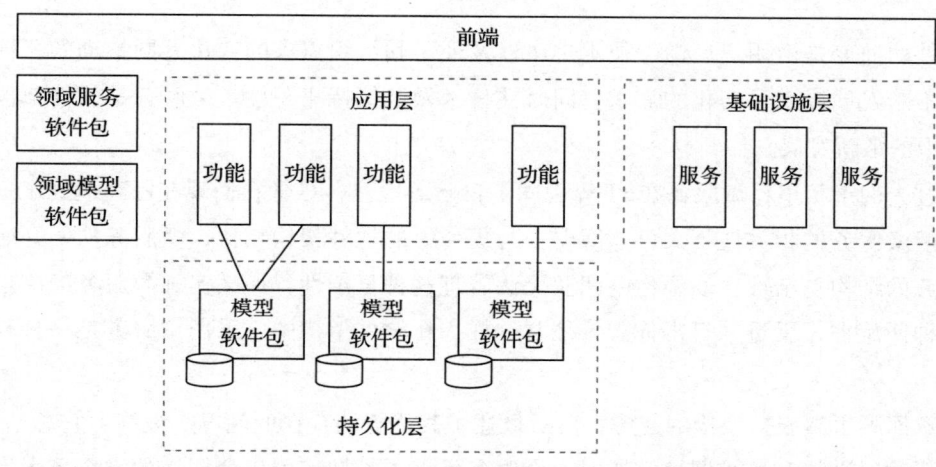

图 9-7　将一个模块化单体架构项目（比如 Renoir 项目）分解成微服务架构的蓝图

提示

在图 9-7 中，表示层被压缩成一个区块，并赋予了"前端"的抽象标签。将单体分解为不同服务的一个效果是，原始的 ASP.NET Web 应用程序（包括视图模型和 Razor 文件）变成了一个独立的前端，通过 HTTP 连接到其他部分。这为前端开启了全新的可能性，范围从 ASP.NET 客户端 Blazor 到基于 JavaScript 的平台。我将在第 10 章更详细地讨论这个话题。

3. 采取以特性为先的方法

在软件应用中，特性是指一种独特且可识别的功能单元，用以满足特定的业务需求。特性是软件应用的基石；它们赋予了软件对用户的实用性和价值。换言之，特性构成了软件的核心，体现了最基础的复杂性，这是任何设计或架构都无法绕过的。

软件开发的特性优先方法将重点放在识别、设计和实施直接满足用户需求或商业目标的关键特性上。这种方法不仅确保构建了所有关键组件，而且还巧妙地鼓励以模块化的方式进行开发，每个模块都有明确且定义良好的边界。

在单体 ASP.NET Core 架构中，特性是在应用层内实现的。这些特性可以采用类的形式，其方法由控制器调用。每个方法负责特定的用例。在项目层面上，特性以类文件的形式被整齐地组织在专门的文件夹中。

9.5 本章小结

软件的演变是由用户反馈、技术进步以及公司和组织需求的变化共同推动的。软件工程也在不断发展以满足变化的需求，同时在技术领域保持相关性。微服务是软件架构和工程演变中的最新发展。

在过去的十年里，微服务在 IT 界稳固了自己的地位，尽管它们现在已经达到了一个稳定点，但微服务的相关性不太可能减弱。与更传统的软件架构相比，微服务从一开始就引入了显著的结构复杂性。如果你的团队无法管理这种复杂性，那么实施微服务的决定就会变成一种回旋镖，反过来打击你。像往常一样，在软件架构中，采用微服务是一种权衡的问题。

本章回顾了微服务架构的起源，然后概述了其优势和存在的问题。最终，它总结认为，当面对严重的性能和可扩展性问题时，微服务代表了长期应用生命周期的一个重大进化步骤。然而，对于一个新项目来说，采用微服务并不一定是通往成功的最佳路径。

微服务由于其分布式特性、容器化以及对编排的需求，引入了部署和基础设施成本。然而，这些成本可能会被其带来的好处所抵消，比如改善的可扩展性和更快的开发周期。另外，单体应用通常更简单，运营成本更低，但可能在长期内缺乏必要的可扩展性和敏捷性。总的来说，微服务并不提供一个普遍解决方案，人们绝不能低估一个精心制作的模块化单体应用带来的好处和简单性。第 10 章进一步深入探讨了分布式应用场景，并探索与前端相关的挑战。

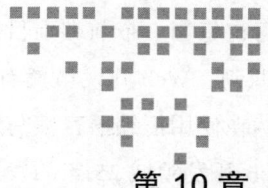

第 10 章

客户端渲染和服务器端渲染

> 并非所有漫游者皆迷失。
>
> ——J. R. R. 托尔金，*The Fellowship of the Ring*（魔戒首部曲：护戒使者），1954

根据第 4 章所总结的，表示层在 DDD 的视角中处于应用程序最外的一层，它负责向用户展示信息，由诸如控制器、API 端点等组件组成。在 Web 应用程序中，用户最终在屏幕上看到的内容由控制器输出。

控制器可以设计成在服务器上生成 HTML，或是直接向客户端浏览器页面暴露纯信息（通常暴露成 JSON 格式）。这意味着既存在一个如第 4 章所描述的服务器表示层，还存在一个客户端表示层。客户端表示层定义了用户界面，并决定了信息通过何种视觉和互动的形式呈现给用户。它需要设计界面元素和布局，考虑用户的体验，并确保数据以易于理解和吸引人的方式呈现出来。这一层通常包括网页、GUI、移动 App 界面等呈现方式，并会使用 HTML、CSS 和 JavaScript 等技术。

如今，普遍被接受的观点是前端和后端应该在物理上分开，由不同的团队使用不同的技术来开发。多年来，对客户端技术和框架的炒作，以及对什么是对、什么是错的热烈讨论，已经掩盖了软件元素的自然价值。在不懈追求将客户端和服务器视为各自独立的应用程序这一看似伟大构想的过程中，每当这一构想遇到问题时，我们就会创造出新的问题来尝试解决旧的问题。我们没有勇气放弃最初的想法，而是不断层层叠加新的问题和新的解决方案，最终才意识到，好吧，我们最终需要的是某种更简单、能更快编写和执行的东西。

然而，我们并没有对此进行任何有意义的变革，唯一做的就是自嘲，这导致了"前端"这个术语的流行，每当一个前端项目需要复制大量 JavaScript 文件才能成功部署时，更是让情况变得格外讽刺。Web 开发虽然有所发展，但整体的抽象层次仍然相当低，低到就像后端开发团队仍然在使用汇编语言编写后端逻辑一样。

以下是 Web 开发领域 25 年的发展史。我有幸在这些年间一直处在这个领域的第一线，正因如此，也仅因如此，我现在对 Web 开发领域演变的原因和过程有了一个广泛而不狭隘的视角。

10.1 Web 应用程序简史

我们今天所熟知的 Web 应用程序在 20 世纪 90 年代末开始崭露头角，并随着 2002 年 .NET 和 ASP.NET 的出现得到进一步发展。最早的 Web 应用程序之一是 1996 年推出的 Hotmail 服务，它使用户能够通过网页浏览器访问它们的电子邮件账户。另一个引人注目的早期 Web 应用程序是 Amazon.com，它在 1995 年作为一个在线书店推出，并迅速发展成为一个成熟的电子商务平台。

直到 21 世纪初，JavaScript 和 XML（用于数据交换）这样的技术都还对提升 Web 应用程序的交互性和响应性发挥着重要作用。这个时代也见证了各种基于 Web 的生产力工具和内容管理系统的出现，从而形成了我们今天所拥有的丰富的 Web 应用程序生态系统。

10.1.1 史前时代

尽管今天听起来可能很不可思议，但在 20 世纪 90 年代中期，一个典型的网站仅仅是由一些静态 HTML 页面组成，既没有什么样式，也几乎不使用 JavaScript。然而，随着时间的推移，这种情况发生了变化。

1. CSS

CSS 在 1996 年 12 月成为万维网联盟（World Wide Web Consortium，W3C）的官方推荐标准。CSS 实现了对文档的基本样式和布局的控制。到了 1998 年，一个以今天的标准而言拥有最低限度可用功能的版本终于面世，引入了更高级的样式设计能力和定位选项，那就是 CSS Level 2。紧随其后的是 CSS3，迄今为止，它仍然是 CSS 规范最新的大版本。这是因为 W3C 的 CSS 小组采纳了一个新的发布政策：不再进行变化大、间隔长的版本发布。相反，一旦新功能被最终确定和批准，就会单独添加到 CSS3 标准中。每个具体的 Web 浏览器负责实现（或计划实现）对每个独立功能的支持。

2. JavaScript

1995 年，Sun Microsystems 公司推出了 Java 程序设计语言。不久之后，当时市场上主流的浏览器 Netscape 宣布其打算将 Java 整合进浏览器。然而，Netscape 的开发者很快意识到 Java 对于网页设计师来说太过复杂；当时，Web 开发还没有被视为是一门核心的编程学科。因此，Netscape 选择开发 JavaScript，这是一种比它的"大哥"更小巧、更易学的兄弟语言。

Netscape 将 JavaScript 实现为一个轻量级的 API，足够简单，以至于 HTML 从业者也能学会它，并用它编写事件和对象的脚本。JavaScript 的推荐用例包括在表单中检查电话号码和邮政编码的有效性、播放音频文件、执行 Java Applet（一种在浏览器中运行的用 Java 编写的小型应用程序），或与外部安装的插件通信。不过，大多数时候，JavaScript 都被用来整合一些无用乃至烦人的功能，例如让图片闪烁和在状态栏中滚动消息。

尽管 JavaScript 的基础已经奠定，但在浏览器将其页面的内部表现暴露为可修改的文档对象模型（Document Object Model，DOM）之前，JavaScript 的应用场景非常有限。

3. DOM

Web 浏览器是一个连接到远程 Web 服务器并下载文件的应用程序。它有一个内部引擎来协调所有必要的下载（HTML、图像、脚本和样式表），并将下载的内容组装成一个可视化图形单元。在图形界面之下，隐藏着 DOM。DOM 是一个内存中的树状结构，它反映了页面 HTML 源代码中元素的布局。加载页面时，引擎会构建出 DOM。

DOM 是由 W3C 组织推荐的处理 XML 的标准编程接口，它旨在提供一个标准接口，使脚本能够访问和修改网页的内容、结构和外观。具体而言，脚本可以操作现有 HTML 元素的属性和内容，添加新元素，并调整元素的 CSS 样式。最初由 Netscape 提出并由 W3C 批准的 DOM 非常基础，不足以满足复杂的实际应用需求。

4. 浏览器大战

在新的互联网世界中，对技术霸权的争夺引发了浏览器大战。浏览器大战是在 20 世纪 90 年代末到 21 世纪初，在多个 Web 浏览器公司之间进行的激烈竞争。浏览器大战的主要参与者是微软的 Internet Explorer（IE）和 Netscape 的 Navigator（通常以公司名 Netscape 称呼它）。

从 Web 出现以来，Netscape Navigator 一直是主导市场的 Web 浏览器，占有很大的市场份额。然而，看到潜力的微软开始将其全新的 IE 浏览器与 Windows 操作系统捆绑销售。用户经常发现自己的计算机上预装了 IE，这导致了 IE 的迅速普及。两家公司开始向他们的浏览器不断添加新功能，引发了一轮又一轮的创新和竞争。双方的竞争包括争相添加对 HTML 和 CSS 标准以及 JavaScript 的支持，以及引入专有特性以获得竞争优势。

竞争非常激烈，两家公司都争先恐后地发布新版本，试图超越对方。这导致了 Web 技术的快速变化，但也给 Web 开发者带来了不小的兼容性问题。在 21 世纪初，尽管美国和欧洲都进行了反垄断调查，但 IE 的主导地位逐渐变得无可争议，并最终结束了浏览器大战。

浏览器大战之后，像 Mozilla Firefox、Google Chrome 等新的浏览器出现了，它们再次引入了竞争和创新。然而，这一轮新的竞争也导致了浏览器之间兼容性问题的逐渐消失。

10.1.2 服务器端脚本时代

服务器端脚本与万维网（WWW）本身的演变密切相关。在 Web 的早期，网站是静态的，主要由 HTML 文件组成。Web 本质上是一个静态信息存储库，用户的交互非常有限。因此，当时的专业程序员认为 Web 技术颇为无趣。

然而，随着服务器端脚本的出现，浏览器开始动态地接收 HTML 块，并在每次请求时将这些 HTML 块组装起来。这项新技术吸引了开发者的注意，它凸显了互联网的潜力，并开启了一个充满机遇的新世界。

服务器端脚本可以用来创建包含动态内容和数据驱动的信息传播网站，并导致了 Web 应用程序的诞生。Web 应用程序是一种具有高度可交互性的网站，它们能够实现用户操作、处理数据和提供动态内容，通常包含用户注册、数据库存储以及其他更复杂的功能，比如在线购物和社交网络。服务器端脚本还能实现安全认证和访问控制，以及对敏感操作的处理。总之，它提升了整个应用程序的可扩展性。

多种服务器端脚本语言和技术随之诞生，它们都遵循了相同的模式。这些语言让开发者可以在 HTML 页面框架中嵌入在服务器上运行的代码，这些代码能访问数据库、外部服务、本地文件和库。它们之间的主要区别在于用于生成 HTML 的语言（和框架）的不同。例如，PHP（Page Hypertext Preprocessor，页面超文本预处理器）是一种依赖于跨平台解释器的编程语言；Java 服务器页面（Java Server Page，JSP）在 HTML 页面中使用 Java 语言，按照 MVC 模式组织代码；而由微软开发的活动服务器页面（Active Server Page，ASP）则嵌入了使用 VBScript 或 JScript 等语言编写的代码。

1. ASP.NET Web Forms

ASP.NET Web Forms 是微软开发的一种 Web 应用程序框架，它是 ASP.NET 平台的一个组成部分，与 ASP.NET 1.0 一同首次亮相。在大约十年的时间里，它是构建 Web 应用程序的首选方案。然而，到了 2010 年左右，随着 Web 开发技术的发展，这个框架之前的某些优势逐渐变成了无法接受的短板，其重要性开始下降。

那可不是普通的十年。在 ASP.NET Web Forms 蓬勃发展的那十年里，大量的开发者和公司使用它来构建（或重建）企业后端，以抓住互联网所提供的机遇。ASP.NET Web Forms 成了将成千上万的客户端/服务器、Visual Basic，甚至 COBOL 开发者带入 Web 领域的理想工具。

ASP. NET Web Forms 成功的五大主要因素包括：
❑ 它采用了事件驱动编程模型，因此与桌面应用程序的构建方式相似。
❑ 它采用了基于组件的架构。
❑ 它有意限制了对 HTML、CSS 和 JavaScript 的直接使用。
❑ 它还附带了一个与 Visual Studio 集成的可视化设计工具。
❑ 它通过视图状态支持了自动状态管理。

上面这几个因素使得 Web Forms 的开发过程既快速又高效，且无需太长时间的学习或再培训。ASP.NET 的设计者们特意努力地构建了一个编程模型，这个模型中使用了 JavaScript，但大部分情况下又很好地对开发者隐藏了这一点。这个设计的目的是为了避免让那些没有 Web 背景的人（当时他们代表了绝大多数开发者）在开发 Web 软件时感到畏惧。

十年后，让 Web Forms 成功的因素变成了它的缺点。具体来说，Web Forms 中故意对 HTML 的抽象化阻止了有能力的 Web 开发者，令他们感到沮丧。最终，有限的可测试性和对 Windows 平台及 IIS 的依赖使得 ASP.NET Web Forms 的故事画上了句号。今天，ASP.NET Web Forms 仍然得到支持并能收到关键更新，但也仅此而已。

> **提示**
> 我没有可靠的统计数据来准确确定 ASP.NET Web Forms 最流行的高峰时期。但我确实记得在 21 世纪初的一个会议上，一位微软代表提到了超过一百万的开发者用户群。此外，在与组件供应商交谈时，他们一致表示他们收入的一个重要部分至今仍然来自 ASP.NET Web Forms 控件。

---

2. MVC 模式

无疑，ASP.NET Web Forms 在 Web 技术发展史上留下了重要的印记。竞争对手分析了它的弱点，并试图提供一种更好的构建 Web 应用程序的方法。Web Forms 的一个弱点是它过分简化了 SoC 的问题。尽管该框架强制开发者将标记与标记元素的 C# 处理程序分开，但在每一层内部，实现代码的结构化则需要开发者的自律。

一些新的 Web 开发框架引入了基于 MVC 模式的更严格的编程范式，这迫使开发者将应用程序分隔成不同的组件，以提高可维护性。最受欢迎的框架是 Ruby on Rails，其简洁性赢得了开发者的心；另一个是使用 Python 语言的 Django；还有一个是 PHP 的 Zend。

微软推出了 ASP.NET MVC 作为 ASP.NET Web Forms 的替代品。它提供了一种使用 MVC 模式、更结构化且具备可测试性的 Web 开发方法。它很快在 .NET 开发者中流行开来，现已成为更广泛的 ASP.NET Core 生态的一部分。如今，MVC 编程范式是在 .NET Core 框架上构建 ASP.NET Core 应用程序的主要方式。

提示

与 Web Forms 不同，MVC 框架重新确立了核心 Web 技术（如 HTML、CSS 和 JavaScript）的中心地位，它们现在位于原本被用来隐藏它们的抽象层之上。要使用 MVC Web 框架，必须深入了解核心 Web 技术和 HTTP。从历史上看，对这些知识的需求恰逢近十多年来开发社区中存在大量具备此类专业知识的开发者之时。

10.1.3 客户端脚本时代

随着 Web 开发与 HTTP 和 HTML 核心元素更紧密地结合在一起，下一个目标变成了尽量减少用户完成操作后为了刷新页面所需的服务器往返次数。大约在 2010 年，开发者终于可以编写出兼容各种浏览器的代码，从 JavaScript 发起远程调用。因此，开发者们给自己提出了一个新的挑战：从服务器下载纯数据，然后在客户端构建 HTML。

1. AJAX（Asynchronous JavaScript and XML，异步 JavaScript 和 XML）

AJAX 是一种 Web 开发技术，它使 Web 应用程序能够向服务器发出异步请求，然后更新网页的某些部分，无须重新加载整个页面。尽管第一个使用这种技术（在它被称为 AJAX 之前）的产品是微软的 Exchange，但将 AJAX 使用提升到新水平的是 Google Gmail。Gmail 大量使用 AJAX 调用来增强用户体验，实现了动态和异步更新。例如，Gmail 使用 AJAX 实时显示电子邮件，自动保存电子邮件草稿，并集成了 Google Chat 和 Google Hangouts。

尽管 Gmail 是一个 Web 应用程序，但它提供的用户体验如此流畅，以至于看起来就像是一个桌面应用程序。这促使开发者开始思考在浏览器内宿主整个应用程序的可能性，所有的界面转换都可以通过对"同一个"DOM 的更新来实现，就像桌面应用程序一样。

朝这个方向迈出的第一步是开发出实现客户端数据绑定功能的 JavaScript 库，比如 KnockoutJS 和 AngularJS（它是稍后将讨论的 Angular 的远亲）。客户端数据绑定如今依然是大多数 JavaScript 框架所做工作的核心：根据提供的数据和给定的模板动态构建 HTML，并将它们附加到 DOM 中。

2. SPA

Gmail 和客户端数据绑定库为 SPA 范式铺平了道路。SPA 是这样一种 Web 应用程序，它在最开始加载一个单一的 HTML 页面，然后随着用户的交互动态更新其内容，不再需要重新加载整个页面。SPA 使用 JavaScript 处理路由，通过 API 从服务器获取数据，并操作 DOM 以提供流畅且响应迅速的用户体验。SPA 非常适合需要频繁更新且高度交互的应用程序。

提示

Gmail 并不是传统意义上的 SPA。它要求用户在不同的部分之间导航（例如，收件箱、已发送邮件、草稿等），每一个部分都可以被视为一个 SPA，因为它会渲染了一个基本的 HTML 页面，然后通过 AJAX 调用进一步修改用户界面。

由于 SPA 依赖客户端渲染，搜索引擎优化（Search Engine Optimization，SEO）一直是它的一个弱点。不过，现代 SPA 框架已经引入了解决方案以启用 SSR，使 SPA 对搜索引擎变得更加友好。通过 SSR，搜索引擎能够有效地爬取和索引 SPA 的内容，确保基于 SPA 的网站能够在搜索结果中被发现。

3. 现代 JavaScript 应用框架

现如今，基于 ASP.NET 这样的服务器端开发框架构建新应用程序已相当罕见。在大多数情况下，前端和后端被清晰地分开。ASP.NET 仍然被认为是构建后端 API 的优秀选择，但对于前端来说，可以使用更受欢迎的强大 JavaScript 框架，包括 React 和 Angular。

（1）React　React 是一个基于组件的 JavaScript 库，它拥有诸多功能，使其成为构建 SPA 的一个完整前端框架。React 最初由 Facebook 开发，特别适合构建需要在用户界面上频繁更改数据的应用程序。

在 React 中，每个元素都被视为一个组件，并由此构建出一个由许多可重用组件组成的 Web 界面。每个组件都有一个渲染方法，该方法将期望展示的用户界面以元素树的形式返回。在内部，React 将组件返回的元素树与实际的 DOM 进行比较，并仅对 DOM 进行必要的更新。这种模式被称为虚拟 DOM 模式，现在也被其他框架普遍使用。

React 组件使用 JavaScript 或 TypeScript 编写。然而，React 基于组件的特性需要使用 JavaScript XML（JSX）或 TypeScript XML（TSX）语言扩展，以简化每个组件声明其期望的用户界面的方式。在编译时，JSX 和 TSX 标记都被转译成常规的 JavaScript 代码，一旦在浏览器中下载这些代码，就会创建并管理 Web 应用程序中的 DOM 元素及其交互。不过，这项工作并不是由开发者直接处理的。

（2）Angular　Angular 是一个基于 TypeScript 的全功能前端框架，它诞生自 AngularJS 这个智能客户端数据绑定库。Angular 由 Google 开发并开源，它是基于组件的，并提供了功能丰富的命令行界面工具，协助开发者进行编码、构建和测试。它还提供了一套全功能库，其中包括路由、表单管理、客户端 – 服务器通信等功能。

Angular 应用程序由一系列彼此嵌套的组件组成。每个组件都是一个带有关联模板和样式的 TypeScript 类。模板是一个 HTML 文件，它不仅定义了组件的视图结构，还通过 Angular 的特有语法和指令赋予了 HTML 动态的行为和数据绑定功能。指令是 DOM 中的命令，告诉 Angular 应如何转换或操作 DOM。Angular 的核心优势包括双向数据绑定和依赖注入。此外，Angular 基于组件的架构不仅促进了代码的模块化，还提高了代码的可重用性。

在 Angular 中开发需要使用 TypeScript 语言，并采用基于组件的方法构建前端，最终通过组装可重用组件实现完整的前端界面功能。每个组件通过模板定义其用户界面，使用双向数据绑定将应用程序的数据连接到界面元素。Angular 通过依赖注入来管理应用程序组件和服务的创建和分发。Angular 有一个充满活力的库生态系统和一个强大的社区。

10.2　客户端渲染

客户端渲染（Client-Side Rendering，CSR）是一种 Web 开发方法，该方法的核心在于在客户端的浏览器上，而不是在服务器上，实现渲染网页的功能。使用客户端渲染时，服务器通常只向客户端发送最少量的 HTML、CSS 和 JavaScript，然后由客户端的浏览器负责处理渲染和动态更新。

互联网上充斥着大量赞扬 Angular 和 React 的帖子、文章和商业白皮书，但它们的质量和受欢迎程度确实无可争议。目前，Angular 和 React 占据了超过 60% 的市场份额。

使用这些框架为新开发者提供了一个开启他们职业生涯的很好的机会。当然，Angular 和 React 将塑造他们对 Web 的理解，而这就是问题所在。Angular 和 React 旨在抽象化协调标记、样式、渲染逻辑和数据集成所涉及的固有复杂性，但它们最终所做到的，只是用它们自己的人为复杂性替代了核心 Web 技术的自然复杂性。因此，大多数新的前端开发者几乎不理解 Web 基础知识以及 Angular 和 React 高级渲染能力和构建基础设施背后的原理。为了对抗这种理解的缺失，以下部分将剖析前端开发层次和基本模式。

提示

JavaScript 并非完成它目前承担工作的理想工具，但它仍然是完成其工作的几乎唯一选项。Angular 和 React 仅仅是试图从糟糕的语言工具、复杂的应用程序和渲染限制的混乱中创造秩序。在过去的 15 年里，行业错失了重新设计浏览器的良机，失去了让浏览器支持比 JavaScript 更强大的语言的机会。只要 JavaScript 仍然是在浏览器中运行逻辑的主要和首选方式（WebAssembly 是另一种替代方案），编写前端就仍然需要如此复杂。

10.2.1 HTML 层

归根结底，每个 Web 应用程序都会为浏览器生成用于渲染的 HTML。HTML 可以从静态服务器文件中读取，也可以由服务器端代码动态生成，或者在客户端动态生成。这就是 Angular 和 React 所做的事情，它们的工作要经历两个独特的阶段：文本模板化和实际的 HTML 渲染。

1. 前端页面的框架

让我们首先分析一个 Angular 应用程序入口点的结构，之所以称之为入口点，是因为它被提供给请求的浏览器。这个入口点通常被命名为 index.html。

```
<html>
    <head> ... </head>
    <body>
       <app-root></app-root>

       <!-- List of script files -->
    </body>
</html>
```

`app-root` 元素是所有动态生成的 HTML 的注入点，它与页面上引用的脚本文件共同工作，生成最终的 HTML。引用哪些脚本文件取决于应用程序的配置。这些脚本文件最终负责组成 HTML 并修改浏览器的 DOM 以显示 HTML。React 也遵循相同的模式。

2. 文本模板化

客户端 HTML 生成是基于从服务器下载的最精简页面模板所进行的，如上一部分所示的 index.html 模板。这个过程涉及三个主要步骤：

1）检索要显示在页面上的数据。
2）理解下载的数据的格式。
3）将数据组织到 HTML 布局中。

要显示的数据可以直接嵌入到下载的模板中，也可以按需从远程端点获取。在后一种情况下，将使用 AJAX 技术在后台下载数据。数据可以以几种格式表示，最有可能使用的格式是 JSON，但也可以是 XML、Markdown 或纯文本。被调用的服务器端点决定了数据的格式，下载数据的代码会基于数据格式进行调整。随后，获取的数据会在 HTML 模板中构建。

在像 Angular 和 React 这样的基于组件的框架中，每个组件都有自己的 HTML 模板，并且自己负责获取和解析外部数据。通常，这些框架会让开发者定义带有占位符的模板，然后框架的引擎将数据自动填充到模板中的指定位置，组装出最终的 HTML。

3. HTML 模板的一个简单示例

Angular 和 React 的模板引擎包含了非常复杂的代码，但它们所做的事情和你使用任何独立模板库可以完成的事情基本相同。这里有一个使用流行的 Mustache.js（大约只有 10KB）来渲染模板和数据的最简示例。除了引用库的来源外，宿主 HTML 页面还包含一个或多个模板，如下所示：

```
<script id="my-template" type="text/template">
  <h1>Hello, {{ name }}!</h1>
  <p>Age: {{ age }}</p>
</script>
```

模板中包含了使用两个大括号包围的占位符，例如 {{name}}，这里的 name 将被实际数据替换。占位符的语法由模板库决定。现在，让我们假设你有如下需要显示的数据：

```
var data = {
  name: "Dino",
  age: 32
};
```

如前所述，数据可以静态地成为宿主页面的一部分，或者更有可能的是通过 AJAX 调用获取。以下的 JavaScript 代码构建出了准备显示的最终 HTML：

```
// Get the template from the HTML
var template = document.getElementById("my-template").innerHTML;

// Use Mustache to render the template with data
var html = Mustache.render(template, data);
```

模板库将模板和数据组合成以下的最终 HTML：

```
<h1>Hello, Dino!</h1>
<p>Age: 32</p>
```

下一步是将生成的标记渲染到浏览器的 DOM 中。

4. 渲染 HTML

DIV 和 SPAN 等 DOM 元素所公开的 innerHTML 属性，提供了对元素 HTML 内容的程序化访问。当读取该属性时，它会将元素及其后代的 HTML 内容序列化为字符串并返回。当将 innerHTML 属性设置为 HTML 字符串时，浏览器会解析该字符串，并在元素内重新创建 DOM 结构。

这个属性是通过 JavaScript 向网页添加、修改或删除内容的最简洁最方便的方法。回到 Mustache.js 的示例，以下代码通过将动态生成的 HTML 插入到页面的 DOM 中完成了演示：

```
// Use Mustache to render the template with data
var html = Mustache.render(template, data);

// Insert the rendered HTML into a specific element of the DOM
document.getElementById("id-of-the-target-element").innerHTML = html;
```

关于 innerHTML 属性的使用，有几点需要注意，以避免不加区别地使用它。其中一点涉及通用安全问题。如果使用未经过滤的用户输入的内容设置 innerHTML，且输入内容没有经过适当的清洗或验证，可能会导致安全漏洞，例如跨站脚本攻击。

另一点与性能有关。尽管使用 innerHTML 来操作元素内容很方便，但与其他方法相比，特别是当频繁更新大量 DOM 内容时，它的效率较低。这是因为它涉及解析和重创 DOM 元素，这可能非常消耗计算资源。为了获得更好的性能，可以考虑使用其他 DOM 操作技术，比如创建和附加新元素或直接修改现有元素。

基于 innerHTML 和直接操作 DOM 方法的 DOM 编程接口，是动态更新网页的唯一方式。因此无论是 Angular 还是 React，在它们定制化和优化的 API 底层，都使用了 DOM 接口。

5. Angular 和 React 如何操作 DOM

Angular 和 React 拥有不同的 DOM 变化处理方式，并使用了遵循不同理念的渲染器。受双向数据绑定原则的影响，Angular 一开始使用了渲染管道架构，对受到变化影响的整个 HTML 块的 DOM 进行直接修改。相比之下，React 实现了一种称为虚拟 DOM 的中介模式。

虚拟 DOM 是网页实际 DOM 的一个轻量级、内存化表示。当 React 组件中的数据发生变化时，React 不是直接更新实际的 DOM，而是首先更新虚拟 DOM，这样速度更快且资源消耗更少。然后，它比较更新后的虚拟 DOM 与之前的虚拟 DOM 快照，识别出需要对实际 DOM 进行的具体更改。最后，它选择性地只更新实际 DOM 中发生变化的部分。

通过使用虚拟 DOM，React 最大限度地减少了不必要的底层 DOM 操作的数量。不过，最近 Angular 引入了 Ivy，一个支持增量 DOM 更新的新渲染引擎。基本上，当数据发生变化时，Ivy 不是完全重新渲染整个组件树，而是只更新 DOM 中发生变化的部分（见图 10-1）。

尽管实现细节有所不同，Angular 和 React 都采用了基于通用中介模式的优化渲染引擎，这些引擎都显著减少了底层 DOM 操作的数量。请注意，任何使用 JavaScript 更新 DOM（比如通过 jQuery）的 Web 应用程序都不会使用中介模式，而是直接动态应用对 DOM 的更改。

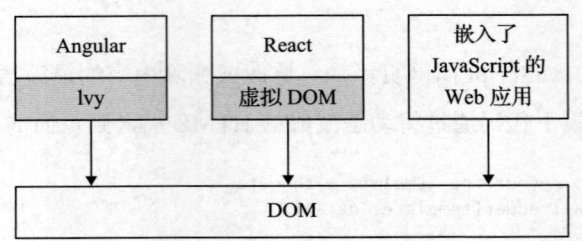

图 10-1 Angular、React 和通用 Web 应用程序的渲染管道

提示

也许你听说过影子 DOM。尽管影子 DOM 和虚拟 DOM 听起来可能相似，但在 Web 开发中它们是两个不同的概念。虚拟 DOM 是像 React 这样的框架所采用的一种优化技术，以提高渲染效率。相比之下，影子 DOM 是由 W3C 建立的一个标准，用于实现组件隔离和样式设计。它提供了一种方法，可以将 CSS 样式限定在特定的 DOM 子树内，并将该子树与文档的其余部分隔离开来。

10.2.2 API 层

在诸如 SPA 这样的客户端渲染场景中，前端在物理上与后端分离。无论是使用 Angular、React、PHP 还是其他重度使用 JavaScript 的框架，前端都是一个独立部署的独立项目。

所有前端应用程序都需要一个后端来处理数据、存储和业务逻辑。API 层充当前端和后端之间的桥梁，使它们能够独立开发、运行和维护。API 为前端提供了一个固定的调用契约，并且代表了一个安全边界，在这个边界上执行身份认证和授权规则。由于底层的通信协议是 HTTP，所以后端可以使用任何能够公开 HTTP 端点的技术栈构建，无论前端使用的是什么技术。

1. REST API 与 GraphQL API 的对比

存在两种主要的 API 架构风格：表现层状态转移（REST）和 GraphQL。它们之间的主要区别在于数据如何传输给客户端。在 REST 架构中，客户端发起一个 HTTP 请求，并以 HTTP 响应的形式接收数据。在 GraphQL 中，数据是通过发送一个查询命令文本来请求的。

REST API 基于一组预定义的无状态端点，并依赖于 HTTP 方法：GET、POST、PUT 和 DELETE，来对目标资源执行操作。数据可以以多种格式公开，包括纯文本、CSV、XML 和 JSON。通常，所谓的 REST API 就是一组通过 HTTP GET（有时也使用 HTTP POST）访问的公共 URL。这些端点中的每一个都有自己的独特语法，指定输入参数和它返回的数据。

完全遵守 REST 规范的 API 是否优于一组普通的 RPC 风格的 HTTP 端点，一直存在争议（这场争议可能会无限期地持续下去）。许多人都会同意，对于简单任务来说，一个简单的 HTTP 端点就足够了。然而，随着 API 的复杂性和功能的增加，转向 RESTful 设计可能会在可维护性和开发者体验方面带来一些好处，同时还可能减少 API 调用的数量。

2. GraphQL 相较于 REST 的优势

REST/RPC API 的挑战在于，客户端应用程序无法控制端点返回的内容。这就是 GraphQL API 应运而生的原因。GraphQL 允许客户端精确请求他们需要的数据，从而避免了获取的数据太多或获取的数据不足。客户端发送查询，指定他们希望的数据结构，服务器则返回匹配该结构的数据。这种灵活性赋予了前端开发者更大的能力，因为他们可以在单个查询中请求所有相关的数据，减少了与服务器的往返次数。

提示

REST/RPC API 不允许客户端应用程序控制端点返回的内容。但反过来，端点可以提供功能，让调用者能够定制所需的响应。这种能力被称为数据塑形，端点会添加额外的查询字符串参数（使用何种语法完全取决于 API 实现者），API 代码在内部使用这些参数来过滤返回的数据。

为 API 设计的 GraphQL 查询语言由 Facebook 开发，并于 2015 年作为一个开源项目发布。Facebook 采用 GraphQL 来解决 REST API 在特殊场景中的低效问题。Facebook 的数据模型高度相互关联，不同类型的数据（例如，用户、帖子、评论和点赞）之间存在复杂关系。Facebook 的工程师们需要一种方法来高效查询这些相互关联的数据，因此开发出了 GraphQL。

以下是一个简化的 GraphQL 查询示例，展示了如何获取 Facebook 用户的姓名和他最近的帖子：

```
{
  user(id: "123456789") {
    id
    name
    posts(limit: 5, orderBy: "createdAt DESC") {
      id
      text
      createdAt
    }
  }
}
```

发起的查询要获取特定用户的数据，但仅返回 id 和 name 属性。此外，查询还请求返回按日期顺序的最多 5 篇最近的帖子，每条返回的帖子应包含 id、文本和时间戳等字段。要执行该查询，你需要向 Facebook 的 GraphQL 端点发送一个 HTTP POST 请求。请求体中会包含这个查询，调用者将收到一个包含所请求数据的 JSON 响应（见图 10-2）。

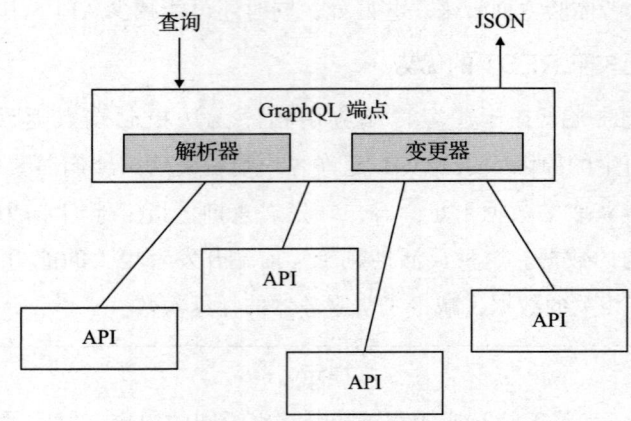

图 10-2　GraphQL 端点的工作示意图

GraphQL 并不能像魔法那样自动工作，它需要实际的后端代码来调用 API 或数据库，执行查询和更新。解析器是知道如何选择性地查询一个 API 的专用模块，而变更器则是修改数据的组件。总结而言，GraphQL 运行时解析传入的查询，确定使用哪些解析器和变更器，然后组合获取的数据以匹配期望的输出。解析器和变更器必须分别编写和部署。

GraphQL 公开了一个单一端点来访问多个后端资源，同时，决定如何公开后端资源的并不是应用程序内的 UI 视图。因此，对 UI 的更改并不一定需要对服务器端 API 进行更改。

3. REST 相较于 GraphQL 的优势

GraphQL 不是魔杖，不能挥一挥就神奇般地自动返回客户端应用程序想要的任何数据。虽然它有一个单一的、灵活的端点，但在其底下是受限的解析器和变更器。这些解析器可能需要执行复杂的查询，并且还可能需要缓存。客户端可查询的数据量受到解析器能够在不影响性能和可扩展性的情况下检索的数据量的限制。

对于复杂的查询或更新，普通的 REST API 可能更容易设计，因为它可以为特定需求提供一个独立的端点。GraphQL 支持精确指定所需数据的能力，REST API 可以让 HTTP 端点通过 URL 参数接受所需字段的列表来实现相同的功能。

一个名为 OData 的开放协议提供了另一种选择。OData 标准化了创建和使用可查询、可操作的 REST API 的方式。OData 为你提供了一组强大的查询功能，实现 API 时，必须集成并启用 OData，这与在 GraphQL 中设置解析器的方式非常相似。

归根结底，GraphQL 是针对 Facebook 的特定需求而开发的，与大多数其他应用程序相比，这些需求有其特殊之处。尽管 GraphQL 具有多种优势，但这些优势大多可以通过使用更简单的 HTTP REST API 来实现。

10.2.3 迈向更现代的史前时代

SPA 的兴起在 Web 开发界引起了轰动。它标志着一个重大转变，挑战了长期以来令一代开发者望而却步的 Web 的基础技术（JavaScript、HTML、CSS）。技术的主流发展方向是 Web 的抽象化，让开发者不再直接编写 HTML。Angular 和 React 应运而生，它们最初定位为 JavaScript 库，但最终都扩展到复制了基本的浏览器功能，如 HTML 渲染、路由、导航、表单处理和 Cookie 管理。

近年来，每位新的开发者都面临着在这两个阵营之间做出选择。因此，当今许多年轻的 Web 开发者缺乏对 Web 运作的基本理解，仅通过像 Angular 和 React 这样的全功能框架所提供的抽象概念来认知 Web 编程。最终，尽管这些框架的质量无可争议，但在构建 Web 应用程序的日常实践经验中，它们引发了一系列问题。

1. 强大框架的缺点

虽然像 Angular 和 React 这样的大型框架提供了一种结构化的开发方法，对于大型团队来说，这可能是它们的一大优势，但它们也并非没有缺点：

- 性能开销：这些框架需要特定的项目结构以及构建工具和依赖项的配置。项目中充斥了包含数千兆字节 JavaScript 包和配置文件的目录，这对任何参与者来说都可能令人困惑。它们所导致的结果不仅是需要下载体积庞大的捆绑包，同时还导致加载时间变长，尤其是初次加载页面时。
- SEO：Angular 和 React 使用 JavaScript 在浏览器内生成 HTML，内容在页面加载后才被获取和渲染。因此，搜索引擎爬虫（如 Googlebot）最初看到的是一个空的或最简化的 HTML 结构。此外，在 JavaScript 密集型应用中使用动态特性，比如使用客户端路由在不同视图或页面之间导航，使得爬虫更难理解网站的结构和内容，并正确地对其进行索引。
- 无障碍可访问性：Web 的无障碍可访问性在很大程度上依赖于语义化的 HTML 和 ARIA 属性，这些在完全用 JavaScript 生成的页面中可能无法得到保证。此外，当内容动态添加到页面时，使用屏幕阅读器或键盘的用户可能会失去当前的上下文，甚至可能意识不到新内容的存在。因此，开发者必须努力确保 HTML 的表达性，让键盘可以正确地导航，并管理页面聚焦，以确保 Web 符合无障碍可访问性标准。

> **提示**
>
> 谈到 Angular 和 React 时，人们经常强调它们在性能优化上的优势，因为它们倾向于减轻服务器负载并减少客户端和服务器之间的数据交换。然而，这种优势只有在应用程序启动并运行后才变得明显。因此，首先需要克服的直接障碍是了解如何首次设置项目。

为了解决 SEO 问题，加快页面初次加载速度，并提高可访问性，Angular 和 React 引入了 SSR 功能。采用 SSR 确保服务器返回给客户端的初始响应包含完全渲染的 HTML 内容，这使得网页爬虫更容易索引页面，浏览器加载页面的速度也更快。此外，服务器上的可识别 HTML 简化了针对可访问性进行调整所需的步骤。虽然在 Angular（使用 Angular Universal）和 React（使用 Next.js）中都可能实现 SSR，但这确实使得已经很复杂的开发过程再添复杂性。

前端的后端（Back End for Front End，BFF）

BFF 是一个相对较新的术语，它指的是一个专门设计和定制的专用后端服务，用于满足前端应用程序特定需求。BFF 的思路是构建一个专门的后端服务，用作前端和构成后端的各种 API 之间的中介。

想象有这样一个后端，它提供了供前端使用的 API，但它返回给前端的数据可能并不完全符合前端所需的格式或界面所需的过滤条件。在这种情况下，前端必须加入额外的逻辑来重新格式化从后端传入的数据，这可能导致使用更多的浏览器资源。为了缓解这个问题，可以引入一个 BFF 作为中介层。

BFF 作为中介层，将部分前端逻辑转移到了它这里，从而提高效率。当前端请求数据时，前端通过 API 与 BFF 通信。人们可能会想，是否可以将所需的 BFF 行为直接集成到后端 API 中？这种集成方法在许多年来的无数 Web 应用程序中都很常见。然而，BFF 模式在微服务应用中特别有用，因为微服务中的独立 API 在一个独立的上下文中运行，并不了解更广泛上下文。在这种场景下，BFF 架构模式很有价值。

2. HTML 页面的 Svelte 之道

SSR 帮助 Angular 和 React 成为更好的框架的想法是极具革命性的。打个大胆的比喻，比如你是一个素食者，然后你发现为了成为一个更强壮的素食者，你必须吃肉。事实上，越来越多的开发者开始欢迎一种更简单、回归基础的 Web 开发方法。

这场革命由一个新的开源 JavaScript 框架——Svelte 所引领。Svelte 与其他流行的框架（如 React 和 Angular）的区别在于它的编译模型。Svelte 并不向客户端发送一个巨大的运行时库然后在浏览器中运行代码，而是将许多工作转移到编译时进行。

Svelte 的核心思想是：在开发过程中，编写高层次的、基于组件的代码。这个做法与其他框架类似，但 Svelte 不是直接将这些代码发送到浏览器，而是由它的编译器将其转换为普通的 JavaScript 代码。因此，在页面上运行代码的时候，不需要加载一个庞大的框架库；你的应用程序体积更小，加载速度更快。

使用 Svelte，你不会直接编写纯 HTML。相反，你编写的是带有其他属性、HTML、CSS 和 JavaScript 的 .svelte 文件，然后添加了一个显式的编译步骤，将这些文件转换成可部署的执行单元。编译之后，Svelte 应用程序将由准备用于生产部署的 HTML、JavaScript 和 CSS 文件组成。

总的来说，使用 Svelte 将得到更快的实时页面，与 Angular 或 React 相比，它有着更简单、更干净的开发体验。但 Svelte 仍然需要相当多的项目配置、Node.js 开发环境和构建工具。使用 Svelte 提供的现成开发服务器（svelte-kit）有助于将整个开发过程保持在一个可管理的难度和烦恼水平。

3. SSG（Static Site Generation，静态网站生成）

SSG 是对想要摆脱客户端渲染愿望的一种激进回应。SSG 指的是结合使用开发工具和 JavaScript 框架，将动态 Web 应用程序转变为静态网站。静态网站本质上是一组静态 HTML 页面的集合，页面的内容保持不变，而不是根据用户操作或实时数据请求动态生成。

20 世纪 90 年代创建的所有网站都是静态网站。与传统的 SSG 不同，现代静态网站的页面不是逐个手动编写的；相反，它们由使用基于服务器端 JavaScript 框架编写的源代码所自动生成的。

流行的 SSG 框架包括 Next.js 和 Nuxt.js，它们分别针对 React 和 Vue 应用程序进行了优化。（下一节会简单介绍 Vue 框架。）它们的操作方法类似。例如，当你使用 Nuxt.js 命令行界面启动一个新项目时，它会创建一个传统的项目结构，其中包括用于管理资源、组件、插件和页面的目录。页面文件夹中放置了父框架（React 或 Vue）的源文件。在部署之前，应用程序必须被编译成一组静态 HTML 页面。编译步骤通常集成在构建流水线中。

如果服务器源代码发生变化，整个网站必须重新构建。为此，许多 SSG 工具采用了一种称为增量静态再生的技术。这个技术能够在构建过程中或是运行时，动态更新和再生静态网站中的特定页面，而无须重新构建整个网站。

提示

ASP.NET 专家会发现 SSG 在概念上类似将 Web Forms 和 Razor 页面编译成类。编译过程中，会生成一个 DLL（Dynamic Link Library，动态链接库），但每个传入的请求仍然会动态地为浏览器生成 HTML。（缓存动态生成的 HTML 是一个可选功能，可以基于每个页面的维度启用和配置。）相比之下，SSG 编译的结果是所有的最终静态 HTML。

4. Vue.js 框架

除了 Angular 和 React，还有一个名为 Vue.js 的开源 JavaScript 框架，它首次发布于 2014 年，专为交互式用户界面和 SPA 设计。Vue 的独特之处在于它被设计为可以渐进地采用，这意味着你可以在项目的任何阶段开始使用它。例如，你可以很容易地在 ASP.NET Core 服务器应用程序中将其作为客户端数据绑定库集成，唯一的成本是注入一个 JavaScript 文件并添加一些样板代码来触发它。Vue 也是基于组件的，这使得它适合构建具有客户端路由的完整应用程序，就像 Angular 和 React 一样。Vue 起初只是一个简单的数据绑定库，但它仍然保留了用于定义用户界面结构和行为的声明式语法，这使得它易于理解和使用。与 Angular 和 React 不同，使用 Vue 不需要转变思维模式。

5. 永不过时的选择：原生 JavaScript

"JavaScript"这个词有两个不同且互不兼容的含义。现代的含义将 JavaScript 视为一种全栈语言。原始的含义则是指一种简单的工具，用于编写脚本、修改页面 DOM。

> **提示**
>
> "原生 JavaScript"指的是 JavaScript 语言的基本核心，不涉及任何额外的库或框架。它是原生的、浏览器支持的脚本语言，用于创建动态和交互式的 Web 内容。原生 JavaScript 允许开发者操作 DOM，处理事件，并在 Web 应用程序中执行各种操作。尽管像 React 和 Angular 这样的现代框架提高了 Web 开发的抽象级别，但精通原生 JavaScript 对于获得对 Web 的基础理解以及高效故障排除至关重要。

那些倡导全栈 JavaScript 的人使用 JavaScript 同时处理前端和后端。具体来说，前端使用功能丰富的框架配合 JavaScript，在后端则使用 JavaScript 开发 Node.js 应用程序（稍后将详细介绍 Node.js）。采用 JavaScript 作为唯一的开发语言，使得新框架和新工具不断涌现，这让中期和长期项目总感觉自己使用的框架落伍了。此外，JavaScript 是一种有缺陷的语言，它是单线程的，且缺乏强类型。TypeScript 是一个更好的选择，但归根结底它仍然是 JavaScript。

在 Angular 和 React 应用程序中，JavaScript 被视为一种成熟的编程语言，是框架功能背后的驱动力（这些框架也是用 JavaScript 编写的）。但 Web 的核心仅仅是向浏览器提供带有一些交互性和样式的 HTML。归根结底，现代 Web 开发的艺术在于找到一种智能的方式来动态组合 HTML，并使用 JavaScript 精准地修改 DOM。

为了实现这一点，你并不一定需要一个包罗万象的客户端框架。这解释了为什么 Angular 和 React 的支持者开始认识到服务器端生成内容的优势。然而，服务器端内容生成的开发过程仍然有些复杂，需要使用额外的工具和代码层来处理内容编译。

6. Node.js 环境

全栈 JavaScript？选择 Node.js 吧。Node.js 是一个被广泛使用的开源运行时环境，用于在 Web 浏览器之外执行 JavaScript。它建立在 Chrome 的 V8 JavaScript 引擎之上，不仅适用于服务器端 Web 应用程序，也适用于作为开发和网络工具。例如，即使要将 Angular、React 和 Svelte 应用程序部署为静态生成的网站，你也需要在开发机器上安装 Node.js 来执行构建流程。

Node.js 是跨平台的，可以运行在 Windows、macOS 和各种 Linux 发行版上。因此，不同环境下的开发者很容易获取各自环境版本的 Node.js。它还支持现代 JavaScript 特性和模块，使其与最新的语言标准兼容。此外，得益于其包管理器 npm，Node.js 拥有一个庞大的包和库的生态系统。它还拥有一个充满活力的社区以及丰富的文档和资源的支持。

Node.js 本身不是一个 Web 服务器，但它可以用来创建 Web 服务器。暴露 Node.js 端点通常需要使用内置的 HTTP 模块来创建路由，处理传入的 HTTP 请求。或者，你可以使用像 Hapi.js 或 Koa.js 这样的 Web 框架，来简化处理 HTTP 请求、路由、中间件和其他 Web 相关的任务。

> **提示**
> 要在 Node.js 环境中暴露网络端点，你只需要编写 HTTP 动作处理程序。这一特性启发了微软在 ASP.NET Core 中创建了最小 API（Minimal API）。如果比较最小 API ASP.NET 端点和 Node.js 端点，你会发现它们几乎没有区别。

10.3 SSR

SSR 是一种 Web 开发技术，它在服务器上生成网页内容，然后将完全渲染好的 HTML 发送到客户端浏览器。这与 CSR 形成对比，后者是在浏览器中加载一个基本的 HTML 模板，然后依赖 JavaScript 来组装和显示页面内容。SSR 具备明显的优势，例如更快的页面初始加载速度、更好的 SEO（因为搜索引擎可以更容易地索引内容），以及对使用较慢设备或

JavaScript 功能受限的用户更好的支持。

正如之前所述，CSR 框架最近转向了 SSR 以缓解 SEO 和性能问题，但它们无法消除其客户端渲染的本质。通过使用像针对 React 的 Next.js 和针对 Vue 的 Nuxt.js 这样的额外框架，CSR 实现了对 SSR 的支持。但当然，CSR 框架是针对早期 Web 服务器端框架（诸如 PHP、ASP.NET、Java Server Pages 和 Java servlets 等传统 SSR 开发技术）的各种缺点所应运而生的。在那个时代，开发者在服务器上创建端点接收 HTTP 请求，创建混合了 HTML 与服务器端代码的模板，动态生成最终的网页。这种开发方法如今已经不再实用了吗？我不这么认为。以 ASP.NET 为例，它非常适合继续开发具有庞杂后端功能的 Web 应用程序，特别是面向企业的业务应用程序。

10.3.1 前后端分离

CSR 框架向我们展示了（在前端和后端）拥有不同的技术栈是可能的，并且在很多时候使用不同技术栈也更方便。这并不是为了实现分离关注点或为了提高安全性，因为它们是所有软件的基本前提。使用不同技术栈更多是出于应对技术多样性的考虑，为支持多种前端（例如，移动端和 Web）创造条件，并充分利用团队成员的专业化和相关专业知识。最后，前后端分离可以使更多的工作能够并行进行。

1. 将前端与后端分离

物理上分离前端和后端带来了如下好处：
- 更容易独立扩展应用程序的不同部分，这对于处理用户流量的递增至关重要。
- 团队可以同时进行前端和后端开发，缩短项目时间。
- 前端和后端开发者通常拥有不同的技能和专长。前端开发者专注于用户界面和体验，而后端开发者则负责处理数据管理、业务逻辑和服务器端操作。因此，前后端的分离让团队能够专注于自己的领域，使开发更高效。
- 可以在前端和后端使用不同的技术，只要它们能通过定义明确的 API（例如 REST 或 GraphQL）进行通信。因此，你可以为每个组件独立选择最佳的工具和技术。

> **提示**
> 如今，应用程序使用 Angular 作为前端技术，使用 ASP.NET Core 或 Node.js 作为后端技术，并不罕见。

2. 数据与 HTML 标记的分离

前后端的物理分离引发了一个问题，用户与界面交互时，应如何从服务器获取数据更新呢？归根结底，在任何类型的 Web 应用程序中，所有数据更新都来自于服务器端点响应请求时返回的数据。数据可以以结构化文本（例如 JSON 或 XML）或者 HTML 标记（即将数据布局在可视化模板中）的形式返回。

如果端点返回的是一个 HTML 片段，那么通过网络传输的数据量就会更大。然而，界面更新可以几乎即时完成，更重要的是，可以直接用原生 JavaScript 管理返回的 HTML 片段。

如果端点是一个 Web API，返回的是 JSON 数据，那么客户端必须解析数据，将其组合成一个 HTML 片段之后再附加到 DOM，或者将其转换为对同一个 DOM 的一系列更新操作。优化这一过程需要使用客户端模板引擎和一些虚拟 DOM 算法。

3. 单一 Web 技术栈

ASP.NET 是一个经典的服务器端框架，可以从头到尾开发出整个 Web 应用程序。结合使用一些原生 JavaScript，它是开发业务线应用程序的一个不错的技术选项。

在我看来，使用单一技术栈（例如 ASP.NET），将前端 Razor 标记语言的灵活标记定义能力和后端 API 开发能力结合起来，应该始终是首选方案。ASP.NET 通常基于控制器来构建第 4 章讨论的表示层，但也可以简化成使用页面特定的端点（Razor 页面）或甚至使用无用户界面的最小 API 端点。

> **提示**
> 当然，如果有令人信服的理由，也可以不采用单一技术栈的方案。然而，这样的决策应该基于项目特定的考虑，而不是为了盲目追赶技术趋势。

就纯粹的简洁和效率而言，很难否认像 ASP.NET 这样的单一技术栈再结合一些基本的 JavaScript，是最轻量级但最有效的解决方案之一。然而，复杂性的定义可能是相对的。例如，我从一开始就一直使用 ASP.NET，我对它相当了解，所以对我来说它一点也不复杂。同样，我公司目前雇佣的所有年轻开发者从第一天开始就使用 ASP.NET，多年来对它已变得非常熟悉。因此对他们来说，任何超出它范畴的东西（如 React 或 Svelte）最初可能看起来比实际上更复杂，而这仅仅是因为他们不熟悉它。同样，那些在 Angular 上花费了三年时间的开发者可能不再认为它很复杂，但可能会对服务器端渲染引擎甚至更传统的技术（如 jQuery 或原生 JavaScript）感到困惑。

10.3.2　ASP.NET 前端选项

当选择单一 ASP.NET 技术栈时，考虑到现代应用程序需要一个具有高度可交互性的前端，有如下几个前端技术的选项。

1. Razor 和原生 JS

Razor 是 ASP.NET 框架内使用的一个模板引擎，它使开发者能够将服务器端的 C# 或 VB.NET 代码与 HTML 结合起来。设计精良的 Razor 页面会从控制器接收到一个视图模型对象，对象中包含了渲染视图所需的所有数据，因此 Razor 不需要再运行任何其他业务逻辑代码。同时，Razor 语法允许在页面上嵌入任何 C# 代码块。

与其他一些数据绑定框架不同，Razor 没有对属性绑定施加严格的语法规则限制。相反，它让开发者可以自由地在标记内以编程方式生成字符串。本质上，Razor 引擎充当了一个纯 HTML 字符串构建器的角色，使得 JavaScript 代码可以无缝注入到任何所需的地方。

2. Razor 和 Svelte

ASP.NET Core 和 Razor 的灵活性使得将 Svelte 与 Razor 结合成为可能，这是一个有趣的使用场景。通过这种方法，你可以创建 Razor 视图（或页面）作为 HTML 模板，然后嵌入 Svelte 组件来丰富它们的内容。

ASP.NET 项目包含了几个专用于 Svelte 的文件夹，用于存放源文件、工具、配置以及构建的输出。所有的最终视图都是一个 Razor 模板，模板上包含了单个 Svelte 组件或被其他标记包围的组件。每个 Svelte 组件的配置都指示了在 DOM 中的注入点，注入点可以是根主体或是子 DIV 元素。在 Razor 视图中，通过一个专用元素引用 Svelte 组件，该元素指向组件输出的 JavaScript 文件。部署过程通过 Visual Studio 按常规方式进行，但你需要在 .csproj 文件中集成 Rollup 模块打包器，以在每次构建时编译 Svelte 文件。

3. Razor 和 Vue

将 Razor 与 Vue.js 集成起来非常简单，你所要做的就是从内容分发网络下载 Vue.js 库。在这种情况下，不需要设置，不需要打包器，也不需要其他工具。宿主页面基本上仍然是一个 ASP.NET Core Razor 页面，只是新增了一个嵌入的脚本文件，为视觉元素添加了一些交互性。唯一的要求是，每个需要 Vue 的 Razor 视图都必须添加一些样板代码，如下所示：

```html
<!-- Vue from CDN -->
<script src="https://unpkg.com/vue@3/dist/vue.global.js"></script>

<!-- CSHTML template enriched with Vue snippets -->
<h1>BEGIN of TEST</h1>
<div id="injection-point">
    <div>{{ message1 }}</div>
    <div>{{ message2 }}</div>
</div>
<h1>END</h1>
<!-- Vue bootstrapper -->
<script>
```

```
    const { createApp } = Vue
    createApp({
      data() {
        return {
            message1: 'First message!',
            message2: 'Second message!'
        }
      }
    }).mount('#injection-point')
</script>
```

`#injection-point` 字符串标识了 Vue.js 控制下任何输出的注入点。`data` 函数返回 Vue 元素可以访问的对象模型，通常对象模型来自于某个远程源，比如同一个 ASP.NET 应用程序的某个端点。

4. Razor 和 HTMX

在 Razor 中，使用原生 JavaScript 最常见的场景是从互联网获取内容，并将其无缝集成到当前页面布局中。一些开发者并不特别喜欢使用提供预渲染 HTML 的端点，因为这可能会破坏页面标记和其内部数据之间清晰的 SoC。但我有一个不同的看法，虽然我承认保持分离的重要性，但我更愿意在表示层上稍微妥协，以减少客户端 JavaScript 逻辑的复杂性。

如果使用 HTML 端点是可以接受的，那么你会发现自己会反复使用相同的原生 JavaScript 代码来发起 HTTP 请求、检索响应、处理可能的错误，然后更新 DOM。虽然可以编写自定义函数，但使用一个紧凑的库来简化这一过程，使用清晰和声明式的语法，往往更加高效和优雅。这就是 HTMX JavaScript 库发挥作用的地方。

使用 HTMX，开发者可以使用像 `hx-get` 和 `hx-post` 这样的属性来指定当发生某些用户交互时，例如单击或提交表单时，从哪些服务器端端点获取数据或向其发送数据。这些属性还可以决定服务器的响应如何更新 DOM，从而实现无缝的服务器驱动的用户界面更新。

下面展示了一个来自示例 Razor 页面上的标记：

```
<button hx-get="/download/data"
    hx-trigger="click"
    hx-target="#parent-div"
    hx-swap="innerHTML">
    Refresh
</button>
```

这些标记所产生的效果是，单击按钮会触发一个对指定 URL 的 `HTTP GET` 请求，返回的内容（理想情况下是 HTML）将替换由 `hxtarget` 属性指定的元素的 `innerHTML`。

> **提示**
> HTMX 以非常低的成本提升了用户体验，同时保持了页面的可访问性和对 SEO 的友好性。

5. ASP.NET Blazor

另一个 ASP.NET 前端的选项是 Blazor。Blazor 是一个 Web 应用程序开发框架，具有两种托管模型：

- Blazor WebAssembly：运行在客户端的 Web 浏览器中。它将 C# 和 .NET 代码编译成 WebAssembly 字节码，字节码可以在现代 Web 浏览器中运行，不需要插件或服务器端处理。Blazor WebAssembly 非常适合构建前端 SPA，它采用基于组件的架构，语法类似于 Razor。
- Blazor Server：运行在服务器端。使用 Blazor Server 时，应用程序的逻辑和用户界面主要在服务器上执行，而不是在客户端的 Web 浏览器中。这种方法依赖于客户端和服务器之间的实时通信，以实现交互式 Web 应用程序。Blazor Server 使用 SignalR 来建立客户端和服务器之间的持久连接。客户端页面通过这个连接实现即时更新和交互，而不需要频繁地重新加载整个页面。对于服务器端 ASP.NET 应用程序而言，整合 Blazor 意味着可以在不使用 JavaScript 的情况下，获得交互式用户界面。

10.3.3　ASP.NET Core 与 Node.js 的对比

Node.js 和 ASP.NET Core 都是 Web 开发技术。然而，它们服务于不同的目的，具有不同的特性。

尽管这两个平台都提供了构建 Web 应用程序的方法，但它们在架构上差异可能会使其中一个在某些场景中比另一个更合适。开发者根据个人偏好或熟悉程度选择其中之一，是很常见的做法。一般来说，很少有场景中一个明显胜过另一个。

1. Node.js

Node.js 是一个运行 JavaScript 和 TypeScript 代码的运行时环境。在 Node.js 中的 JavaScript 应用程序可以运行在任何地方，无论是桌面计算机还是（云）服务器上。Node.js 的一个常见用例是创建命令行工具来自动化任务（例如代码编译、压缩、资源优化）、数据处理以及其他系统级操作。在这方面，ASP.NET 不是它的竞争对手。

IoT 是 Node.js 的另一个应用场景。在这种场景中，Node.js 被用来构建服务器组件，与设备交互并处理传感器数据。不过请注意，这个应用场景并非只能用 Node.js；ASP.NET

Core 也可以用于这种场景。

Node.js 功能众多的特点使其适合在无服务器环境（如 AWS Lambda 和 Azure Functions）中执行 JavaScript 代码，同时它也是 Electron 的支柱。Electron 是一个使用 HTML、CSS 和 JavaScript 构建跨平台桌面应用程序的框架，它包含了一个定制版的 Chromium 浏览器（Google Chrome 背后的开源项目），并利用 Node.js（以及庞大的插件生态系统）来访问底层操作系统并执行任务，如读写文件、发起网络请求和访问系统资源，最终使自己位于 Web 前端的 JavaScript 和后端 Node.js 中的 JavaScript 之间。有了 Node.js，你可以将 Web 服务器带到任何你需要的地方。

提示

记得在 20 世纪 90 年代末，我参与过一个项目，当时我改造了一个 ASP 网站，使其无须修改即可在 CD-ROM 上运行，可以说它是今天 Electron 的早期版本。为了实现这一目标，我使用来自 Internet Explorer 的 WebBrowser 组件和 Microsoft 的 Scripting Host 组件，制作了一个定制的浏览器。这种定制让我能够根据需要调整浏览器的脚本引擎，以在一个封闭和定制的环境中处理 ASP Web 引用，比如 Session、Response 和 Request。Node.js 在几年后的 2009 年才出现。

---

2. ASP.NET Core

ASP.NET 是一种成熟的服务器端技术。被称为 ASP.NET Core 的 ASP.NET 版本可用于开发 Web 应用程序，这些应用程序不仅可以在 Windows 平台上运行，也可以在 Linux 服务器上运行。ASP.NET Core 使用 C#、F# 和 Visual Basic.NET 等成熟的编程语言。

ASP.NET Core 从一开始就被设计用来构建 Web 应用程序，从小型网站到大型 Web 应用乃至 Web API 都适合。ASP.NET Core 也适用于 IoT 场景，并且可以与 Azure 生态系统中的其他框架合作。ASP.NET Core 提供了无缝的开发体验，它提供了编码工具、语言和模式，以简化编写结构良好且易于维护的代码的过程，同时处理了安全、日志记录和错误处理等横向关注点。

3. 实现 Web API

ASP.NET Core 和 Node.js 都可以用在 Web 服务器上，暴露 HTTP 端点，处理各种任务。对于 CPU 密集型任务，ASP.NET Core 拥有绝对优势。但对于 I/O 密集型任务，哪种工具效果更好取决于你的具体项目。

太多的文章都过分强调了 Node.js 端点如何简单，以及暴露一个端点的工作量如何之

少。这里有一个使用 Express.js 的例子,它隐藏了创建一个 Web 服务器并监听端口的大部分工作细节:

```
const express = require('express');
const app = express();

// Define a route for the current time
app.get('/current-time', (req, res) => {
  const currentTime = new Date().toLocaleTimeString();
  res.send(`Current time: ${currentTime}`);
});

// Start the Express server
const port = 5000;
app.listen(port, () => {
  console.log(`Server is listening on port ${port}`);
});
```

这段代码属于一个单独的文件(例如 app.js),这就是在 Node.js 环境中启动一个运行在 5 000 端口上的 Web 服务器所需的全部代码。

尽管听起来可能令人惊讶,但使用最小 API 在 ASP.NET Core 中实现相同的功能并不需要更多的代码:

```
using Microsoft.AspNetCore.Builder;
using Microsoft.AspNetCore.Http;
using Microsoft.Extensions.Hosting;

var builder = WebApplication.CreateBuilder(args);

// Define a route for the current time
builder.MapGet("/current-time", () =>
{
    var currentTime = DateTime.Now.ToString("hh:mm:ss tt");
    return Results.Text($"Current time: {currentTime}");
});

var app = builder.Build();
app.Run();
```

此外,使用 ASP.NET Core,你可以通过引入控制器来管理传入的请求,执行更复杂的操作。最小 API 在资源使用上更轻量,对于简单的场景可能提供更好的性能。控制器适用于复杂的路由需求和大量的终端,允许与中间件和动作过滤器集成,并支持模型绑定和属性路由。

提示

模型绑定(即根据其名称和数据类型自动将传入的 HTTP 请求数据映射到动作方法参数的能力)已在 2023 年 11 月发布的 ASP.NET Core 8 的最小 API 中实现。

本质上，关于 Node.js 与 ASP.NET Core 之间的真正争论在于它们处理 I/O 密集型操作的能力。Node.js 和 ASP.NET 具有不同的架构，这影响了它们如何处理 I/O 密集型操作。胜者（如果有的话）不是由文章和帖子中的惊人形容词和最高级形容词的数量决定的，而是取决于特定项目的背景，包括团队的偏好。

10.3.4 阻塞式/非阻塞式传说

Node.js 和 ASP.NET Core 在处理并发连接以及提高 Web API 的可扩展性方面，采取了不同的方法。

Node.js 使用了单线程、事件驱动的架构。这意味着它在单个线程上运行，在事件循环中处理所有传入的请求。当一个请求到达时，Node.js 启动对它的操作，并在不等待操作完成的情况下继续处理其他请求。因此，Node.js 始终准备好处理新的传入请求，这极大降低了出现"503 服务不可用"错误代码的风险。这种执行行为被称为非阻塞式。与之相对，阻塞式指的是在前一个操作完成之前，暂停执行下一个操作。

1. 处理一个 Node.js 请求

Node.js 通过使用回调函数、promises 和 async/await 操作来处理非阻塞式调用，并在这些（异步）调用完成时接收它们的结果。这确保了事件循环保持响应，并且能够在不阻塞的情况下处理高并发操作。回调函数、promises 和 async/await 操作在功能上并不等同，但在处理异步任务时，它们都可以实现类似的效果。它们的主要区别在于语法、可读性和错误处理能力。图 10-3 更详细地说明了 Node.js 的非阻塞式事件驱动架构。

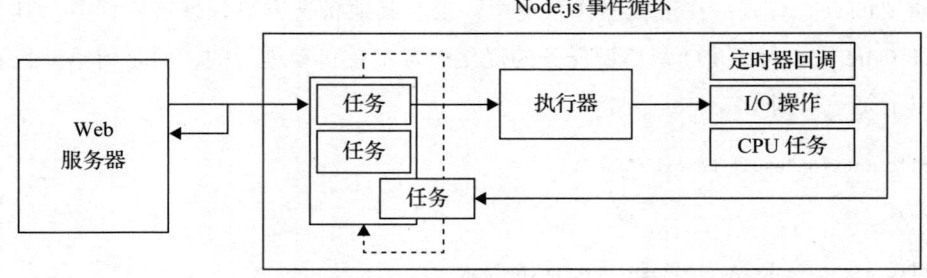

图 10-3　Node.js 的非阻塞式事件驱动架构

如你所见，整个流程始于 Web 服务器发出请求。正如前面的代码片段所示，请求提供了一个在操作结束时执行的回调函数。处理请求只会将请求排队，然后立即返回。Node.js 的事件循环会扫描排队的任务，并执行它们。

任务通常有三种类型：计时器、I/O 操作或某种算法任务。在所有这三种情况中，在操作结束时，操作最初提供的回调会被添加到待处理任务列表中，以便尽快处理。

对于计时器任务，JavaScript 引擎会记录到期时间，并将回调放入队列。对于基于 CPU 的算法任务，由单个 Node.js 线程运行任务的代码。任务完成所需的时间越长，所有其他待处理任务的等待时间就越长。因此，Node.js 不适合用作需要多线程环境的算法端点。但是，对于 I/O 密集型任务呢？

2. 在 Node.js 中处理 I/O 任务

Node.js 的优势在于执行不会长时间占用线程的任务。读取文件、查询或更新数据库可能是耗时颇长的操作，但它们由其他进程完成。JavaScript 代码只需要等待操作结束。

在单线程环境中，是什么决定了操作何时完成并将回调函数添加到队列中？答案是在 JavaScript 中，特别是在 Node.js 中，I/O 操作使用了操作系统特定的功能。在 Windows 上，Node.js 利用操作系统的 I/O 完成端口来高效处理 I/O 操作。在非 Windows 平台（例如 Linux 和 macOS）上，Node.js 使用其他机制（如 Linux 上的 epoll 或 macOS 上的 kqueue）来高效地管理 I/O 操作。Node.js 为许多 I/O 操作抽象了这些特定于平台的细节，例如文件系统操作、网络操作和其他异步任务。

3. ASP.NET 多线程

ASP.NET Core 是一个多线程框架。每个传入的请求通常由来自线程池的独立线程来处理。这使得 ASP.NET Core 能够有效地处理并发请求。ASP.NET Core 可以利用多个 CPU 核心来并行处理请求。这使得它不仅适用于 I/O 密集型操作，还适合 CPU 密集型操作。

ASP.NET 是如何处理 I/O 密集型操作的呢？答案是，与 Node.js 一样。但是，你需要注意两个重要的点。首先，在现代操作系统中，没有其他备选方案管理这些任务。其次，在 ASP.NET Core 中，针对 I/O 密集型任务的优化配置不是自动进行的，而是留给开发者来完成的。以下是一个例子：

```
public IActionResult LengthyTask()
{
    /* … */
}
public async Task<IActionResult> LengthyTask()
{
    /* … */
}
```

在上面两个耗时相同的任务的实现中，只有第二个对可扩展性进行了优化，因为它被标记为异步执行。让我们回顾一下调用两个 URL 的代码：

```
// Synchronous call
var response = httpClient.Send(request);

// Asynchronous call
var response = await httpClient.GetAsync(url);
```

在 ASP.NET Core 中，使用 `HttpClient` 类来发起 HTTP 请求。这个类公开的所有方法都是异步的，唯一的例外是为兼容性和边缘场景而添加的通用 `Send` 方法。

当 ASP.NET Core 的异步端点被调用时，ASP.NET Core 会从其线程池中选择一个工作线程。这个线程开始执行端点的代码，并在遇到可等待操作时暂停。此时，它会配置一个完成端口（在 Windows 上），然后返回到线程池中，以便可以被重用来处理其他请求。当挂起的可等待操作（通常是文件或网络活动）完成后，完成端口触发一个内部 ASP.NET Core 回调。这个回调向内部队列添加一个新的任务，来完成原始请求。下一个可用的线程，可能是同一个线程也可能是不同的线程，会拾取此任务，并生成最终响应。因此，一个单独的请求完全有可能经历两个不同的执行阶段，由不同的线程分别执行。

总之，ASP.NET Core 的多线程能力使它比 Node.js 更适合 CPU 密集型任务。对于 I/O 密集型任务，两者都可以同样高效，尽管在 ASP.NET Core 中，需要使用异步控制器方法或异步最小 API 端点。

10.4 本章小结

本章回顾了 Web 开发的历史，尽管这些年来新工具新技术层出不穷，但其基本原则保持不变。起初，Web 仅包含非常简单（且几乎无用）的客户端代码。后来，像 PHP 和 ASP 这样的服务器端框架出现了，随后在新千年中演变成了 ASP.NET。

大约在 2010 年左右，SPA 的出现改变了 Web 开发的格局，催生了如今强大且复杂的框架，如 Angular 和 React。这种转变的一个显著结果就是前端和后端开发的分离。这种转变促使人们重新探索服务器端渲染技术，以解决页面加载缓慢、SEO 和可访问性等问题。

现代的服务器端渲染仍然需要创建一个独立的前端，但现在通常在构建过程中将其编译成静态 HTML。这就引出了一个问题：为什么不直接选择传统的 ASP.NET 应用程序呢？或者，你是否应该考虑使用 Node.js？本章结束于对 Node.js 和 ASP.NET Core 架构的彻底研究。

总而言之，一个简单得多的 Web 是可能的，尽管它可能并不适合每个团队和每个应用程序。

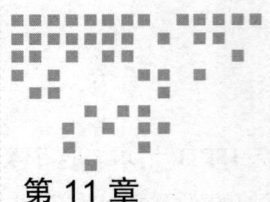

第 11 章

技术债务与技术信用

按时还款讲信用的人很快就会被遗忘。

——奥斯卡·王尔德（Oscar Wilde）

在软件领域中，"技术债务"是一个比喻性的概念，用来描述在开发过程中采取捷径或做出妥协的后果。虽然这些捷径可能是为了满足紧迫的截止日期或快速交付功能而是必要的，但它们会随着时间的推移积累"利息"，并可能影响软件项目的长期健康状况和效率。

一个不常探讨但同样重要的概念是"技术信用"。与代表短期内的折中和妥协的负面后果的技术债务不同，技术信用是指在软件开发过程中所做出的、旨在产生长期收益的有意投资。

这两个词汇——债务和信用——都源自拉丁文。后来发展成我们现在通常与财务相关联的理解。债务意味着有还款的义务，而信用则描述了承担新债务的能力。在这个背景下，债务扮演了一个复杂且有时相互矛盾的角色。当认真思考过决定通过借贷来进行生产性投资时，债务可以促进业务扩张。然而，债务过度或管理不善可能会导致业务不稳定并阻碍增长。与债务相反，信用——本质上是一种基于信任的安排——允许某人在承诺未来会支付的情况下使用服务。

技术债务和技术信用与财务债务和信用相似。积累技术债务可以帮助团队更快地交付特性；同时，技术信用传达了一种信任，即任何技术债务都将得到偿还，以保持软件的高度可维护性。高度可维护性允许新的债务快速交付更多特性，形成开发的良性循环。然而，与财务债务不同的是，技术债务并不是有意寻求的，而是倾向于自然积累。

11.1 技术债务的隐藏成本

技术债务这个术语与财务债务其实差别还是不小。技术债务本质上是指编写得不够好的代码。这个范围很广，包括编码实践、设计、任务分解、测试的相关性和覆盖率、代码的可读性，以及与最新版本的库和框架保持一致。

写得不好但能正常工作的代码本身并不是问题，只是在代码需要频繁或持续更新时问题才会爆发。

11.1.1 处理技术债务

总的来说，我认为完全消除软件项目中的技术债务是一种不切实际的期望。不过，处理技术债务是必要的，而持有一种务实的观点（而不是教条的观点）在实现结果方面会有很大帮助。

1. 实用主义视角

从实用主义的角度来看，技术债务被视为系统固有的特征——仅仅是速度与质量之间的权衡。将技术债务保持在可控范围内只是项目非功能性要求之一。过分热衷于消除技术债务的尝试注定会惨败，因为产生技术债务是软件项目机制中的一部分。就像热力学系统中的熵一样，技术债务倾向于向最大混乱状态发展。

实际上，人们所能做的就是监控和主动处理债务，以免其过度累积，有时还需采用创造性的解决方案。技术债务的根本原因在于代码质量差，但代码质量差并非仅仅是因为缺乏经验和知识。虽然还有许多其他因素会导致产生债务。然而，提升代码质量是唯一可靠的解决方法。在众多导致代码质量差的方面中，以下几个与技术债务的直接相关度更高。尽管它们的相关性并不完全相同，但都是值得注意的。其中较为轻量级且容易处理的包括：

- 不一致的命名约定。
- 未遵循标准的样式规范。

使用代码辅助工具可轻松避免这些问题，或减少问题的发生。代码辅助工具的任何警告都很重要，但往往开发者——我认为尤其是初级开发者——往往容易忽略警告。更重要的问题包括：

- 缺少注释和文档。
- 硬编码值。
- 模块化不足。
- 大型且冗长的方法。

❏ 没有单元测试。

所有这些糟糕代码的方面都有一个共同的原因——迅速交付功能或版本的压力。在这种情况下，开发者为了赶上截止日期，最终采取捷径或实施快速而杂乱的解决方案，为了短期收益而牺牲长期的代码质量。然而，还有其他因素，它们都以令人痛苦的链条相互连接。

一个常见的因素是资源的缺乏，例如缺乏时间、预算、熟练的开发人员。资源不足可能迫使团队做出妥协，从而导致不佳的代码和设计。

资源匮乏通常是因为项目规划不当、分析不足或需求不明确所导致的。当开发者必须依靠假设或猜测来推进项目并交付成果时，不可避免地会积累债务。不佳的规划也可能是因为试图构建过于复杂或雄心勃勃的架构解决方案，追随技术潮流而不是衡量实际项目需求。

2. 产生债务的原因

总的来说，技术债务是一个复杂的现象，既不能通过强制的紧迫时间表来解决，也不能因为意识到它不可能完全消除就放任不管。它值得我们关注和理解。首先，有四种不同类型的债务。

❏ 有意识的：这种债务产生于当有意识地选择一个快速和基础的解决方案来满足一个截止日期或一个给定的需求，我们完全知道它将来需要重构。

❏ 无意识的：这种债务发生在由于缺乏知识或技能而无意中或因为走捷径而引入了编码错误。

❏ 可避免的：这种债务发生在它本可以通过在开发过程中简单地遵循已建立的最佳实践、标准或指南来避免。

❏ 无法避免的：这种债务是由外部因素（如变动的需求、演变的依赖关系或变化的技术）造成的，这些因素迫使开发者调整他们的代码以适应这些变更。

技术债务并不一定带有负面含义。在某些情况下，可以从积极的角度来看待技术债务，特别是在项目的初始阶段，当最终的方向还没有完全确定时。例如当你为一个潜在的一次性原型、一个最小可行产品，或者为了验证一个新的商业模式而编码时，技术债务是可以接受的。

一个可以避免的债务例子是由高管和项目经理的行为造成的债务，因为他们忽略了软件开发的内在机制。这种情况通常发生在这些管理者缺乏软件开发的先前经验，或者更糟糕的是，当他们曾经是开发者但只具有基础级别的技能时。他们倾向于认为每一个时间估计都过高，并将对这些估计的解释视为懒惰的表现。

通常情况下，作为一名开发者，你会在实践中体验到技术债务，这比你学习它的复杂机制和探索驯服它的方法要早得多。

3. 技术债务的迹象

例如，当你修改之前写的代码时，常常感到一头雾水。这种困惑可能源于缺乏有效的文档——除了智能提示或是零散的注释之外寥寥无几；缺少自动化测试来验证代码的基本正确性；还有就是在庞大且臃肿的方法中遇到的复杂代码逻辑。但更加让人有挫败感的是，当你试图弄懂代码逻辑时，却发现许多变量、方法和类的命名含糊不清，甚至让人费解，这大大增加了理解代码的难度。

一个软件项目的技术债务是每个开发者贡献的技术债务之和。能够发现自己的债务是专业成长最有价值的标志之一。

技术债务超标的第一个也是最显著的迹象是，即使是代码的微小改动也变得越来越难和越耗时。这种复杂性产生的原因可能是，不一定能立即明确应该修改哪个目录或文件，或者具体需要调整或删除哪些特定的行，因而提高了引入新错误或破坏现有功能的风险。这种敏捷性的降低可能导致错失机会、发布延迟以及增加挫败感。

就像财务债务会累积利息一样，技术债务也会以后续维护需要额外时间和工作的形式累计利息。随着债务增长，维护负担变得难以承受，宝贵的开发资源被迫从创建新功能转向修复现有问题。随着时间的推移，这些问题可能会损害软件的稳定性、安全性和性能，最终侵蚀用户的信任和满意度。

为了有效管理技术债务，开发团队必须采取一种积极的方法，这种方法承认债务的存在，并且定期分配时间和资源来解决。然而，在这一切之前，必须建立一种衡量债务水平的方法。具体可以是自动静态代码分析工具（像 SonarQube 这样的工具）与开发人员的手工代码审查相结合的方法。评估的结果可以是一个技术债务积压工作列表，这个列表将记录、描述和分类已识别出的问题。每个问题都可以关联一个要修复它的预估成本。

11.1.2 解决债务的方法

降低技术债务的数量是绝对可能的。但这是一个工程文化的问题。这种文化越强，就越能意识到技术债务是一个需要解决的严重问题。然而，并不存在所谓的最佳实践，更不用说万能的解决方案了。

总的来说，解决技术债务只有两种可能的方法：针对它专门立项，或者一边开发新功能一边解决它。

1. 专门立项

专门致力于减少技术债务的项目并不常见。背后的原因是这些项目没有立即可见的商业价值。因此，它们对开发者没有吸引力，对公司来说是一种难以理解的成本。

话虽如此，如果能针对技术债务专门立项，可能非常有效。因为团队可以在没有通常与附属项目相关的限制下运作——尤其是时间限制和需要交付新产品构建的需求。为了能够成功针对技术债务专门立项，必须获得组织内部的认同和支持。

例如，当生产环境中检测到大量错误时，这是一个绝佳的时机。这时候你可以提出一个涉及代码库分析和实施更多自动化测试的项目，对管理者来说具有很大的吸引力，因为它提出了减少生产环境中错误发生的可能性，并减少手动测试的需求。

2. 同步进行

大多数时候，你的注意力都集中在完成系统功能上，并且通常要在指定的时间发布。在推进工作的同时，为每个任务分配额外的时间来减少技术债务，这样做是否明智？从管理者的角度来看，这可能不是首选的方法。然而，可以通过将债务减少任务与项目相关任务一起整合，实现有效的折中。我观察到，有时具有强烈个性和魅力的团队领导会巧妙地将债务减少行动纳入标准待办事项列表中，通常没有明确的授权。他们完成了工作，并在更干净的代码库的背景下交付了预期的功能集。

同步进行策略也推荐用于那些存在技术债务但债务相对较少的代码库。在这种情况下，坚持黄金法则非常重要，即每加一个新功能技术债务就比之前更少。

3. 让管理者看到债务

我们需要让产品负责人和管理者看到技术债务。在某些情况下，技术债务被管理在一个单独的容器中（一个与错误和项目待办事项不同的单独列表），这种分离有时可能会让产品负责人和管理者看不到债务。因此我们需要让产品负责人和管理者看到技术债务。

其中一种策略就是定期更新未解决技术问题清单对于量化解决每个问题在整个系统中的潜在影响至关重要。这个过程有助于确定工作优先级。以代码重复的场景为例，一个简单的解决方案是将代码移动到共享库中。然而，这样做会带来什么后果呢？相关成本是多少？实际上，成本将随着访问代码库的频率成比例增长。我们必须要让产品负责人和管理者看到这点。

通常来说，我们可以这么做，对于每个具体的问题（如样板代码、模块化不足、命名规范、构建时间过长、自动化测试或文档），分配两个值：影响和回报。

提示

技术债务直接影响业务。因此，技术债务定期向利益相关者传达的不仅仅是一个数字指标，而是特定功能（对功能的影响和回报），或者规划新功能的先决条件。这个观点尽管听起来可能会带来冲击，但团队和管理层之间的隐性战争对任何人都没有帮助。

4. 使用敏捷方法处理债务

为了解决技术债务问题，首先需要做的是列出所有需要关注的未解决问题。然后制订相应的策略，将这些减少债务的任务无缝集成到常规开发中。通常有三种策略用于分配时间和资源以减少技术债务。

- 时间盒：在每个开发周期中固定预留一段时间来专门处理技术债务。对于常见的两周冲刺周期，通常会预留 20% 的时间来专注于减少技术债务。由于减少技术债务是冲刺的一部分，这种方法保证了以一种结构化的方式来专注于减少债务。
- Spike：Spike 是指专门用于深入研究某个功能的短暂时间，目的是获得更深入的理解。当团队遇到技术挑战、复杂问题，或者对某项工作理解不深时，通常会使用 Spike。在技术债务管理方面，可以安排一到两天的 Spike 来获得对整体技术债务的洞察，或者开始解决特定的问题。
- 缓冲时间：缓冲时间是指在项目计划中故意预留的一些额外时间，用于应对可能出现的计划外工作。如果没有紧急问题出现，团队可以利用这段缓冲时间来解决技术债务问题。

这些策略让开发团队能够平衡持续减少技术债务和满足交付新功能及增强功能之间的需求。

11.1.3 会放大债务的行为

时间限制和迫切需要满足的紧迫截止日期是引起技术债务的最常见原因，因为它们会导致人们为了按时交付而采取的快速而粗糙的解决方案。通常，这种故意降低质量的做法会伴随着很快修复它的承诺，甚至是项目交付后的第二天马上开始。不幸的是，这个承诺很少得到兑现。

1. 缺乏文档

时间限制的第一个牺牲品就是文档。紧迫的截止日期意味着开发者专注于尽可能快地完成项目的核心功能，并将编码和测试置于文档之上，以确保这些功能能够按时完成。

此外，一些开发者可能将编写文档看作是不能直接促进项目完成的行政负担。他们认为把时间花在编码上比花在编写文档上更有价值。实际上，在一些组织中，编写文档的开发者得不到认可。如果对编写文档没有明确的文档激励措施，开发者可能不会优先考虑编写文档。

除此之外还有其他原因导致编写文档得不到重视。

编写文档需要专注且耗时。紧迫的截止日期也可能意味着可用资源有限，包括可以协助文档编写的专职技术文档编写人员或文档专家。没有专门的支持,编写全面的文档是具有挑战性的。

缺乏文档不仅在整体上是技术债务的一部分,而且也是未来技术债务的主要放大器。从长远来看,糟糕或不充分的文档会导致新的错误、延迟,最终导致新的技术债务的累积。不过,除了时间限制之外,其他因素也会导致技术债务数量的增加和范围的扩大。

2. 需求蔓延

需求蔓延是指项目的目标和成果超出了最初计划而导致需求无法控制的增长。当新的功能和变化被引入,但没有对其对项目时间线、预算和资源的影响进行适当的评估和考虑时,就会发生这种情况。

通常,需求蔓延是由利益相关者基于所谓的市场条件变化的期望驱动的。虽然满足利益相关者的需求很重要,但必须在项目的限制范围内加以管理。如果没有进行管理,技术债务就会激增。

在理想的情况下,项目经理和团队会明确项目的界限,制订一份详尽的需求限制范围说明书,并实施变更控制流程。任何需求变更请求在获得批准和执行之前,都需要仔细评估其对项目时间线和预算的影响。项目相关方之间也需要进行有效沟通,以确保每个人都清楚项目的范围和任何提出的变更。

在现实工作中,需求蔓延往往是常态。然而,需求蔓延本身并非真正的痛点。从业务角度看,扩大需求范围往往是一个好迹象。问题在于,若没有将需求蔓延对时间、预算和资源的影响当成需要解决的问题时,就会出现麻烦。因此,如果不针对需求蔓延进行相应的时间和资源调整,项目就会自动产生技术债务。

3. 快速构建原型

快速构建原型是一种产品开发方法,它通过快速制作一个软件应用的可运行模型来测试和验证其设计、功能和可行性。快速构建原型的主要目的是加快开发过程,降低开发出一个产品却不符合用户需求或市场要求的风险。

关键点在于,快速构建原型并不是为了生产使用而设计或计划的。

对于管理者和利益相关者来说,一个容易让人误解的地方是,原型只是一个概念验证,它不仅缺少最终应用的全部功能,还缺少许多其他看不见的、对于一个稳固、准备投入生产的应用程序至关重要的方面。

最常见的情况是,原型缺乏健壮性,一方面会导致在遇到错误或异常时崩溃或出现灾难性故障,另一方面也会导致无法针对性能、可扩展性或效率进行设计,而这些是生产系统中至关重要的因素。原型通常还存在安全问题。更糟糕的是，原型通常不是为了长期维护而设计的。原型的代码可能缺乏适当的文档记录，可能不遵循编码标准或最佳实践，这使得持续的支持和更新变得困难。

然而，业务方很理想地认为，原型代码只需稍作调整就能正常运行，并且可以轻松布署到开发环境。但实际上，将一个原型转变为一个准备就绪的生产系统通常需要进行大量额外的开发、测试和完善，以确保系统的可靠性、安全性和性能。

在原本只是一个原型的项目上继续工作，这种情况会极大地增加技术债务。

4. 缺乏技能

无论项目最初是否是一个原型，它都会面临不断变化的需求。虽然我没有将我的整个职业生涯都花在日复一日的软件开发上，但我参与的大多数项目都是以客户为中心构建的应用程序，然后再扩展为多租户应用程序。在这样关键的场景中，你收到的都是新的，有时甚至是相互矛盾的需求，需要尽快编码实现。

预见这些变化是可行的，但前提是需要有深厚的领域知识和敏锐的分析能力。在这些情况下，如果你未能设计出一个灵活且可适应的代码库，那么随着开发者努力将新需求适配到现有代码中，技术债务就不可避免地会累积。

确实，不仅仅是架构师，开发者的素质也是至关重要的。技能的缺乏应该得到解决，但同时要意识到，一个六小时的在线课程甚至一个三天的工作坊并不能一蹴而就。在这些情况下，技术债务是难以避免的。你越早开始考虑技术债务，就能越好地促进项目的进展。

提示

我注意到另一个增加技术债务的因素是对外部库、框架或第三方组件的强烈依赖。特别是在 Web 应用程序中，广泛使用大型框架和组件库会创建一种锁定效应，这种效应随着时间的推移几乎无法有效解决，除非进行大规模重写。例如，当我购买第一套房子时，我父亲会建议我考虑将来出售这所房子的难易程度。同样，我建议在没有首先考虑将来移除它的潜在挑战之前，不要采用大型库。

11.2 技术信用的隐藏收益

当技术债务是基于业务原因而非单纯的懒惰而产生的。当它被控制在安全的阈值以下时，它对于增长是有益的。一份证明了技术债务得以还清的记录对于团队来说既是一份荣誉，也是未来可以承担其他技术债务的凭证。技术债务的痛点并不仅仅在于你在某一时刻拥有的债务量有多少，而更在于团队是否能够管理好这些技术债务。管理技术债务意味着知道如何将其减少以及如何将其保持在最低限度。这是衡量一个团队技术信用的尺度。

11.2.1 破窗理论

虽然听起来可能有些陈词滥调，但当在开发的软件中应用可维护性和可读性的最佳实践时，技术债务的积累会变得更慢。这种情况似乎是众所周知的"破窗理论"的一个例证。

破窗理论起源于犯罪学领域，最初由一个社会科学家团队在 1982 年提出。根据该理论，在一个社区中，无序和疏于管理的可见迹象（如破碎的窗户、涂鸦和垃圾）会导致犯罪和反社会行为的增加。一个未修复的破窗户向潜在的犯罪者发出信号，表明没有人关心维护秩序，而且在某种程度上，犯罪行为是被容忍的。

打个比方，当一个开发者在没有经过充分谨慎的思考而匆忙地编写代码时，这会向下一个开发者传递一个信息：代码质量不是首要任务，走捷径和编写质量不高的代码是可以接受的。相反，清晰、可读且组织良好的代码会鼓励其他开发者也保持类似的用心标准。

在软件中，破窗是指一些不好编程习惯，比如代码重复、庞大臃肿的方法和类、复杂的条件语句、糟糕的命名规则、硬编码值、代码异味以及文档不足等。重构是修复软件破窗的技术。

1. 如果你总是想着稍后重构，可能永远没有时间重构

一些开发者编写代码时不关心代码的可读性、是否有重复、组织结构，以及是否有注释，结果代码是线性的。紧迫的截止日期只能算是一个减轻责任的因素，但并不能完全成为忽视这些方面的借口。我见过太多的开发者，交付的代码虽然能用，但只能算是中等水平，并承诺以后会重构代码，但这不会发生。

一方面，技术债务可能来自于代码的僵化，这意味着代码不容易扩展或添加新功能。另一方面，技术债务也可能来自于代码质量差，比如代码难以阅读、充满了代码异味、过长且复杂。如果开发者明知代码质量不高，却仍然继续编写并打算以后修复，这表明他们没有对项目给予充分的重视。每个开发者都应该努力编写尽可能好的代码。可能永远不会有额外的时间重构，即便真的有时间重构了，这段时间也是当初编写良好代码的几倍。

2. 像养成卫生习惯一样需要坚持的设计原则

在软件开发中，确实存在许多缩写词，它们被当作编程的基础原则来推广。这个列表很长，至少包括以下几项：

❑ DRY，全称 Don't Repeat Yourself（不要重复自己）：这一原则鼓励开发者通过将通用的功能抽象成可复用的组件或函数，避免代码的重复。

- KISS，全称 Keep It Simple, Stupid（保持简单）：这一原则主张在设计和实施中追求简单，以便让代码更容易理解和维护。
- YAGNI，全称 You Aren't Gonna Need It（你不需要）：只实现当前需要的功能，避免向代码库中添加不必要的功能或复杂性。

最流行的却是 SOLID，这是一个易于记忆的缩写，代表五个设计原则的集合。S 代表单一责任原则（SRP），O 代表开放/封闭原则（OCP），L 代表里氏替换原则（LSP），I 代表接口隔离原则（ISP），D 代表依赖反转原则（DIP）。总的来说，这些原则提供了我们可遵循的原则。然而，认为不遵循这些原则将会危及项目是天真的。一个过大的类，或者一个过长的方法，本身不会对任何项目造成威胁。

与其把 SOLID 和其他原则视为铁律，不如将它们看作个人卫生的重要性。保持个人卫生虽然重要，但像保持个人卫生不能治愈或预防任何严重疾病一样，如果忽视这些编程原则，可能会导致问题，但永远不会成为项目中重大问题的根本原因。只要团队掌握了减少技术债务的方法和技术，任何系统都可承受一定量的技术债务。

此外，这些原则在理论上往往容易理解，但要有效实施却不容易。仅仅参加一个关于 SOLID 原则的课程并不一定能使你成为更好的开发者。然而，精通 SOLID 原则可以减少你的代码中技术债务积累的可能性。

3. 敏捷不仅仅意味着加快开发速度

直接将敏捷方法论与加快开发速度等同起来其实是一种误解，导致这种误解的原因有几个。首先，管理者往往过分简化了敏捷原则，将"持续交付"和"快速迭代"等术语理解为加速整个产品交付的保证。这完全忽略了敏捷更广泛的背景和含义。

敏捷方法论提倡高效且有效的开发实践，但它的主要关注点是交付正确的功能，而不仅仅是加快工作节奏。敏捷的目标是在保持开发团队可持续的工作节奏的同时，持续不断地交付有价值、可工作的软件。敏捷方法论带来了频繁的发布和迭代，这可能会给人一种快速进展的假象。这可能会让管理者误以为开发过程本身变得更快，因为他们可以看到新功能更频繁地被交付。关键在于，在敏捷开发中，最终产品是分阶段交付的，每个步骤之后都有可能改变方向。

这种方法确实具有其独特的价值，但并不代表能加快编程的速度——实际情况往往正好相反。虽然频繁的发布给人一种速度加快的错觉，但这更像是把一场马拉松拆分成了若干段冲刺。尽管从长远来看这样做可能更耗时，但它使得我们能够定期检查和评估项目的进展，从而更有序地推进工作。

因此，对于管理者和团队而言，全面理解敏捷原则和实践非常重要。敏捷旨在交付价值,适应变化,提升协作,并保持软件的高质量,而不是仅仅为了加快开发速度。

4. 可测试性比测试更重要

单元测试是开发过程中通常由开发人员编写和执行的一段代码,用以确保代码库中的小型、独立部分能够正确运行。单元测试通常是自动化的,意味着它们可以通过测试框架自动执行。这种自动化便于频繁测试和将测试集成到开发工作流程中。

单元测试有两个主要目的:它们有助于在开发周期的早期发现错误,并且为开发者提供了安全保障,让他们可以有信心地重构或修改代码,因为他们知道任何回归(即新引入的错误)都会被迅速检测到。此外,单元测试也是代码单元预期行为的第一种形式的文档。

单元测试中的一个巨大问题是:单元测试的相关性。

所谓的100%覆盖率意味着在被测试的代码单元中的每一行代码在测试过程中至少被执行过一次。这确保了不存在未测试或未覆盖的代码路径,从而确保该代码单元按预期运行。然而,100%的代码覆盖率并不能保证代码单元完全没有错误,也不能保证都已考虑所有可能的边缘情况,只是意味着每一行代码都已经被单元测试所执行,也意味着并没有说明哪些方面的功能被测试过,以及这些测试是否与业务场景相关。

换一种思路,单元测试只需要代码本身易于测试,也就是可测试性。与其仅仅为了达到代码覆盖率100%而编写成百上千的单元测试,我更倾向于在代码库中实现高水平的可测试性。当然仅有可测试性还不足以充分利用单元测试的优势。然而,可测试的代码确实使编写单元测试变得更加简单。编写单元测试还能促进开发者编写清晰、模块化且结构良好的代码。

11.2.2 重构

重构是软件开发中的一项基本实践,它是指在不改变代码的外部行为的情况下,对现有代码库进行重组和改进。重构的目的不是添加新功能或修复错误,而在于优化代码的内部结构,使其更高效、易于维护和理解,同时不改变它的功能。

重构与技术债务密切相关。实际上,它是一种有意识的且系统的用来偿还技术债务的方式。当开发者重构代码时,他们会对其进行重写,使得代码更易于维护、阅读和高效。这个过程减少了导致技术债务的各种问题。

1. 重构的目标

重构代码是为了提高代码的可读性或简化代码。重构的目的是重新组织代码,让它拥有更易管理的结构。通常,实现这些目标大多是通过消除代码异味来完成的。

代码异味意味着代码设计不佳。代码异味包括特定的模式或代码特征，这些模式或特征表明可能存在的问题或需要改进的地方。常见的代码异味包括过长的方法、重复的代码、庞大的类、复杂的条件语句、深层嵌套、缺乏封装、数据块聚集等。

有许多工具可以帮助开发者进行代码重构。这些工具能够自动化那些重复且容易出错的任务，并为开发者提供可采取的重构操作。

2. 将重构视为一种学习体验

理想情况下，重构作为一种持续的实践，应该被无缝集成到开发过程中。重构应该像正常的编码相关活动一样自然发生，不需要被明确提及。当你检出一个文件进行特定操作时，你会用不同的眼光审视代码，并应用所需的更改，只是为了让它变得更好。

通过这种方式，重构成为了一种真正的学习体验，因为开发者可以分析现有代码，理解其复杂性，并可识别需要改进的领域。总体而言，这个过程增强了他们对代码库、底层设计原则和整体系统架构的理解。更重要的是，由于重构通常涉及研究和实施最佳实践，开发者最终会将这些实践内化于心。

重构使开发者能够深入理解现有代码并精确指出需要增强的区域。这一过程最终使开发者更加了解代码的本质，包括基本的设计原则和整体的系统架构。此外，重构也是一种常规实践，开发者不断地参与研究和应用最佳实践，从而将这些原则融入实践中。

最终，重构能够打造更好的代码，也造就了更出色的开发者。

3. 技术债务的起源

在编程时，从一开始就做出完美的决策可能并不总是可行的。这通常需要时间来进行深思熟虑，而这有时可能会与推动项目向前发展的自然压力发生冲突。

无论我们是否接受，现代的主导口号是众所周知的"快速行动，打破常规"，这代表了一种专注于快速创新和发展的思维方式，即使这意味着要冒险并有可能会犯错误。这句话特别与Facebook早期的发展阶段联系在一起。但早期的Facebook与许多企业今天编写的业务应用程序几乎没有关系。将"快速行动，打破常规"的口号应用于极少数极具影响力的独角兽公司之外的案例时，就会让人质疑我们真正应该追求的目标是什么。我们真的清楚我们想要如此迅速实现的目标到底是什么吗？

因此，团队常常处于忙碌和压力之中，长此以往，就会频繁地出现交付不尽人意的结果的情况。很可能只有团队努力的一小部分真正用于创造价值，而大部分努力都消耗在解决由各种因素引发的问题上，包括技能差距、误解、工作流程低效，甚至是公司文化方面的问题。

这就是技术债务的起源。

技术债务并不一定是坏事。当技术债务是开发人员出于有意识的选择时，它可以促进开发，因为它本质上是将决策推迟到后期阶段。在部署之后，进入后期阶段时，开发人员通常对代码有了更深入的理解，并且从更理想的角度为技术债务设计一个持久解决方案。

这就是技术信用的体现方式。

11.2.3 做正确的事情

技术债务不仅仅包括代码级别的问题，也包括那些可能因为规划不足或基于短期便利而做出的架构选择。

例如，选择某个数据库、框架或系统架构，因为它在短期内看起来方便，但并不符合项目的长期需求，这就是技术债务的一个明显例子。这种可疑的决策可能需要进行大量的重构来解决由此产生的问题。

1. 架构之道

软件架构旨在帮助软件架构师对系统的结构和设计做出明智的决策。因此，一个经验丰富的专家往往马上就能识别最优的解决方案，而一个初级员工可能会看到多种选择而无所适从。在这里，另一句流行的谚语也很适用，那就是"英雄所见略同"。

这就是说，即使技术债务中的架构组成部分出现问题，也可以通过专业知识和领域知识从一开始就得到解决。

在软件架构中，应该尽可能晚地做出关键决策，以利用每一分钟额外的时间进行思考，但也不要拖沓，以避免在不稳定的基础上构建软件。

2. 代码之道

我从多年的实践中感悟到：你永远不会有时间在以后把事情做得既美观又干净。因此，你唯一的机会就是立即编写尽可能简洁、清晰、和谐且经过深思熟虑的代码。

从一开始就编写几乎无缺陷的代码是可能的，这需要的只是纪律性和专注力。没有哪位开发者能够立即在特定的业务领域中对编码实践有如此的认识。这就是纪律性和承诺、坚韧性和毅力的重要性所在。当然，强大的编码辅助工具（例如 ReSharper）也能提供一些帮助。

在我职业生涯的开始，我曾为一本杂志采访过杰出的开发人员和书籍作者。在其中一次采访中，一位著名作者分享了他撰写编程书籍的方法。他强调在配套示例和代码清单中展示商业级代码的重要性。事实上，他编写的每一个代码片段都是精心制作的，包括了健壮的异常处理、统一的命名约定、描述性的注释、简洁的方法,并展示了尽管讨论的是复杂话题,但仍对优雅和简洁全面承诺。

3. 提高质量标准

对每个开发者来说,编写代码的目标是编写优于基本功能需求的高级代码,提高质量标准。例如,虽然一对嵌套的 `IF` 语句可能实现预期的结果,但这种代码已不再符合当今的标准,属于不佳代码。不信?继续往下看!

过多的嵌套层级会带来很多问题。首先,随着嵌套层级的增加,追踪和理解代码的逻辑和进程变得越来越困难。此外,当需要更改时,深层嵌套的代码更容易引入新的错误,除非你非常谨慎并进行彻底的测试。

编写深层嵌套代码的全面测试既复杂又耗时,通常需要创建多个测试用例以覆盖不同的代码路径。为了解决这些问题,建议严格控制嵌套层级,并在必要时重构代码。这个重构过程通常涉及将复杂代码拆分为较小、更易管理的函数,或改变检测条件的顺序。

通常,IDE 会及时提示可以简化嵌套的 `IF` 语句。然而,即使没有辅助性的 IDE,每当你遇到一个 `IF-ELSE` 语句时,都应该停下来考虑是否有另一种方法可以达到同样的结果。把这当作常规练习,它只需要额外花费几秒钟的时间。如果确实需要更多时间,要意识到这种额外的投入有助于更深入地理解问题和代码库,最终为项目增加价值。

简而言之,努力成为一个更好的开发者,从一开始就尽力编写优秀的代码。如果真有什么秘诀,这就是那个秘诀。

11.3 本章小结

技术债务指的是在软件开发中,由于不佳的决策和为了赶期限或减轻即时工作量而采取的捷径累积起来的成本。这些选择可能会导致复杂性增加、代码质量下降和未来维护的挑战。解决技术债务对于软件的长期稳定性和效率至关重要。

偿还技术债务可能是一个复杂的过程,因为团队通常不能停止工作。经常需要一边开发一边对识别出的技术债务进行处理。敏捷方法论提供了几种策略用于解决技术债务。

与技术债务相比,技术信用并不那么受到关注。它类似对代码质量、架构和开发过程进行战略性投资。这些投资可能涉及分配额外的时间和资源,以确保软件不仅功能性强,而且还要健壮、可扩展和可维护。与产生长期成本的技术债务不同,技术信用可能通过减少技术债务的不利影响和最小化产品的维护成本而产生长期收益。

就像在金融领域一样,技术债务和技术信用是同一枚硬币的两面。

清晰的代码、相关的测试和全面的文档虽然会减缓开发进度,但会减少大量的技术债务。这样做,代码质量不仅高于可接受的水平,还能够以合理的成本适应将来可能出现的各种场景。

另外,拥有技术信用的团队会让精明的管理者在没有更好其他方案时更能够接受短期的、可能会带来技术债务的方案。毕竟,如果一个人有良好的还款记录(信用),会更令人相信。